U0115935

Annual Report on the
Internationalization of Renminbi,2015

人民幣國際化報告2015

「一帶一路」建設中的貨幣戰略

中國人民大學國際貨幣研究所◎著

編委名單

導　論

　　如果從2009年試點跨境貿易人民幣結算業務開始算起，到2014年，人民幣國際化實踐已經走過了五個年頭。以主權信用貨幣國際化的經驗來看，與主要國際貨幣崛起所經歷的整個時間跨度相比，五年事實上是非常短暫的。尤其是在初始階段，新興國際貨幣實現「從無到有」的變化不難，但其國際化程度要穩定地、迅速地「由低到高」則幾乎註定是一個不可能完成的任務。但中國的人民幣或許正在改寫歷史。

　　根據中國人民大學研究團隊測算，客觀描述人民幣在國際經濟活動中實際使用程度的綜合量化指標——人民幣國際化指數（RII），在2014年年底達到了2.47%。2009年年底該指數僅有0.02%，五年間增長了120餘倍。此外，美元、歐元、英鎊和日圓等四大主要貨幣的國際使用份額較前一年度明顯下降，人民幣、澳洲元、加拿大元及其他新興國際貨幣的份額有所上升。2014年年底日圓國際化指數回落至3.82%。只要沒有重大不利事件發生，人民幣國際化程度也許在未來一兩年內就將趕超日圓，從而躋身主要國際貨幣行列。

　　2014年人民幣國際使用程度繼續保持較快增長，貿易與金融雙輪驅動模式更加突出，人民幣國際接受程度大幅提升。隨著區域貿易合作進程加快，跨境貿易人民幣結算便利政策逐步落地，2014年全年跨境貿易人民幣結算量達6.55萬億元，同比增長41.6%。全球貿易中的人民幣結算份額提高至2.96%。與此同時，金融交易逐漸成為推動人民幣國際份額上升的主要力量。2014年人民幣直接投資達1.05萬億元，同比增長96.5%；人民幣國際債券市場日趨繁榮，遍佈亞歐的人民幣離岸金融市場也取得重大進展。全球資本和金融交易中的人民幣份

額達到2.8%。目前，人民幣是國際貿易融資第二大貨幣，是全球第五大最常用支付貨幣和外匯交易第七大貨幣。人民幣在官方層面也得到更多認可。中國人民銀行已與28個國家和地區的貨幣當局簽署貨幣互換協定，總規模超過4.07萬億元，人民幣已經被一些國家的央行作為儲備貨幣或干預貨幣。

有鑒於此，2015年例行SDR定值檢查將人民幣納入其貨幣籃子也就成為大概率事件。如果人民幣加入SDR貨幣籃子，既代表國際貨幣基金組織對人民幣充當國際儲備貨幣的官方認可，也是人民幣進入主要國際貨幣行列的關鍵標誌，象徵意義巨大。而即使執行董事會再度以「可自由使用貨幣標準」為由拒絕人民幣，也不可能延緩或是阻擋人民幣的國際化進程。因為在現有成績基礎上，中國正在積極推動的「一帶一路」戰略規劃還將為人民幣國際使用創造更多、更好的機會，使人民幣國際化的未來之路繼續保持又快又穩。

秉承古絲綢之路「和平合作、開放包容、互學互鑒、互利共贏」的精神內涵，2013年中國提出了「一帶一路」戰略。這是中國宣導的新型區域合作模式，目的是要將這條世界上最長經濟走廊的增長潛力充分挖掘出來。「一帶一路」戰略與人民幣國際化戰略，是中國在21世紀作為新興大國而提出的兩個舉世矚目的重要規劃。這兩大戰略首先符合中國國家利益，可為新興大國提供必不可少的支撐力量；這兩大戰略同時也符合全球利益，是對現行世界經濟秩序和國際貨幣體系的進一步完善，體現了新興大國的責任與擔當。

2015年度《人民幣國際化報告》的研究主題為：「一帶一路」建設中的貨幣戰略。課題組主要完成了以下幾項工作：首先，明確指出「一帶一路」建設的「五通」目標表達了中國提供全球公共物品的良好意願和歷史擔當。其次，從理論探討、歷史經驗和實證檢驗等多個角度系統梳理了「一帶一路」與人民幣國際化這兩大國家發展戰略相互促進的邏輯。最後，特別強調了大宗商品計價結算、基礎設施融資、產業園區建設、跨境電子商務等應當成為借助「一帶一路」建設進一步提高人民幣國際化水準的有效突破口，並分別圍繞必要性和可行性等問題展開了深入討論。

全球公共物品供應的總量不足和結構失衡，特別是發展中國家所需的全球

公共物品極度匱乏，嚴重制約了世界經濟和金融的發展與穩定。在美國等發達國家減少全球公共物品供應的情況下，中國作為全球第二大經濟體、第一大貿易國和重要的直接投資國，完全有能力提供全球公共物品。而且中國是最大的發展中國家，在滿足廣大發展中國家的全球公共物品需求方面或可有所突破。「一帶一路」建設將打造世界上最具魅力的合作共贏的命運共同體。以此為契機，中國可在五個方面增加全球公共物品的供給：產生國際合作新理念和新模式，實現高效的設施互聯互通，提供新的國際貨幣，建立新型國際金融組織，以及為消除局部戰爭和恐怖主義提供新的手段。

「一帶一路」沿線國家提高人民幣使用水準，也是中國在增加全球公共物品供應。人民幣作為貿易計價貨幣越來越得到國際經貿活動的認可，有利於降低各國對華貿易成本，便利貿易結算，同時規避雙邊貿易使用協力廠商貨幣的風險。中國在基礎設施建設方面具有獨特的優勢，通過成立新型的多邊金融機構動員全球資源，並通過人民幣債券、貸款、直接投資等多種形式為重大支撐專案提供金融支援，可為「一帶一路」建設夯實物質基礎。實際上，人民幣在「一帶一路」上全方位地發揮貿易計價結算、金融交易和外匯儲備職能，意味著中國為沿線國家提供了新的國際貨幣及其風險管理機制，構建了經濟金融的安全錨，為維護區域經濟和金融穩定做出了重大貢獻。

「一帶一路」建設要實現政策溝通、設施聯通、貿易暢通、資金融通、民心相通等五大目標，歸根結底就是要加強中國同沿線各國的區域經濟合作，逐步形成區域深化合作的大格局。

「一帶一路」沿線各國資源稟賦各異，經濟互補性較強，彼此合作潛力和空間很大。中國正在推動實施的人民幣國際化進程將直接加強沿線各國之間的貨幣流通，對實現「五通」目標、深化區域經濟合作發揮關鍵的積極作用。理論研究和實證研究的結果表明，提高區域內最頻繁使用的本幣比例，能夠有效防範區域內金融風險，降低交易成本，提升區域經濟的整體競爭力，加快區域內貿易一體化和經濟一體化進程。中國是「一帶一路」沿線各國的重要交易夥伴，經濟發展和金融發展居於區域領先水準，國內政治穩定，文化繁榮，為人

民幣在「一帶一路」上擴大使用已經做好了充分準備。只要在增強使用便利性和降低交易成本方面繼續努力，則隨著「一帶一路」建設過程的推進，沿線國家必將逐步提高貿易、投融資、金融交易和外匯儲備中的人民幣份額，為繼續穩步提高人民幣國際化水準提供充足動力。

本報告認為，「一帶一路」建設是造福沿線各國人民的巨大事業，也為人民幣國際化創造難得的歷史機遇。「一帶一路」與人民幣國際化這兩大國家發展戰略可相互促進、相輔相成。但在具體實施過程中需要注意以下幾個問題：

第一，「一帶一路」建設的貨幣戰略要從四個方面尋求重點突破。一是利用沿線國家對華大宗商品貿易的重要地位，以及中國在金融機構和期貨市場方面的優越條件，積極推動沿線國家大宗商品貿易實現人民幣計價結算，建議優先考慮鋁礦石、鐵礦石和煤的進口。二是利用中國在基礎設施建設方面的經驗和資金動員上的能力，大力促成人民幣成為沿線基礎設施融資的關鍵貨幣，特別是在政府援助、政策性貸款、混合貸款和基礎設施債券發行中應當更多使用人民幣。三是利用產業園區在貿易創新、產業集聚等方面的特有優勢，在園區規劃和建設中積極引導人民幣的使用，促進人民幣離岸市場合理佈局，形成全球人民幣交易網路。四是利用沿線各國發展跨境電子商務的地理優勢和文化優勢，大力支持電子商務的人民幣計價和跨境支付，積極爭取根植於民間的對人民幣的廣泛認同與接受。

第二，要堅持開放、包容的發展理念，動員全球資源，造福沿線各國。亞洲基礎設施投資銀行這樣的多邊合作機構，得到了區域內外眾多國家和地區的熱烈回應和積極參與。這提醒我們，找到共建共用的價值觀最大公約數，就有希望達成互利共贏的目標。因此，無論是「一帶一路」建設，還是其中的貨幣戰略，都歡迎各國以自身優勢資源廣泛參與，充分吸收不同人類文明的優秀成果。特別是要借鑒和學習發達國家在經濟建設、金融發展、風險管理、區域合作和多邊治理等方面的經驗和智慧。

第三，「一帶一路」和人民幣國際化兩大戰略都需要國內經濟發展的有力支持。對外投資或貸款除了要重視資金效率與安全外，更要吸取西方國家的歷

史教訓，切忌資金一味地盲目外流，以至於喪失掉本國產業升級的機會，從而在激烈的國家競爭中功敗垂成。由此可見，兩大對外戰略能否成功，歸根結底還是要取決於國內的經濟轉型、技術進步和制度創新。

2014年5月

目　錄

第一章

人民幣國際化指數

1.1 人民幣國際化指數定義及編制

1.1.1 人民幣國際化

人民幣國際化是指人民幣在國際範圍內行使貨幣功能，成為主要的貿易計價結算貨幣、金融交易貨幣以及政府國際儲備貨幣的過程。自2008年以來，以維護世界經濟健康發展和國際金融安全為目標的國際貨幣體系改革呼聲高漲，降低對美元的過度依賴、推動國際貨幣多元化、提高發展中國家國際貨幣話語權已成為一種必然趨勢。中國是最大的發展中國家和世界第二大經濟體，在當下的國際貨幣體系改革問題上應該有所擔當，肩負起歷史使命，通過人民幣國際化，向世界各國提供安全可靠的全球公共物品。同時，人民幣國際化作為中國維護國家利益、推動經濟轉型和產業升級的新動力，已成為實現中國夢的重要國家戰略之一。

國際金融歷史表明，貨幣國際化需要具備一些基本條件。例如，實體經濟保持穩健發展，在國際經濟和貿易中占有重要的地位；國內金融自由化水準和對外開放程度較高；建立有利於貨幣國際化的宏觀經濟與市場制度基礎；匯率比較穩定，具有高超的宏觀經濟調控能力等。儘管人民幣已基本上具備了貨幣國際化的條件，而且在過去5年中人民幣的國際使用取得了世人矚目的進展，

但是在國際貨幣使用的慣性作用下，貿易和金融交易計價結算貨幣的替代需要克服不少心理障礙，人民幣要成為主要國際貨幣，還將面臨一個漫長而艱巨的過程。按照貨幣國際化的發展規律，人民幣國際化必須經歷周邊化—區域化—全球化三個發展階段，至少還需要大約20年的時間。在沒有發生國際經濟環境和中國經濟增長態勢的重大不利變化的假設前提下，隨著「一帶一路」建設的不斷推進，2020年人民幣國際化的第二階段目標——人民幣成為亞洲區域的關鍵貨幣，有望現實。屆時人民幣將成為僅次於美元和歐元的全球第三大貨幣。

人民幣國際化是一個市場自然形成與政府政策導向相結合的過程。中國經濟換擋增效和穩步發展為人民幣國際化奠定了堅實的物質基礎，中國政治、軍事、文化等方面綜合實力的提升成為人民幣國際化的根本保障，而境外市場經濟主體對人民幣日益擴大的需求則為人民幣國際化提供了外部動力。2014年，國際社會對中國宣導的「一帶一路」建設宏偉戰略反響積極，人民幣國際化將獲得難得的重大歷史機遇，因此進程明顯加速。「一帶一路」是世界上跨度最大的經濟走廊。2014年5月21日，習近平在亞信峰會上做主旨發言時指出：中國將同各國一道，加快推進「絲綢之路經濟帶」和「21世紀海上絲綢之路」的建設，儘早啟動亞洲基礎設施投資銀行，更加深入地參與區域合作進程，推動亞洲發展和安全相互促進、相得益彰。「一帶一路」是我國主導開啟的全新經濟區域化模式，不僅有利於國內西部開發與經濟的可持續發展，也有助於構建全新的國際經貿秩序，開拓人民幣邁向主要國際貨幣的國際空間。積極利用這一歷史契機，將人民幣國際化的歷史命題納入「一帶一路」建設與合作框架，可以形成以「一帶一路」促人民幣國際化、以人民幣國際化加快「一帶一路」建設的全新局面。

1.1.2 人民幣國際化指數簡介

國際社會通常使用貨幣在官方外匯儲備中的比重來衡量貨幣的國際化水準。各國政府按照國際貨幣基金組織（International Monetary Fund, IMF）的統計要求，將自己的官方外匯儲備中名列前茅的貨幣報送IMF，然後由IMF公

佈這一指標。由於IMF只單獨統計並公佈全球官方外匯儲備中比重大於1%的貨幣，符合該條件的貨幣目前只有美元、歐元、日圓、英鎊、瑞士法郎、加拿大元和澳元，也就是說，無法使用貨幣在官方外匯儲備中的比重這一國際通用指標來衡量人民幣的國際化水準。

為了滿足國際社會對人民幣國際化的認知需要，客觀反映人民幣在國際經濟活動中的使用情況，中國人民大學國際貨幣研究所編制了人民幣國際化指數（RMB Internationalization Index, RII）。我們從國際貨幣的基本職能出發，強調國際貨幣的功能應該主要體現在為實體經濟交易服務，因此，人民幣國際化指數強調人民幣作為貿易計價結算和直接投資、國際債券交易貨幣的職能，並以此為指導思想選擇適當的變數及指標，編制一個綜合的多變數合成指數，用來衡量和反映人民幣國際化的真實水準。通過觀察RII指數的數值及其結構變化，不僅可以直觀明瞭地評判人民幣國際化的程度及其主要影響因素，還可以把握不同因素對人民幣國際化的作用方向、影響大小，並對主要貨幣的全球使用情況進行動態比較。這就為政府決策部門和私人部門準確把握人民幣國際化的動態變化，及時抓住人民幣國際化中出現的來自國內外的新機遇，認清不斷出現的新挑戰，有針對性地調整或制定對策，提供了一個可操作的科學工具和一個高效的管理手段。

1.1.3 人民幣國際化指數的構建原則

第一，立足國際貨幣職能，既能反映人民幣國際應用的實際狀況，又能體現人民幣國際化的引導方向，突出人民幣作為實體經濟交易流通手段的功能。RII的編制，其核心目標就是要客觀反映世界各國使用人民幣的現狀，以便為政府部門制定相關決策、為私人部門使用人民幣相關金融產品及制定相應金融戰略提供客觀、公正、可靠的依據。全球金融危機使人們認識到虛擬經濟過度發達帶來的危害，一旦貨幣脫離實體經濟而內生膨脹，金融體系的穩健運行就會遭到巨大破壞。因此，人民幣國際化指數絕不可過於注重虛擬經濟或衍生品類金融交易功能，而應強調實體經濟的交易流通功能，在編制指數時賦予貿易

結算適當的權重。

第二，綜合考慮可比性與可操作性。RII的編制宗旨之一是為世界各國提供國際交易與儲備貨幣選擇的依據，這就要求設計中必須考慮評價結果在不同貨幣之間的橫向可比性和動態可比性。通過對比分析人民幣與其他主要貨幣的國際化指數，從結構上認識推動或阻礙人民幣國際化的主要因素，了解人民幣國際化與其他主要貨幣國際化之間的差距，發現其中的主要矛盾和突出問題，為政府分析檢討人民幣國際化目標實現情況以及推動措施的有效性提供一個便捷的評價工具，以便我國政府及時抓住人民幣國際化中的機會，制定恰當的、有針對性的對策，扎實、高效地推進人民幣國際化。與此同時，在設計指標體系時還要充分顧及資料的可得性與可操作性。對於某些特別重要而又無法直接採集資料的指標，應根據盡可能多的資訊進行估計。而且所選擇的指標其內容應易於理解，不能有歧義，以確保所構建的RII能夠準確而方便地計算並應用。

第三，兼顧結構穩定性與靈活性。RII編制所依據的指標、各指標的權重不宜頻繁變化，以使評估結果的解釋具有一定的持續性與動態可比性。然而，不能將指數編制依據的指標及其權重僵化對待，應保持一定的靈活性，因為人民幣國際化的不同階段有不同的戰略目標，而且這些階段性戰略目標還要根據國際政治與經濟形勢的變化進行適當的調整。為了準確、客觀地反映人民幣國際化進程，編制RII時所使用的指標及各指標的權重，應與人民幣國際化實踐和中國的戰略目標相適應，能夠在不同的階段進行適當的調整。

第四，指數編制方法透明、簡單。RII編制的指標選擇原則、權重確定原則，均在科學性與可操作性的指導下應用。同時，應採用比較簡單直觀的計算方法，避免過於複雜、難以理解的方法。此外，指數編制的方法是公開的，以便政府及相關研究部門的工作人員對人民幣國際化問題進行協同研究，為RII的科學發展奠定堅實的基礎。

1.1.4 人民幣國際化指數指標體系

從理論上講，貨幣具有三種功能——價值尺度、支付手段和價值貯藏。考慮到在國際貿易中，計價貨幣通常就是結算貨幣，編制RII的目的之一是要側重反映人民幣在國際經濟活動中的實際使用情況，因此將價值尺度功能與支付手段功能合二為一，即為計價支付功能。由此人民幣國際化指數的一級指標主要包括國際計價支付功能與國際儲備功能兩大類，而國際計價支付功能又可以體現在貿易與金融兩大方面，因此在國際化指數中，貿易計價、金融計價與官方外匯儲備功能並行，所占權重均為1/3（見表1—1）。

根據RII編制的原則之一，即向實體經濟交易流通功能方面加以引導，人民幣在國際貿易中實現的結算功能是評價人民幣國際化的重要組成部分，具體的三級指標可選擇世界貿易總額中人民幣結算所占比重。

根據國際收支平衡表，金融帳戶囊括了居民與非居民之間的金融交易活動。金融交易包括直接投資、國際證券和國際信貸三大類。指標體系中分別針對人民幣在這三大類金融交易中的實際功能設置了相應的指標，本報告將對證券交易部分的指標設置做如下說明。

國際證券交易包括債券和股票兩個部分。由於國際金融存在巨大的資訊不對稱風險，具有固定收益的債券的風險可控性優於股票，因此國際債券市場的規模遠遠超過股票市場的規模，一直在國際證券市場中占據主導地位。此外，由於主要國家股票市場的規模往往以本幣標價，缺乏按照幣種對非居民股票投資的統計，從金融學原理和資料可獲得性兩方面考慮，本報告使用國際清算銀行（Bank for International Settlements, BIS）的國際債券和票據指標來反映國際證券交易。按照BIS的統計分類標準，國際債券和票據包括：第一，所有由國內機構和非國內機構發行的非本國貨幣債券和票據；第二，所有本國市場上由國外機構發行的本國貨幣債券和票據；第三，所有非居民購買的本國市場上由本國機構發行的本國貨幣債券和票據。由此可見，國際債券和票據指標能夠很好地反映一國貨幣在國際證券市場的國際化程度。為了更加全面、準確地反映

人民幣國際債券和票據的交易情況，本報告採用兩個指標：其一是存量指標，即債券和票據餘額；其二是流量指標，即債券和票據發行額。這樣做的理由在於，存量指標可以客觀地體現人民幣在國際債券和票據交易中的現實地位，流量指標則能夠更好地捕捉人民幣國際債券和票據的動態變化。當然，流量的累積形成存量，流量指標與存量指標之間的這種關係決定了存量指標本身含有流量指標的資訊，因此，我們對人民幣國際債券和票據交易的存量指標賦予了較大的權數。

　　國際儲備功能是國際貨幣職能最典型、最集中的體現。通常，一國貨幣在國際儲備中的比重是一個最直接、最明瞭的貨幣國際化衡量指標，該指標目前由IMF發佈。絕大多數國家從自身利益出發，一般不公佈官方外匯儲備中具體的貨幣結構，這就給人民幣國際儲備功能指標的資料收集造成了極大的困難。儘管人民幣尚未進入IMF的單獨統計行列，但是隨著我國統計制度的不斷完善，以及國際合作的深入，人民幣在官方外匯儲備中的比重指標的資料可獲得性有望得到改善。

表1—1　人民幣國際化指數指標體系

一級指標	二級指標	三級指標
國際計價支付功能	貿易	世界貿易總額中人民幣結算比重
	金融	全球對外信貸總額中人民幣信貸比重
		全球國際債券和票據發行額中人民幣債券和票據比重
		全球國際債券和票據餘額中人民幣債券和票據比重
		全球直接投資中人民幣直接投資比重
國際儲備功能	官方外匯儲備	全球外匯儲備中人民幣儲備比重

注：

世界貿易總額中人民幣結算比重=人民幣跨境貿易金額/世界貿易進出口總額；

全球對外信貸總額中人民幣信貸比重=人民幣境外信貸金額/全球對外信貸總額；

全球國際債券和票據發行額中人民幣債券和票據比重=人民幣國際債券和票據發行額/全球國際債券和票據發行額；

全球國際債券和票據餘額中人民幣債券和票據比重=人民幣國際債券和票據餘額/全球國際債券和票據餘額；

全球直接投資中人民幣直接投資比重=人民幣直接投資額/全球直接投資額；

全球外匯儲備中人民幣儲備比重=人民幣官方儲備餘額/全球外匯儲備餘額。

RII指標的主要資料來源於中國人民銀行、國際貨幣基金組織、國際清算銀行、世界銀行、聯合國貿易和發展會議、經合組織。隨著人民幣國際化程度的提高，上述國際組織的指標統計將有所改進，人民幣在國際貿易、國際金融中的使用情況有可能單獨統計。屆時RII的指標體系有可能隨著國際組織指標統計的改進與細化，進一步納入更多的指標，並且在指標賦權上進行適當的調整。

1.1.5　人民幣國際化指數計算方法及其經濟含義

RII指標體系中每一個指標本身都是比重，不存在數量級差別，因此無須進行無量綱化處理，可以直接進行加權平均並編制RII。

$$RII_t = \frac{\sum_{j=1}^{5} X_{jt} w_j}{\sum_{j=1}^{5} w_j} \times 100$$

式中，RII_t表示第 t 期的人民幣國際化指數，X_{jt}表示第 j 個變數在第t期的數值，w_j為第 j 個變數的權數。

RII的經濟含義應做如下解讀：如果人民幣是全球唯一的國際貨幣，則RII指標體系中各項指標的數值就應該等於100%，此時RII為100。反之，如果人民幣在任何國際經濟交易中完全沒有被使用，則其各項指標的數值就等於0，此時RII為0。如果RII的數值不斷變大，表明人民幣在國際經濟中發揮了更多的國際貨幣職能，其國際化水準就越來越高。例如，當RII為10時，意味著在全球各國的國際貿易、資本流動、官方外匯儲備資產交易活動中，有十分之一的交易額使用的是人民幣。

1.2 人民幣國際化指數及其變動原因

1.2.1 人民幣國際化指數現狀

　　2014年，中國經濟平穩運行，經濟與金融改革呈現加快推進之勢。伴隨跨境人民幣政策與清算安排的進一步完善，以及離岸市場的不斷拓展，人民幣在國際貿易、國際金融交易以及外匯儲備等方面的接受程度加速提高，人民幣國際化水準大幅攀升。如圖1—1所示，2014年RII繼續呈現上升趨勢，截至第四季度RII已達2.47[1]，同比增長45.4%。

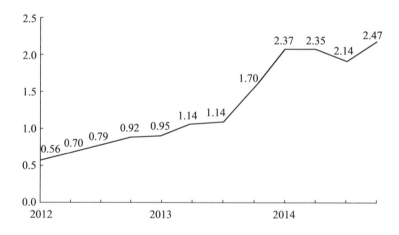

圖1—1　人民幣國際化指數

注：由於原始資料統計調整，2013年第四季度的RII由1.69（《人民幣國際化報告2014》）調整為1.70。

　　在2014年的四個季度，RII分別為2.37、2.35、2.14和2.47。人民幣國際化指數保持著季均97.3%的增長速度，如圖1—2所示。

1　第四季度為預測值。

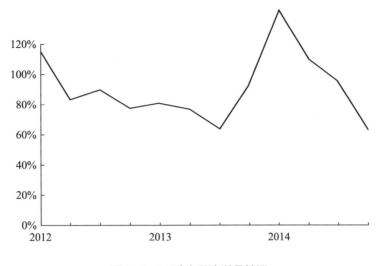

圖1—2　RII季度同比增長情況

1.2.2　推動RII走強的六大原因

2014年，全球經濟復甦之路曲折，國內經濟下行壓力加大，然而，面對國內外複雜多變的經濟環境，人民幣國際化快步躍進，國際使用規模呈現高速增長態勢。據環球銀行金融電信協會（SWIFT）的統計，2014年人民幣取代加拿大元、澳元，成為全球第五大支付貨幣，市場份額升至2.17%，人民幣實現了從新興貨幣向常用支付貨幣的轉變。

2014年，RII走強主要源於以下六個方面：

其一，中國經濟邁進新常態，全方位鞏固了人民幣國際化的根基。2014年，中國結束了連續三十年高速經濟增長模式，轉向中高速發展的新常態，著手解決經濟結構失衡、環境惡化、資源過度使用等原有發展模式帶來的負面作用。中共十八屆三中全會明確了新時期全面深化改革的戰略任務，在經濟新常態下讓市場發揮資源配置的決定性作用，以改革破除體制性障礙，激發中國市場的無限潛力。體制改革紅利使得經濟發展的協調性與可持續性雙雙提升，增強了中國經濟發展的後勁。2014年，中國居民人均可支配收入的增長率為8%，

高於GDP的增速，消費貢獻率升至51.2%，經濟發展動力轉型初見成效；服務業產值占比升至48.2%，移動互聯網、高端裝備製造等戰略新興產業異軍突起，電子商務等新興業態快速成長，中國企業的國際競爭力與議價能力大幅提升；改善民生，完善醫療、教育、社保等制度建設，依法治國、從嚴治黨，夯實了中國經濟社會穩健發展的制度保障，增強了人民群眾與國際社會對新一屆中國政府執政的信心；簡政放權，進行商事制度改革，減少三分之一行政審批事項，新登記註冊企業增長45.9%，掀起了大眾創新、萬眾創業的高潮。儘管存在較大的經濟下行壓力，但是中國政府推行穩定宏觀經濟的政策組合拳，著力解決突出矛盾與結構性問題，以改革增添經濟發展動力，實現了中國經濟穩健運行，GDP增速達7.4%，仍然位於世界主要經濟體前列。2014年是深化改革元年，中國積極主動尋求變革，提升經濟社會發展品質，以堅實的經濟基礎與明朗的發展前景為人民幣國際化背書，大大增強了市場對人民幣的信心。

專欄1—1

新常態下中國經濟發展的七大機遇

當前的中國經濟步入了「新常態」，經濟增長進入了可控、相對平衡的運行區間。在外需疲軟、內需回落、房地產調整及深層次結構變動力量的綜合作用下，經濟下行壓力有所加劇。然而，「新常態」並不是只有困難、挑戰和風險，新常態沒有改變我國發展仍處於可以大有作為的重要戰略機遇期的判斷，改變的是重要戰略機遇期的內涵和條件；沒有改變我國經濟發展總體向好的基本面，改變的是經濟發展方式和經濟結構。因此，中國經濟「新常態」孕育著一個正在崛起的國家擁抱新經濟體系的宏大發展機遇。

第一，大改革與大調整的機遇。2008年國際金融危機不僅暴露了世界經濟面臨巨大的結構性問題，同時也宣告了鑲嵌在世界經濟格局中的中國傳統增長模式走到了盡頭。高投資帶來的高能耗與高汙染、收入分配差距帶來的社會經濟衝突以及過度管制帶來的創新不足已經成為中國實現國家富強、人民富足和民族復興的絆腳石。人民深深認識到，大改革和大調整是重構中國社會經濟發展基石的唯一選擇。這種「大改革」與「大調整」共識的形成是「新常態」帶給中國經濟下一輪發展的最大禮物，在世界性結構改革的大浪潮中給予了中國良好的機遇期。

　　第二，大消費、大市場與構建「大國經濟效應」的機遇。世界各國驚奇地發現，中國在GDP穩居世界第二位的同時，其市場份額和消費規模也大幅度提升，中國需求成為世界需求最為重要的決定因素，「大國經濟效應」開始全面顯現。一是在市場上出現全面的規模效應和範圍效應，生產效率的提升有效對沖著各種成本的上升，使中國在世界市場的份額並沒有下降。二是消費開始上臺階，中國的消費規模依然每年按照平均13%的速度增長，中國需求的擴張使中國採購成為世界經濟穩定的核心因素，中國開始從「世界工廠」轉向「世界市場」。三是中國的「世界工廠」開始與中國的「世界市場」相對接，在內外貿一體化的作用下使中國經濟的穩定性和抵抗世界經濟波動的能力大幅度上揚。

　　第三，「大縱深」與構建多元增長極的機遇。雖然到2014年年底，中國各類產業結構的指標標誌著中國經濟已經開始向後工業化階段轉化，工業化的紅利開始衰竭，但是，一定要看到中國經濟縱深的厚度和寬度，即「長三角」、「珠三角」以及「京津地區」雖然開始全面轉向服務業驅動，但廣大的中西部與東北地區的人均GDP依然不足5 000美元，工業化依然處於高速發展的中期階段。這不僅為東部產業升級提供了有效的騰挪空間，也為中西部加速發展提供了契機。因此，中國產業的梯度大轉移不僅大大延緩了中國工業化紅利消退的速度，同時通過構建多元化的增長極使中國經濟的空間佈局更加科學。

第四，「大人才」與構建第二次人口紅利的機遇。路易斯拐點的到來和老齡社會的逼近意味著中國傳統的人口紅利開始消退。但必須注意的是，目前「招工難」和「用工貴」問題主要凸顯在農民工領域。中國的就業格局是「大學生就業難」與「民工荒」相並存。每年高達700多萬名大學生畢業的壓力已經使大學生的就業起薪與農民工的平均工資開始拉平。而這恰恰是中國從人口大國邁向人力資源強國的關鍵，這說明大規模受過高等教育的人群已經為中國產業升級準備了大規模高素質、低成本的產業後備大軍。以大學生和人力資源為核心的第二次人口紅利開始替代以農民工和低端勞動力為核心的傳統人口紅利。

第五，「大創新」與構建技術紅利的機遇。仔細梳理中國技術創新發展的各類指標，我們會發現，在粗放式發展模式走到盡頭的同時，中國創新發展模式已經嶄露頭角：一是專利申請大幅度提升，於2013年達到257.7萬項，增速為15.9%，占世界總數的32.1%，居世界第一；二是R&D經費支出突破低水準閾值，於2014年達到GDP的2.09%，增速達12.4%，進入高速度、中等強度階段；三是技術市場活躍程度大幅度提升，2013年技術市場交易額達到7 469億元，增速達到16%；四是高技術產品出口大幅增長，總額達到6 603億美元，占出口總額的30%；五是國外發表的科技論文在2013年已接近30萬篇，邁入世界科技論文大國的行列；六是中國擁有世界規模最龐大的科學技術研究人員。上述這些參數說明，只要進一步進行科技體制改革和鼓勵各類創新創業活動，中國技術創新紅利必將逐步實現。「中國製造」開始向「中國創新」轉型，從勞動力密集型製造業向知識密集型產業過渡。

第六，大升級與構建升級版中國經濟的機遇。在市場、技術、人力等多方面因素的作用下，中國經濟開始出現全面升級的勢頭：一是在人均GDP接近8 000美元時，消費開始出現大幅度升級，開始從過去30多年的以吃穿住行為主體的工業化消費轉向以高端製成品和服務消費為主的後工業化消費；二是產業在需求的拉動下，開始大幅度由製造業轉向

服務業、由勞動密集型產業轉向知識與技術密集型產業。中國升級版經濟的雛形開始顯現。

第七，大開放與中國經濟全球佈局的機遇。中國經濟實力的全面提升以及2008年國際金融危機帶來的全球經濟格局的變化給予了中國前所未有的進行大開放和全球佈局的機遇。一是中國開始從「商品輸出時代」轉向更為高級的「資本輸出時代」，對外的FDI高速增長，海外併購突飛猛進，其平均增速超過30%，對外投資總量2014年已突破1 000億美元；二是以區域性自由貿易區的構建全面強化中國開放的板塊效應；三是以「一帶一路」為核心展開中國空間戰略與開放戰略的全面對接，並通過互聯互通打造中國新的國際合作格局；四是以金磚銀行、亞洲基礎設施投資銀行、絲綢之路基金等國際金融機構的構建，打破歐美一統國際金融的格局。這些拓展有效擴張了中國資源配置的空間以及盈利模式，必將把中國發展帶入新階段。

當然，要很好地把握上述七大機遇，將各種戰略機遇轉化為真正的增長和發展，這不僅需要我們有效解決「新常態」面臨的各種問題及挑戰，同時還需要我們在全面深化改革的基礎上構建出適合下一輪經濟發展的制度體系。

（中國人民大學校長　陳雨露）

其二，金融改革加速推進，跨境人民幣政策不斷完善，形成人民幣國際化的雙輪驅動模式。2014年，中國金融改革加速推進，在金融市場開放、利率和匯率市場化改革方面取得了實質性突破，既為構建高效、完善的現代金融體系提供了制度保障，也為人民幣國際化縱深發展提供了重要支撐。例如，2014年3月，中國人民銀行基本上退出常態化外匯干預，銀行間即期外匯市場人民幣兌美元交易價浮動幅度由1%擴大至2%，人民幣匯率雙向浮動彈性增強。2014年7月，微眾、溫州民商和天津金城三家民營銀行的發起設立打破了原有金融壟斷，有助於緩解中小企業融資難題，提升中國金融市場的效率與公平。2014年

11月，中國人民銀行宣佈金融機構存款利率浮動區間上限擴大為基準利率的1.2倍，並就《存款保險條例（徵求意見稿）》向全社會公開徵求意見，利率市場化更進一步發展。此外，為了順應更高水準的改革開放的基本要求，跨境人民幣政策在簡化業務流程和審批手續方面不斷完善，適用範圍不斷擴大，呈現出由試點區域向全國推廣、由企業向個人開放、由貿易帳戶向資本和金融帳戶延伸的趨勢，從而健全貿易與金融雙輪驅動模式，加快人民幣的國際化進程。

其三，資本帳戶開放度提升，增強了人民幣的國際吸引力。中國（上海）自貿區與滬港通合力「先試先行」，驅動中國資本帳戶可兌換向深層次發展。2014年，中國（上海）自貿區進一步簡化經常項下、直接投資項下的跨境人民幣結算業務，允許經濟主體在一定條件下開展境外人民幣借款、雙向人民幣資金池業務以及經常項下人民幣集中收付，將協力廠商支付加入跨境電商人民幣結算行列，建立了自由貿易帳戶[1]（即FT帳戶）體系。這些措施提高了人民幣跨境使用的效率與便利性，促使自貿區跨境人民幣業務大規模擴容。為了推進上海國際金融中心的建設，構築人民幣資本市場流動的機制和管道，2014年9月上海黃金交易所推出了以人民幣計價的貴金屬期貨交易國際板，12月又推出了原油期貨交易，實現了在岸資金和離岸資金的深度融合，有利於提升中國的大宗商品國際定價權，增強人民幣大宗商品定價的價格發現功能。特別需要關注的是，2014年11月滬港通正式啟動，不僅增強了滬港兩地股票市場的綜合實力，擴大了兩地投資者的投資管道，還標誌著中國資本市場的對外開放邁入了新階段，人民幣的回流機制基本建成。上述資本市場開放的新舉措無疑提升了人民幣作為國際投資貨幣的吸引力，導致人民幣在國際金融計價交易方面的使用範圍大幅擴大，金融交易功能進一步強化。

其四，「一帶一路」建設為人民幣國際化開啟了戰略視窗。「一帶一路」建設是中國新時期的國家戰略，是中國積極承擔國際責任、推進沿線各國互

1　自由貿易(Free Trade, FT)帳戶是指銀行為客戶在上海自由貿易試驗區分賬核算單元開立的規則統一的本外幣帳戶，屬於中國人民銀行帳戶體系的專用帳戶。一旦企業開立自由貿易帳戶，境內企業就可以和境外資金自由匯兌，境外企業就可以按准入前國民待遇原則獲得相關金融服務。

利共贏與共同發展的合作構想。2014年，「一帶一路」戰略構想成為了G20、APEC、博鰲論壇等國際會議的熱點議題，並得到了沿線各國的積極回應與普遍認可。國內沿線各省市加緊戰略規劃與部署，金融企業與非金融企業瞄準機遇，積極參與。「一帶一路」戰略是我國主導開啟的全新經濟區域化模式，將為我國與沿線國家的經濟發展提供長久動力，從而為人民幣國際化提供新的機遇和突破口。加強資金流通是「一帶一路」建設順利推進的重要保障，使用人民幣則是沿線各國降低流通成本、增強金融風險抵禦能力的有效手段。「一帶一路」高度彙集了融資、投資、貿易等眾多國際經濟金融合作項目，加上亞洲基礎設施投資銀行與絲綢之路基金相繼成立，中國作為「一帶一路」建設的宣導者和主要的推動者，人民幣必將在「一帶一路」建設中更多地發揮國際貨幣功能，加速人民幣區域化階段目標的實現。

其五，人民幣離岸市場版圖拓展，全球人民幣清算系統佈局基本完成。隨著中國第一貿易大國地位的確立，眾多國際企業開始將人民幣納入其資金負債管理與風險管理系統。尤其是在人民幣幣值長期穩定與中國經濟持續增長的預期下，離岸人民幣投融資需求規模迅猛增長。微觀主體的市場行為，自下而上地推動與中國經貿關係密切的國家主動構建和發展人民幣離岸市場。2014年，歐洲各國積極推進人民幣離岸市場的建設，中國對此予以支援和配合，指定人民幣清算銀行，優化人民幣離岸市場的全球佈局。經中國國務院批准，繼港澳臺地區和新加坡之後，雪梨、倫敦、法蘭克福、首爾、巴黎、盧森堡、多倫多等地各確定一家中資銀行作為當地人民幣業務清算行。通過境外人民幣清算行的制度安排，中國構建了覆蓋全球的人民幣清算網路，人民幣的國際流動性和交易便利性由此獲得了強有力的技術保障。人民幣離岸市場和清算系統的完善，進一步提振了海外企業對人民幣的國際使用的信心，有利於拓展人民幣境外循環使用的管道與機制。人民幣

離岸市場的存款規模、產品種類、參與主體與上年相比，均出現顯著增長。此外，2014年，人民幣跨境支付系統（China International Payment System, CIPS）落戶上海，該系統連接境內外所有直接參與者，處理人民幣貿易類、投

資類等跨境支出業務，覆蓋全球主要時區的人民幣結算需求，將為人民幣國際化提供堅實的硬體支援。

其六，國際合作不斷深化，互利共贏彰顯大國責任。2014年，中國積極開展國際經濟金融協作，雙邊、多邊貿易合作取得突出進展，中國與瑞士、冰島簽署的自由貿易協定正式實施，中國—東盟跨境人民幣業務中心於廣西南寧成立，拓展了人民幣跨境使用管道；銀行間外匯市場先後實現了人民幣與紐西蘭元、英鎊、歐元和新加坡元的直接交易，大大降低了人民幣與這些主要貨幣的匯兌成本，破除了人民幣跨境使用的成本障礙；中國人民銀行繼續推動央行層面的貨幣互換合作，先後同瑞士、斯里蘭卡、俄羅斯、哈薩克和加拿大五國貨幣當局簽訂貨幣互換協議，推動人民幣使用的官方認可。當然，中國還積極參與多邊機制與國際規則的制定，加強與發展中國家的合作，積極推進「絲綢之路經濟帶」和「21世紀海上絲綢之路」的建設，籌建亞洲基礎設施投資銀行，設立絲綢之路基金。中國正在成長為負責任、敢擔當的世界大國，以互利共贏的理念積極融入國際事務。這些貿易、金融等多領域的深化合作，為人民幣走向國際貨幣舞臺的中心提供了重要載體與信心保障。

専欄1—2

亞洲基礎設施投資銀行成立

2013年10月2日，中國國家主席習近平在雅加達同印尼總統蘇西洛舉行會談時表示，為促進本地區互聯互通建設和經濟一體化進程，中方倡議籌建亞洲基礎設施投資銀行（以下簡稱「亞投行」），向包括東盟國家在內的本地區發展中國家的基礎設施建設提供資金支持。截至2015年3月31日，即亞投行創始成員的最後申請日，聯合國五大常任理事國除美國外的其他4個，G20國家中的13個，全球GDP排名前10中的8個，

均已申請加入亞投行。

　　亞洲各國經濟發展存在著嚴重的不平衡，不少東盟、南亞及中亞國家的基礎設施建設落後，經濟持續發展面臨較大的瓶頸約束。根據亞洲開發銀行的估計，2010—2020年間，亞洲各國若想要維持正常的經濟增長，基礎設施投資缺口高達8萬億美元，意味著每年的基礎設施資金需求大約為8 000億美元。而現有的國際和區域金融合作組織根本滿足不了如此巨大的融資需求。為了打破基礎設施建設融資的瓶頸約束，中國宣導籌建亞投行，專門為基礎設施建設提供資金支持，這一倡議很快得到了亞洲國家的積極回應。2014年10月24日，包括孟加拉、汶萊、柬埔寨、中國、印度、哈薩克、科威特、寮國、馬來西亞、蒙古、緬甸、尼泊爾、阿曼、巴基斯坦、菲律賓、卡達、新加坡、斯里蘭卡、泰國、烏茲別克、越南在內的21個首批意向創始成員的財長和授權代表在北京簽署《籌建亞洲基礎設施投資銀行備忘錄》，計畫在2015年年底前成立亞投行，法定資本為1 000億美元，初始認繳資本目標為500億美元，亞投行總部設在北京。秉持開放、合作的理念，亞投行還歡迎亞洲區域外的國家加入，共用共建亞洲基礎設施建設的利益。2015年3月12日，英國不顧美國的勸阻，向中國財政部提出申請，成為首個要求加入亞投行的非亞洲國家，德國、法國和義大利等歐盟國家隨即紛紛提出申請。最終申請成為亞投行創始成員的國家和地區數目達到57個，包括巴西、埃及、澳洲等拉美、非洲和大洋洲國家。這迫使一開始對亞投行持反對態度的美國和日本也轉變了態度，表示願意與亞投行進行合作。亞投行之所以得到超出預期的國際社會認同，根本原因在於其擁有創新的理念和務實精神。

　　亞投行的成立不僅能推動亞洲地區的基礎設施建設，提高資本利用效率，也可以助力中國企業「走出去」，發揮其基礎設施建設等方面的成熟技術與經驗，實現亞洲國家的互利共贏。最為重要的是，亞投行與金磚國家開發銀行、上海合作組織開發銀行一樣，都是在中國主導下的

國際金融合作組織。中國將站在發展中國家的立場上，用實際行動推動國際金融體系的改革，通過建設新的國際金融機構和制定新的運行規則，提供全球性公共物品。當然，亞投行也將在制度層面上擴大人民幣在周邊區域的輻射力，並為人民幣國際化提供廣闊的平臺。

（中國人民大學國際貨幣研究所　涂永紅）

1.3　人民幣國際化指數變動的結構分析

根據人民幣國際化指數的計算方法，貿易計價、金融計價和國際外匯儲備中人民幣的使用占比變化，都會影響RII的結果。在人民幣國際化的起步階段，主要表現為人民幣貿易計價結算推動RII上漲。伴隨著人民幣國際化進程的推進，RII的驅動模式已轉變為貿易計價結算和金融交易計價結算並行驅動。2014年，人民幣金融交易計價結算對RII增長的貢獻更加突出，同時人民幣外匯儲備全球占比指標也大幅攀升。綜合看來，貿易計價結算為RII指數的穩定上升提供了基本保障，而推動RII上漲的主要動力來自人民幣作為儲備貨幣的接受度增加以及國際金融交易中人民幣的更多使用。

1.3.1　人民幣國際貿易計價結算占比沖高回落

跨境貿易人民幣結算是人民幣國際化的起點，如圖1—3所示，2014年跨境貿易人民幣計價結算規模較2013年繼續保持較大幅度的增長。2014年，銀行累計辦理跨境貿易人民幣結算業務6.55萬億元，同比增長41.6%。其中，貨物貿易結算金額為5.9萬億元；服務貿易及其他經常專案結算金額為0.65萬億元。[1] 跨境貿易人民幣結算實收2.73萬億元，實付3.82萬億元，收付比為1：1.4。跨境貿易人民幣結算規模全球占比從2012年年初的1.03%提升至2014年第四季度的

---

[1]　自2014年8月份開始，無貨物報關的轉口貿易，由服務貿易調整到貨物貿易進行統計，貨物貿易金額擴大，服務貿易金額相應減少。

2.96%，增長了187.38%。

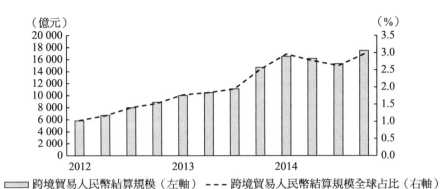

（億元）

20 000
18 000
16 000
14 000
12 000
10 000
8 000
6 000
4 000
2 000

（%）

3.5
3.0
2.5
2.0
1.5
1.0
0.5
0.0

2012　　　　　　　2013　　　　　　　2014

■■■ 跨境貿易人民幣結算規模（左軸）　- - - 跨境貿易人民幣結算規模全球占比（右軸）

圖1—3　跨境貿易人民幣計價結算功能

綜合看來，跨境貿易人民幣結算份額繼續走強主要源於以下兩個方面：

第一，區域貿易合作進程加快。《中國—瑞士自由貿易協定》及《中國—冰島自由貿易協定》於2014年7月1日起正式實施。此外，中國實質性結束了同韓國和澳洲的自貿談判協定，並且陸續開啟了同斯里蘭卡和巴基斯坦等國的自貿談判，中日韓三國的自貿區合作談判也進展順利。這些跨區域的自貿協定的陸續簽署與實施，提供了互利雙贏的機制保障，有助於中國實現全面、高品質和利益平衡的雙邊貿易目標，直接刺激了貿易規模的擴大。

第二，便利結算政策不斷落地，積極推動跨境貿易人民幣計價結算。繼2013年7月10日中國人民銀行發佈《關於簡化跨境人民幣業務流程和完善有關政策的通知》以來，經常專案下跨境人民幣結算、融資業務的審核程序大為簡化，受到跨境人民幣結算成本下降、效率提高的激勵，企業使用人民幣結算的意願上升。2014年5月22日，《中國（上海）自由貿易試驗區分賬核算業務實施細則（試行）》和《中國（上海）自由貿易試驗區分賬核算業務風險審慎管理細則（試行）》正式公佈。區內經濟主體可依託自由貿易帳戶這一載體，積極開展投融資匯兌等創新業務，進一步優化試驗區的營商環境。6月，中國人民銀行發佈關於貫徹落實《國務院辦公廳關於支持外貿穩定增長的若干意

見》，向個人開放跨境貿易人民幣結算，提高了個體工商戶從事外貿的便利程度，貿易人民幣結算規模迅速增長。

1.3.2 人民幣國際金融計價結算功能強化

人民幣國際金融交易計價支付功能進一步強化，在國際信貸、直接投資以及國際債券和票據的交易與結算中，人民幣金融交易規模繼續擴大，保持高速上漲趨勢。截至2014年第四季度，人民幣國際金融交易計價結算綜合占比達2.8%，同比增長34.0%（見圖1—4）。綜合看來，人民幣國際債券與票據發行規模的大幅攀升是推動金融計價結算綜合指標上升的主要原因。

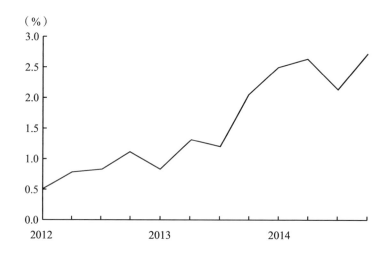

圖1—4　人民幣國際金融計價結算綜合指標

注：人民幣國際金融計價結算綜合指標由全球對外信貸總額中人民幣信貸比重、全球國際債券和票據發行額及餘額中人民幣債券和票據比重，以及全球直接投資中人民幣直接投資比重構成。

1.人民幣國際信貸

2014年，人民幣國際信貸規模平穩增長，人民幣國際信貸全球占比已經從2012年第一季度的0.25%上升至2014年第四季度的0.49%，3年增長了一倍（見圖1—5）。

人民幣國際信貸的攀升主要受兩方面因素的影響。一方面是離岸市場人民幣存量進一步擴容。截至2014年年底，香港地區人民幣存款規模達到10 035.57億元，新加坡人民幣存款規模也達到了2 770億元，離岸市場大量人民幣資金的沉積為人民幣國際信貸提供了資金支持。另一方面，2014年人民幣跨境貸款試點範圍進一步擴大，繼深圳前海、中國（上海）自由貿易區、江蘇昆山之後，蘇州工業園區、中新天津生態園、廣西沿邊金融綜合改革試驗區和雲南沿邊金融綜合改革試驗區等陸續獲得跨境人民幣貸款試點資格。中國銀行、中國工商銀行、中國建設銀行的海外分行幫助境內企業在離岸市場借入人民幣超過8億元。由於境外資金價格相對便宜，跨境人民幣貸款有利於企業降低財務成本，因此，跨境人民幣貸款在試點區域內發展迅速，導致人民幣國際信貸規模快速上升（見圖1—5）。

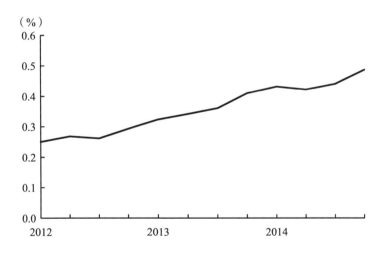

圖1—5　人民幣國際信貸全球占比情況

2.人民幣直接投資

　　人民幣直接投資包括人民幣FDI和人民幣ODI（overseas direct investment）。隨著中國經濟企穩回升以及企業「走出去」的步伐加快，人民幣直接投資規模保持快速增長。2014年銀行累計辦理人民幣跨境直接投資結算

業務1.05萬億元，同比增長96.5%。2014年第四季度，人民幣直接投資規模全球占比達到6.9%（見圖1—6）。

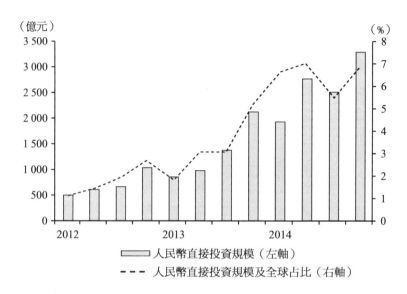

圖1—6　人民幣直接投資規模及全球占比

中國經濟平穩運行和人民幣跨境投資使用便利化政策落地是推動人民幣直接投資全球占比上升的兩大主因。

一國經濟的發展前景是決定其能否吸引外國直接投資的根本因素。在全球經濟復甦尚不明朗的大背景下，進入經濟新常態、保持7%的中高速經濟增長的中國仍然被國際社會認為是最安全且能獲得可觀回報的投資場所。2013年，中國人民銀行和商務部先後發佈《關於境外投資者投資境內金融機構人民幣結算有關事項的通知》和《關於跨境人民幣直接投資有關問題的公告》，對人民幣直接投資相關政策作出了明確規範，推動中資金融機構和個人跨境人民幣直接投資便利化。這些便利化措施讓越來越多的FDI選擇使用人民幣進行投資，2014年人民幣FDI規模達到8 620.2億元，同比增長92.3%。與此同時，中國企業也加快了對外投資步伐，在人民幣對歐元、日圓等主要貨幣大幅升值的情況下，堅挺的人民幣使得企業增加了使用人民幣對外投資的積極性。此外，2014

年7月，天津生態城和蘇州工業園區試點四項人民幣跨境創新業務，個人對外直接投資項下跨境人民幣業務取得新突破。這兩個地區內的個人可以使用人民幣進行包括新設、併購、參股等方式的對外直接投資業務。由於企業和個人能夠較少地受到資本專案管制的限制，能夠較為方便地使用人民幣進行對外投資，2014年人民幣ODI規模達到1 865.6億元，同比增長117.9%。

3.人民幣國際債券和票據

債券市場是最重要的國際金融市場，國際債券市場的幣種份額是衡量一國貨幣的國際使用程度的重要指標之一。2014年，人民幣國際債券與票據發行規模達到475.78億美元，同比增長104.68%。人民幣國際債券與票據發行規模的成倍增長，推動人民幣國際債券與票據餘額的國際占比繼續上升。截至2014年第四季度，人民幣國際債券與票據餘額達到940.31億美元，全球占比達到0.45%，在國際債券市場的影響力非常微弱（見圖1—7）。

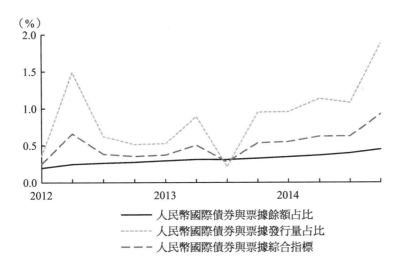

圖1—7　人民幣國際債券與票據綜合指標

人民幣國際債券與票據發行規模的不斷上升，主要得益於人民幣發行主體的擴大。2014年除了境內金融機構和非金融機構在離岸市場發行人民幣債券外，境外金融機構、非金融機構和政府也紛紛加入了人民幣發行的行列。中國

銀行間債券市場進一步開放，允許更多的境外機構參與債券市場交易，增加了人民幣國際債券的流動性和吸引力。人民幣國際債券供求規模的急劇擴大，使得人民幣國際債券的市場基礎變得越來越厚實。

從人民幣國際債券的供給方面看，境內機構的發債意願及發債規模呈現上升趨勢。基於境內外利差，中國境內金融機構與非金融機構紛紛選擇在境外發債。2014年9月，中國最大的幾家金融機構密集地發行人民幣國際債券。例如，中國農業銀行在杜拜通過全球中期票據計畫發行10億元人民幣「酋長債」，中國銀行和中國建設銀行在臺灣發行20億元「寶島債」，國家開發銀行在倫敦發行20億元人民幣債券，中國銀行在巴黎發行20億元「凱旋債」，中國工商銀行在新加坡發行40億元「獅城債」。金融機構發行巨額的人民幣國際債券，不僅加強了不同離岸人民幣中心之間的合作，還為國際投資者提供了有效的資產管理工具。由於人民幣的有效匯率相對穩定，加上對人民幣的使用和投資需求上升，越來越多的境外機構也選擇發行人民幣債券，發行地點既有在岸市場，也有離岸市場。例如，2014年3月，德國戴姆勒股份公司通過銀行間債券市場發行了5億元定向債務融資工具；9月，馬來西亞國家再抵押機構Cagamas Berhad發行了15億元離岸人民幣債券；10月，英國政府發行了30億元3年期離岸人民幣債券。

從人民幣債券的需求方面看，由於2014年國際金融市場跌宕起伏，主要貨幣走勢出現了極端的分化。受美國量化寬鬆（QE）政策退出、美國經濟強勁復甦的影響，美元指數不斷走強，以美元計價的國際債券開始走俏。但是，歐元區卻仍然深陷泥淖，歐元大幅貶值。在動盪的國際金融環境下，不僅人民幣國際債券的供給量整體偏低，發行人民幣債券的機構的信用等級很高，而且人民幣利率相對較高，加上人民幣的有效匯率始終保持在一個相對穩定的區間內，使得人民幣國際債券能夠為投資者帶來非常豐厚的回報，因此，國際社會對人民幣國際債券的需求旺盛。

1.3.3　人民幣外匯儲備功能繼續擴大

儲備貨幣地位是檢驗一國貨幣國際化水準的最簡單、最直截了當的方法。伴隨中國綜合實力的增強，人民幣的儲備貨幣地位不斷上升，越來越多國家的政府將人民幣納入其外匯儲備。在非洲地區這一趨勢十分明顯。目前，人民幣已經成為安哥拉、奈及利亞、坦尚尼亞、迦納、肯亞和南非等國央行外匯儲備的組成部分。為了科學配置其儲備資產，一些發達國家也在其外匯儲備中持有人民幣資產。例如，2014年10月14日，英國政府通過其財政部，由英格蘭銀行代理，由中國銀行作為聯席主承銷商在倫敦發行了30億元3年期離岸人民幣債券。這是全球首支外國主權級離岸人民幣債券，顯示了人民幣作為儲備貨幣的巨大潛力。

2014年，中國人民銀行先後同瑞士、斯里蘭卡、俄羅斯、哈薩克和加拿大五國中央銀行首次簽訂貨幣互換協議，並且與多個國家續簽了貨幣互換協議。截至2014年年底，中國人民銀行已經與28個國家和地區的貨幣當局簽署了貨幣互換協議，互換規模累計達到4.07萬億元，現有餘額3.12萬億元。通過這些央行層面的貨幣互換安排，市場對人民幣的流動性充滿了信心。

專欄1—3

交通銀行獲任首爾人民幣業務清算行

2014年7月4日，中國國家主席習近平在中韓經貿合作高層論壇上宣佈中國人民銀行和韓國銀行簽訂了在首爾建立人民幣清算安排的備忘錄，確定中國交通銀行擔任首爾人民幣清算銀行。這將有利於促進中韓兩國貿易、投資自由化和便利化，人民銀行網站同時發佈公告。

首爾是中國人民銀行繼港澳臺地區和新加坡之外又一個建立人民幣

清算安排的亞洲地區，標誌著人民幣離岸中心在東北亞佈局的開啟，可顯著提升人民幣在東北亞地區的使用效率，拓寬人民幣資金在韓國的運用管道。根據首爾人民幣清算安排，交通銀行首爾人民幣清算行擁有大額支付系統支付行號，允許直接進入中國境內外匯交易、同業拆借和銀行間債券市場，能高效處理韓國本土及跨境人民幣清算並串聯韓國和中國兩個市場。從此，人民幣資金清算路徑拉直了，韓國金融機構不必借道香港，而是在交通銀行首爾人民幣清算行開立帳戶，直接辦理人民幣清算結算業務。

中韓兩國地緣相近，文化相通，近年來經貿往來日益頻繁。據中國海關總署統計，2014年雙邊貿易總額達到17 839億元人民幣，較上年增長4.8％。中國是韓國的第一大交易夥伴、第一大出口目的地和第一大進口來源國；韓國則是中國的第三大交易夥伴、第一大進口來源國。隨著首爾人民幣清算安排的建立以及中韓經貿往來的不斷發展，人民幣將成為中韓貿易結算的主要貨幣，為中韓經貿交流注入新的活力。

為適應人民幣全球清算的需要，交通銀行「以亞太為主體、歐美為兩翼，拓展全球佈局」的海外發展戰略穩步推進，已在香港、紐約、三藩市、東京、新加坡、首爾、法蘭克福、澳門、胡志明市、雪梨、臺北、倫敦等地設立了12家分（子）行，在多倫多設立了代表處，擁有55家海外營業網點。海外經營的優勢與境內經營的優勢有機結合、相互聯動，使得交通銀行在人民幣國際化進程中發揮著重要的引領作用。

1.4　主要貨幣的國際化指數比較

國際貨幣多元化是一個動態發展過程，國際貿易格局、國際金融市場的變化都會導致國際貨幣格局發生相應的調整，表現為一些貨幣的國際使用程度上升，另一些貨幣的國際使用程度下降。為了客觀評估國際貨幣格局的發展

變化，動態地反映人民幣與主要貨幣的國際化水準之間的差距，本報告還用與編制RII同樣的方法編制了美元、歐元、日圓、英鎊的國際化指數（見表1—2）。2014年，美國經濟強勢復甦，美元大幅走強，推動美元的國際化指數由2013年第四季度的53.41上升到2014年第四季度的55.24，進一步提升了美元的國際貨幣地位。歐元區尚未擺脫經濟困局，歐洲央行宣佈實施量化寬鬆政策來刺激經濟復甦，導致歐元貶值，挫傷了歐元的國際信心，歐元的國際化指數由2013年第四季度的32.02下降到2014年第四季度的25.32，歐元的國際使用程度進一步下降。日本經濟的結構調整仍在進行之中，市場對安倍首相的經濟改革前景存疑，經濟陷入負增長，日圓也出現了較大幅度的貶值，使得日圓的國際化指數由2013年第四季度的4.24滑落至2014年第四季度的3.82，日圓的國際地位下降。相反，與歐洲保持一定距離的英國在經濟上的表現要好於預期，貿易與投資增長較快，英鎊表現堅挺，英鎊的國際化指數由2013年第四季度的4.39上升到2014年第四季度的4.94，英鎊的國際化地位穩步上升。

總體來看，上述四大主要國際貨幣在國際經濟中的使用出現了下降趨勢，人民幣、澳元、加拿大元以及其他新興貨幣的份額有所上升，具體表現為2014年第四季度，美元、歐元、日圓和英鎊的國際化指數總和同比下降5.04%，意味著這四種主要貨幣的國際使用程度總體上處於下降狀態。

表1—2 世界主要貨幣的國際化指數

	2013Q1	2013Q2	2013Q3	2013Q4	2014Q1	2014Q2	2014Q3	2014Q4
美元	52.84	55.53	53.47	53.41	53.05	55.11	55.27	55.24
歐元	24.69	27.85	25.19	32.02	24.38	23.59	24.68	25.32
日圓	4.10	4.62	4.58	4.24	4.17	4.61	4.12	3.82
英鎊	4.40	4.25	4.05	4.39	5.42	5.05	4.52	4.94
總計	86.03	92.26	87.30	94.06	87.03	88.36	88.59	89.33

1.4.1　美元國際化指數變動分析

　　2014年美國經濟總體呈現強勁增勢，在全球經濟疲軟的大環境中率先復甦。美國GDP增長了2.4%，創下2010年以來最高的經濟增速，遠遠領先於歐元區、日本等其他發達經濟體。勞動力市場回暖，全年失業率為6.2%，比2013年同期降低了1.2個百分點。美國經濟強勁復甦的原因是多重的：第一，自國際金融危機爆發後美國「去槓桿化」和自身結構調整取得顯著成績；第二，由葉岩氣革命引發的新一輪投資為美國經濟增長提供了新動力；第三，歐巴馬政府提出的「製造業回歸」和「再工業化」政策，以及實施的積極財政政策和量化寬鬆貨幣政策開始收到良好成效，為美國經濟復甦提供了重要的引擎；第四，國際油價下跌，出口增長，美國國內外需求回升。從全年看，美國個人消費保持穩定增長，各月同比增速保持在2%～3%的範圍內。企業投資與消費者信心恢復至2008年以前的高位，貿易與投資大幅增長，經濟復甦趨勢進一步明朗，道鐘斯工業指數突破18 000點大關。

　　在經濟強勁復甦的支撐下，在加息預期不斷升溫的推動下，美元大幅走強，美元指數由2014年年初的80快速上漲至100，導致全球資金加速回流美國市場。2014年第四季度，美元計價國際債券與票據發行額的全球占比高達44.66%，同比增長13.78%；與此同時，官方外匯儲備中美元的份額也升至62.88%。美元國際化指數為55.24，同比增長3.42%，美元的頭號國際貨幣地位進一步夯實。

1.4.2　歐元國際化指數變動分析

　　2014年歐元區經濟持續低迷，全年GDP增長率僅為0.9%，綜合採購經理人指數繼續下調，投資整體疲軟。高失業率是主權債務危機帶給歐元區的嚴重後果之一，2014年這一問題繼續惡化，失業率已處於11%的高位，其中希臘和西班牙的失業率均高於20%，法國、義大利和葡萄牙的失業率也超過10%。歐元區的經濟增長動力不足，作為歐元區火車頭的德國、法國等核心國家的經濟增長

乏力，製造業情況不容樂觀；此外，烏克蘭危機加深，歐盟對俄羅斯的制裁對其經濟造成了嚴重的傷害，同時使得希臘、義大利等國的經濟前景黯淡。希臘左翼贏得選舉，也加劇了歐元區經濟發展的不確定性，打擊了投資者的信心。

儘管歐洲央行實施了量化寬鬆的貨幣政策，各國也將先前相對偏緊的財政政策轉向中性，力圖扭轉歐元區經濟下行的態勢，但是歐元區經濟復甦之路仍荊棘密佈。經濟不振與量化寬鬆政策一併發力，使得歐元匯率跌至2008年金融危機爆發以來的歷史低位，引發國際資本大規模撤離。在歐元占據傳統優勢的國際債券市場，2014年第四季度，歐元國際債券與票據發行占比降至36.23%，同比下降了18.88%，落後於美元；同期官方外匯儲備中歐元的持有比例也降至22.21%。歐元的國際化指數為25.32，同比下降20.90%，歐元的國際地位顯著地下降了。

1.4.3 日圓國際化指數變動分析

2014年日本經濟受到消費增長的驅動，出現了一些積極的徵兆。國際原油價格大幅下跌，加上消費稅上調，導致日本居民的提前消費需求猛增，促使第一季度GDP環比增長1.4%。隨著4月1日消費稅上調至8%，私人消費需求急速下降，第二、三季度GDP環比分別下降1.7%和0.5%。在日圓大幅度貶值的情況下，出口有所增長，第四季度GDP比上一季度實際增長0.6%，在連續兩個季度經濟負增長後再度轉為正增長。2014年日本的失業率在3.5%的水準小幅波動，然而，GDP增長率為0，經濟仍未擺脫低迷態勢。日圓貶值帶來進口價格不斷攀升，而出口收入增長存在時滯，日本的國際收支繼續惡化。根據日本財務省的統計資料，日本已連續四年出現巨額貿易赤字，規模達12.78萬億日圓，這對外向型的日本經濟造成了嚴重的負面影響。

儘管日本實施了更加寬鬆的貨幣政策與積極的財政政策，以基礎設施建設支持經濟回升，但受到經濟空心化以及經濟結構調整緩慢的影響，經濟增長的驅動力仍然不足。這一政策反而造成國內流動性顯著過剩，引發日圓大幅貶值和國際資本做空日圓。2014年第四季度，國際債券與票據餘額中日圓占比僅

有2%，同比下降9.1%。但同期官方外匯儲備中日圓的份額略有上漲，占比為3.96%。日圓的國際化指數為3.82，同比下降9.94%，表明日圓的國際地位有所下降。

1.4.4　英鎊國際化指數變動分析

2014年英國經濟增長動力強勁，GDP增長2.6%，創7年來最高經濟增速，全年GDP達2.23萬億歐元，成為世界第六大經濟體。儘管受累於歐洲整體低迷的經濟形勢，面臨公共債務與財政赤字繼續擴大等問題，但英國國內產業擴張更趨均衡，服務業需求強勁，經濟增長獲得了新的驅動力。2014年全年英國失業率呈現下降趨勢，12月份失業率降至5.7%，達到2008年以來的最低水準。物價水準穩定，寬鬆貨幣政策的刺激效果明顯。值得注意的是，英國經濟增長過度依賴服務業，2014年服務業產值占GDP的比重為78.4%，製造業僅占14.6%。在當前全球經濟增長下滑和歐元區經濟萎靡的背景下，英國經濟的穩健增長面臨較大的外部風險。

英國良好的經濟表現使得2014年上半年英鎊兌美元的匯率持續走強，吸引了不少國際資本。資本市場英鎊交易規模的急劇擴大，帶來了英鎊較大的波動性，下半年英鎊的匯率快速下滑。2014年第四季度，英鎊計價國際債券與票據發行規模全球占比達7.88%，同比上升了20.12%。同期在官方外匯儲備中英鎊的比重為3.8%，同比略有下降。英鎊的國際化指數為4.94，同比增長12.49%，意味著英鎊的國際地位顯著加強。

本報告依據表1—2中的資料繪出了美元、歐元、日圓和英鎊這四種世界主要貨幣的國際化指數的變化趨勢（見圖1—8）。

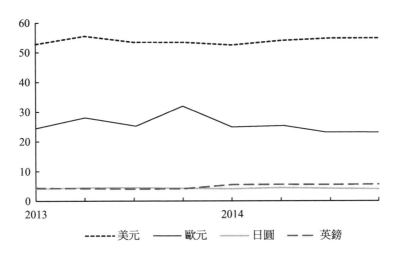

圖1—8　世界主要貨幣國際化指數變化趨勢

人民幣有望在2016年加入SDR貨幣籃子

　　特別提款權（SDR）是1969年國際貨幣基金組織（IMF）為了解決美元日益嚴重的特里芬難題而發行的超主權國家貨幣。作為一種新增的國際儲備貨幣，SDR僅在各成員官方之間以及成員與IMF之間使用。SDR由一籃子貨幣構成，各貨幣按照其在全球出口和金融市場的份額來確定權重。SDR創設時包含16種貨幣，幾乎囊括了當時所有發達國家的貨幣。

　　由於歐共體國家成立了歐洲貨幣體系，成員國之間的貨幣實行固定匯率制度，綁定共同貨幣歐元的前身埃居（ECU）。為了適應國際貨幣體系的變革，1980年IMF將SDR的籃子貨幣減少到5種，即美元、聯邦德國馬克、英鎊、法國法郎、日圓，此後每五年進行一次SDR定值檢查

（SDR valuation review），對SDR籃子貨幣及其權重進行必要的調整。1999年歐元誕生後，IMF於2000年將SDR貨幣籃子中的德國馬克和法國法郎合併，替換為歐元。目前SDR由美元、歐元、英鎊和日圓四種貨幣組成。回顧SDR 50多年的歷史，我們不難發現，全球出口前五大國家的貨幣幾乎都是SDR的組成貨幣。

2009年中國開始在跨境貿易中使用人民幣計價結算，拉開了人民幣國際化的序幕。在2010年IMF進行的最近一次SDR定值檢查中，儘管當時中國出口排名第二，經濟實力名列第三，人民幣仍然被認定為「沒有事實上在國際交易支付中被廣泛使用」而失去了進入SDR貨幣籃子的機會。五年來，國際經濟、貿易格局發生了複雜而深刻的變化，伴隨中國綜合實力的壯大，人民幣受到國際社會的普遍歡迎，已經發展成為世界第五大交易貨幣，完全具備了加入SDR貨幣籃子的條件。目前，IMF正在著手進行2015年的SDR定值檢查，中國希望人民幣加入SDR，以便更好地履行大國責任，增加全球公共物品的供給。國際社會對此也有積極的回應。不少國家認為，IMF應該有所作為，用實際行動推動國際貨幣體系改革，推動人民幣在2016年正式成為SDR的籃子貨幣。

人民幣加入SDR，將是人民幣國際化的歷史性突破。可以打消國際社會對人民幣國際化前景的種種分歧，改變市場對人民幣的風險預期和定價機制，有利於擴大人民幣的使用範圍，獲得人民幣的規模效應，降低人民幣的交易成本，形成人民幣國際化的良性循環。

當然，人民幣加入SDR也是有風險的。一方面美國、國際貨幣基金組織很可能提出條件，要求中國提高人民幣的「自由使用」水準，也就是要求中國徹底放棄資本項目管制，取消對個人跨境投資、證券交易、衍生品交易的限制；另一方面人民幣的國際需求將大幅度增加，甚至成為國際投機資本炒作的對象。中國的貨幣政策和宏觀審慎管理都將面臨新的挑戰，金融安全和實體經濟穩定也會面臨來自熱錢衝擊的威脅。因此，中國在人民幣國際化的進程中，以及在加入SDR之後，必須堅守風

險管理底線。無論何時，該管的資本流動絕不能放手不管，對那些有害的短期資本流動必須進行有效管制。

從長遠看，要管住風險，不發生金融危機。只有中國經濟實現了穩健發展，人民幣國際化才有穩固的基石。

第二章

人民幣國際化現狀

　　2014年，人民幣國際化進程加速發展。跨境人民幣使用範圍與規模大幅提高，人民幣離岸市場蓬勃發展，國際金融合作不斷深化，人民幣匯率形成機制改革穩步推進。在經濟新常態下，結構調整與制度改革逐步展開，中國（上海）自貿區、深圳前海等地加快跨境人民幣業務創新試點，「滬港通」對中國資本帳戶開放進行先行先試，人民幣國際接納度進一步提高。

2.1　跨境貿易人民幣結算

1.規模迅速擴大，結算占比先降後升

　　2014年，跨境貿易人民幣結算規模繼續擴大，全年跨境貿易人民幣結算業務累計發生6.55萬億元，較2013年增加1.92萬億元，增長41.47%。跨境貿易人民幣結算占進出口總額的24.76%，較2013年增加6.83%。受美國量化寬鬆政策退出預期、美國經濟復甦引起資金回流美國、美元持有意願增強以及唱空中國的影響，2014年1—8月，跨境貿易人民幣結算占比處於下降態勢（見圖2—1）。隨著中國經濟新常態下的正能量逐漸釋放，加上「一帶一路」戰略的實施以及「滬港通」等利好消息，國際社會對人民幣的信心增加，跨境人民幣結算占比平穩回升。

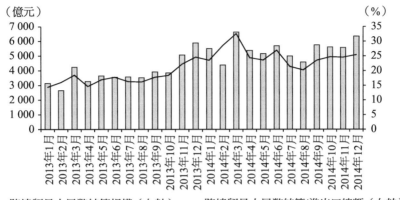

（億元）　　　　　　　　　　　　　　　　　　　　　（％）

圖2—1　跨境貿易人民幣結算規模

資料來源：中國人民銀行、商務部。

2.以貨物貿易結算為主，服務貿易結算規模穩步增長

　　2014年，以人民幣進行結算的跨境貨物貿易累計發生5.9萬億元，占跨境貿易人民幣結算的90.08%。以人民幣進行結算的服務貿易及其他經常專案累計發生6 565億元，占跨境貿易人民幣結算的10.02%。從結構來看，貨物貿易使用人民幣的比重高於服務貿易。尤其是中國人民銀行在2014年8月份[1]進行統計口徑調整後，這一現象更為突出（見圖2—2和圖2—3）。

1　自2014年8月份開始，轉口貿易被調整到貨物貿易進行統計，貨物貿易金額擴大，服務貿易金額相應減少。

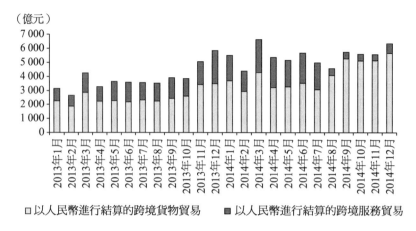

（億元）

圖2—2　以人民幣進行結算的貨物貿易和服務貿易規模

資料來源：中國人民銀行、商務部。

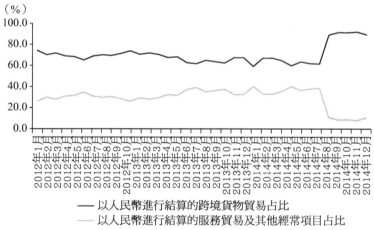

（%）

——以人民幣進行結算的跨境貨物貿易占比
——以人民幣進行結算的服務貿易及其他經常項目占比

圖2—3　以人民幣進行結算的貨物貿易和服務貿易規模占比

資料來源：中國人民銀行、商務部。

3.收付情況基本穩定，出口人民幣結算增長較快

2014年末，跨境貿易人民幣結算業務實收2.73萬億元，較2013年增加0.85萬億元，增長45.21%；實付3.82萬億元，較2013年增加1.07萬億元，增長38.91%。結算收付比為1：1.4，較2013年的1：1.46有所上升，反映出更多國外

企業願意在貿易結算中使用人民幣。跨境貿易人民幣結算收付額以及收付比穩定增長（見圖2—4）。

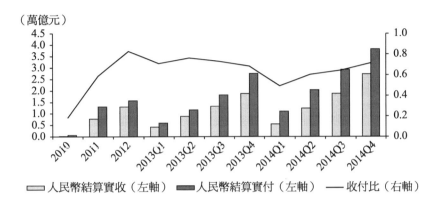

（萬億元）

人民幣結算實收（左軸）　　人民幣結算實付（左軸）　　收付比（右軸）

圖2—4　2010—2014Q4跨境貿易人民幣結算收付比

資料來源：中國人民銀行。

交通銀行在中國（上海）自貿區的創新實踐

交通銀行作為唯一一家總部位於上海的大型國有商業銀行，一直高度重視上海自貿區建設，通過發揮總部優勢、人才優勢以及「國際化、綜合化」的戰略優勢，積極在上海自貿區開展各項創新實踐。

1.積極佈局自貿區機構及創新業務

交通銀行積極把握自貿區建設過程中的新機遇、新政策、新市場，以轉型發展為引領，積極加強自貿區機構佈局，著眼於未來長遠發展。交通銀行通過整合經營和業務資源，成為首批入駐自貿區並可開辦離岸業務的商業銀行之一，同時子公司交銀租賃在區內設立了首家金融租賃

公司的子公司，專門服務航空航運，成為區內唯一一家擁有兩家經營機構的金融機構，業務功能及服務能力得到進一步提升和完善。

2.積極推進分賬核算業務

交通銀行積極參與中國人民銀行上海總部組織的分賬核算業務建設，按照監管部門的要求在上海市分行內部建立了「標誌分設、分賬核算、獨立出表、專項報告、自求平衡」的分賬核算單元，可以為區內主體和境外機構及個人開立自由貿易帳戶，並提供相關投融資創新服務。與此同時，交通銀行還結合自貿區金融政策推進進程，成功為客戶辦理上海自貿區金融改革3.0版本的自由貿易帳戶境外融資和外幣自由貿易帳戶相關業務，切實促進企業貿易投資便利化進程，有效地服務於實體經濟層面。

3.創新擴大人民幣跨境使用

為了擴大人民幣的跨境使用範圍和規模，交通銀行積極先行先試，取得了多項自貿區金融創新業務首單。例如，交通銀行上海市分行與香港分行聯動，為區內電子商務企業借入跨境人民幣貸款，滿足企業低成本的融資需求；交銀租賃區內子公司與交通銀行新加坡分行簽署跨境人民幣境外借款合作協定，是自貿區內首單非銀行金融機構境外借款業務；率先為外商保理公司辦理商業保理結算服務及人民幣外債業務；成功敘作區內首單飛機和船舶租賃業務，推動自貿區新型業態發展；為上海國際能源交易中心、上海黃金交易所黃金國際板交易制定人民幣資金劃撥方案，並成功敘作首筆以人民幣計價的上海黃金國際板自營交易。

4.務實探索投融資匯兌便利

在提高金融服務便利化方面，交通銀行進行了不少務實探索，具體包括：簡化直接投資外匯登記流程，成功辦理區內首筆外商投資企業外匯登記業務，實現外匯登記、帳戶開立的一條龍服務；是為區內企業辦理外商投資資本金意願結匯業務的首批銀行之一；是簽約為跨國公司提供外匯資金集中管理服務的首批銀行之一。

5.穩步推進利率市場化

根據中國人民銀行關於在自貿區放開小額外幣存款利率上限的要求，交通銀行完善制定了相關內部規章制度，並於2014年3月1日起在上海市各網點資訊顯示幕上對外掛牌「上海自貿區外幣存款利率」，當天即為兩家自貿區內企業客戶辦理了小額外幣存款業務，率先在區內實現了外幣利率市場化。

2.2　人民幣金融交易

2.2.1　人民幣直接投資

1.人民幣境外直接投資

2014年，中國的境外投資規模和人民幣境外投資額持續增加。據商務部的統計，2014年中國境內投資者共對全球156個國家和地區的6 128家境外企業進行了直接投資，累計實現非金融類直接投資6 320.5億元人民幣，較2013年增長14.1%。其中，以人民幣結算的對外直接投資額1 866億元，較2013年增加1 010.0億元，增長118.0%，占人民幣結算的直接投資業務的17.77%。2014年，對外直接投資中人民幣結算部分的占比出現了波動，1—8月先升後降，之後在一系列金融支持企業對外投資以及便利化政策的鼓勵下，尤其是在離岸人民幣市場規模增加、流動性持續擴張的形勢下，中國企業在境外的投資規模日益擴大，投資領域不斷拓展，使得以人民幣進行結算的對外直接投資規模迅速上升（見圖2—5）。

2.人民幣外商直接投資

2014年，中國實際使用外商直接投資金額1 195.58億美元，較2013年增加19.72億美元，增長1.68%，與人民幣境外直接投資額逐漸趨於平衡。外商直接投資主要來源於香港、新加坡、臺灣、日本等國家和地區，集中在製造業、房地產業以及租賃和商務服務業。以人民幣進行結算的外商直接投資累計8 620

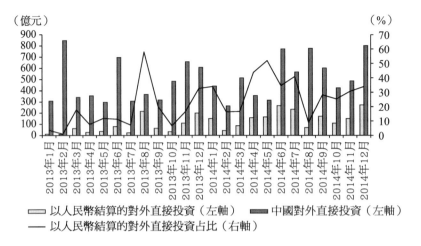

（億元）   （%）

以人民幣結算的對外直接投資（左軸）　　■ 中國對外直接投資（左軸）
—— 以人民幣結算的對外直接投資占比（右軸）

圖2—5　以人民幣結算的對外直接投資占中國對外直接投資的比重

資料來源：中國人民銀行、商務部。

億元，較2013年增加4 138.7億元，增長92.4%（見圖2—6）。隨著離岸市場人民幣資金規模的擴大，加上市場對中國經濟增長的信心增強，人民幣具有較強的長期升值預期，因此越來越多的外商選擇使用人民幣進行對華直接投資。

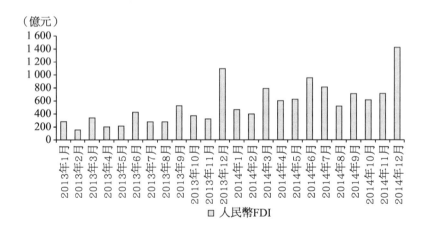

（億元）

□ 人民幣FDI

圖2—6　人民幣FDI結算業務

資料來源：中國人民銀行、商務部。

「一帶一路」成為中國境外直接投資的新熱點

　　包含「新絲綢之路經濟帶」與「21世紀海上絲綢之路」的「一帶一路」概念於2013年正式提出。由於「一帶一路」所涉及的絲綢之路國家大多屬於發展中國家，基礎設施建設相對落後，國際經貿發展比較遲緩，中國企業直接投資絲綢之路國家，可以充分調動國內需求、輸出優質資源，進而推進人民幣國際化進程；絲綢之路國家可以與中方企業在貿易、投資與其他方面進行經濟合作，引進中方富餘的資金、先進的技術，充分發展本國貿易。

　　在中國政府促進「一帶一路」建設的相關政策的鼓勵下，許多中國企業加大了對沿線國家的直接投資，絲綢之路國家已經成為最近2年中國企業對外直接投資的新熱點。例如，2013年華信資源有限公司在巴基斯坦塔爾煤田第一區塊的開發上的投資高達10.77億美元，2014年11月該公司又攜手中電國際、中煤科工等企業繼續擴大投資。2014年上峰水泥股份有限公司在吉爾吉斯總共投資了1.14億美元，與吉方合作建設水泥生產線。中國高鐵、中國鐵建、中國國家電網、大唐集團、中國泰達集團等大型國企、民企都積極參與「一帶一路」沿線國家的公共物品、基礎設施、石油天然氣等行業的建設，努力實現與絲綢之路國家互利共贏的局面。

2.2.2　人民幣證券投資

1.國際債券和票據市場

　　由於中國的利率水準高於主要國家，企業境外融資能夠有效地降低資金成本，企業有強烈的境外融資需求，而境外人民幣資金供給的快速增長也使得人民幣投資需求高漲。在市場供求雙方力量的推動下，人民幣債券和票據發行規

模不斷創出新高。截至2014年末，人民幣國際債券和票據的發行額為473.2億美元，較2013年末增加241億美元，同比增長104%（見圖2—7）。

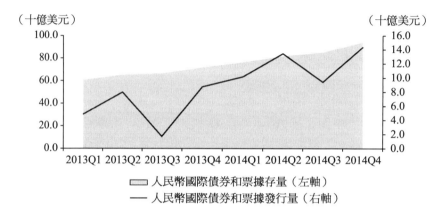

圖2—7　2013—2014年人民幣國際債券和票據存量與發行量

資料來源：國際清算銀行。

　　相對於2013年的劇烈波動，2014年人民幣國際債券和票據發行量雖然也出現了調整，但保持相對穩定。然而，人民幣國際債券和票據在全球債券市場的份額還比較小，僅占國際債券和票據發行量的1.88%。人民幣國際債券和票據餘額940億美元，較2013年增加225.5億美元，增長31.56%。人民幣國際債券和票據存量的全球占比為0.4%，較2013年同期明顯提升（見圖2—8）。人民幣國際化進程自2009年開啟，雖然人民幣國際化水準不斷提升，但與目前主流的國際貨幣仍然有一定的差距。截至2014年末，在全球國際債券和票據餘額中，美元占40.36%，歐元占41.48%，英鎊占9.26%，日圓占2%（見圖2—9）。人民幣國際化仍然任重而道遠，需要不斷拓展與完善。

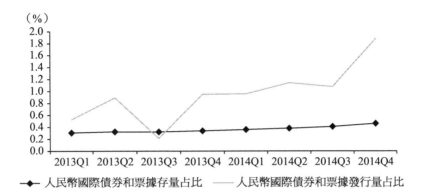

圖2—8 2013—2014年人民幣國際債券和票據存量與發行量全球占比

資料來源：國際清算銀行。

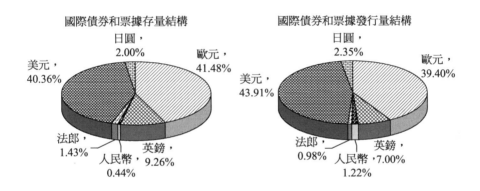

圖2—9 2014年國際債券和票據存量及發行幣種結構

資料來源：國際清算銀行。

　　國際債券是國際資本市場最重要的組成部分，人民幣國際債券和票據發行量的不斷增長，意味著人民幣的金融交易功能正在逐步實現。

　　離岸市場是人民幣國際債券發行的主要場所。2014年全球多個國際金融中心開展了離岸人民幣業務，離岸人民幣存款規模迅速擴大，為人民幣國際債券的發行創造了良好的條件。除香港外，新加坡、倫敦、臺北、首爾、法蘭克福等地的人民幣離岸市場參與主體、產品更加多元化，市場規模明顯擴大。當

然，香港仍然是最大的人民幣離岸市場。2014年，香港地區的人民幣債券存量由2013年年底的2 904.1億元上升到3 860.87億元，增幅達到33%。其中變化最明顯的是金融債的存量，由2013年的491.27億元增加到2014年的1 112.27億元，市場份額提升了10個百分點（見表2—1）。

表2—1　2014年香港人民幣債券產品規模與結構

類別	存量總額（億元）	占比（%）	債券數	占比（%）
企業債	1 820.50	47.15	161.00	48.79
金融債	1 112.27	28.81	129.00	39.09
國債	805.00	20.85	29.00	8.79
可轉債	123.10	3.19	11.00	3.33
合計	3 860.87	100.00	330.00	100.00

資料來源：Wind資訊。

2.股票市場

2014年是中國全面深化改革元年。在股票發行註冊制、國有企業混合所有制改革以及滬港通等利好政策的刺激下，2014年中國股市成為全球最活躍、成長性最好的股市。上證綜合指數最終收報3 234.68點，全年上漲52.87%；深證綜合指數收報1 415.19點，全年上漲33.80%。滬市平均市盈率從2013年年底的10.99倍提高到2014年年底的15.99倍，深市平均市盈率從2013年年底的27.76倍提高到2014年年底的34.05倍。

2014年股票市價總值（A、B股）共計372 546.96億元，較2013年增加133 469.77億元，增幅55.83%。股市流通市值為315 624.31億元，較2013年增加116 044.77億元，增幅58.14%。股價總體水準的大幅上漲使得交易更加活躍，成交量屢創新高。2014年滬深兩市累計成交743 912.98億元，較2013年增加275 184.38億元，增幅58.71%。日均成交3 036.38億元，較2013年增加1 066.93億元，增幅54.17%（見圖2—10）。

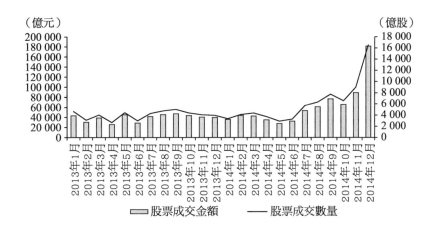

（億元）　　　　　　　　　　　　　　　　　　　　　　　　（億股）

圖2—10　中國股票市場交易情況

資料來源：中國證券監督管理委員會。

　　資本市場和直接融資在企業融資中開始發揮更加重要的作用。2014年共有
125家新公司上市，其中在上證主機板上市的公司43家，在深證中小板上市的
公司31家，在創業板上市的公司51家。新上市公司共通過股票市場融資668.89
億元。已上市公司定向增發的金額也較2013年大幅增長，全年定向增發金額達
到4 031.30億元，增長1 784.71億元，增幅達到79.44%（見表2—2）。

表2—2　中國股票市場籌資金額

時間	首次發行金額			再籌資金額					
				A股（億元）				B股 （億美元）	H股 （億美元）
	A股 （億元）	B股 （億美元）	H股 （億美元）	公開 增發	定向 增發	配股	權證 行權		
2012	0.39	0.00	82.50	104.74	1 867.48	121.00	0.00	0.00	77.14
2013	0.00	0.00	113.17	80.42	2 246.59	475.75	0.00	0.00	59.51
2014	668.89	0.00	128.72	18.26	4 031.30	137.98	0.00	0.00	212.90

資料來源：中國證券監督管理委員會。

滬港通：中國資本市場開放邁上新臺階

　　為了拓寬投資管道，引導要素在境內外兩個市場合理流動，早在2007年中國政府曾經提出過「港股直通車」計畫。然而，2008年全球金融危機爆發後，考慮到內地投資者較低的風險識別能力和較弱的風險管理能力，「港股直通車」計畫被擱置起來。隨著中國宏觀經濟進入新常態，人民幣國際化進程越來越快，開放資本帳戶的需求愈發迫切。2014年4月10日，中國證監會和香港證監會發佈聯合公告，批准上海證券交易所和香港證券交易所開展滬港股票市場交易互聯互通機制試點，允許兩地投資者通過交易所買賣港股和A股。經過監管部門和證券公司等部門長達6個月的測試後，中國證監會和香港證監會批准滬港通下的股票交易於2014年11月17日正式開始。從此，滬港通正式登上金融市場的歷史舞臺。

　　港股通閘門一開，大量投資者湧入。截至2014年年底，滬股通買、賣成交額分別達到1 180.41億、494.7億元人民幣；港股通買、賣成交額分別達195.8億、64.31億港元。滬港通不僅使海外投資者得以參與境內資本市場交易，增加了境內市場的資金來源和投資主體的多樣性，與此同時，通過建設中國內地與香港資本市場資本雙向流通的通道，還有利於改善內地資本市場的結構和流動性，提高資本市場配置資源的效率。因此，作為2014年中國資本項下跨境證券投資開放的重點工作之一，滬港通是中國資本市場開放邁上新臺階的一個里程碑。

　　滬港通不只是股票市場的一場制度變革，它也是推動資本專案可兌換和人民幣國際化的一項重大改革。從各國經驗來看，資本項目可兌換風險很大，把握不好將給一個國家帶來重大危機。滬港通是跨境投資，

是中國在資本項目可兌換方面進行的一個新探索。它構建了一個特定的管道，允許資金在風險可控的範圍內自由流動。滬港通也是人民幣國際化的重要舉措。港股通為人民幣提供了一個新的對外輸出視窗，擴大了人民幣跨境投資和跨境使用的範圍；滬股通則增加了海外人民幣的投資管道。總之，滬港通有利於鼓勵更多的市場主體使用和擁有人民幣，從資產的保值增值角度促進人民幣國際化進程。

3.衍生品市場

截至2014年末，全球利率衍生品OTC市場未清償餘額達505萬億美元，其中，美元、歐元、日圓、英鎊、瑞士法郎和加元的占比分別為34.14%、33.09%、9.13%、11.28%、0.94%和2.00%，其他幣種占比不足10%（見圖2—11）。中國的衍生品金融市場發展滯後，規模偏小，與發達國家相比仍然存在較大的差距，人民幣衍生品尚未被國際清算銀行單獨統計。

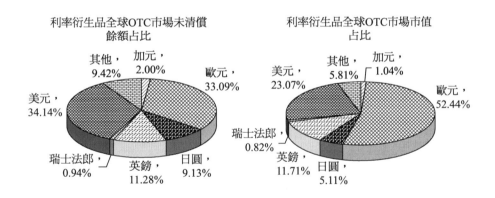

圖2—11 2014年末利率衍生品全球OTC市場幣種結構

資料來源：國際清算銀行。

如表2—3所示，相比2013年，2014年末利率衍生品全球OTC市場的變化趨勢是其他幣種的未清償餘額和市值均有所上升。其他幣種OTC市場利率衍生品未清償餘額占全部幣種的比重從8.28%上升到9.42%，其他幣種OTC市場利率衍

生品市值比重由4.56%上升至5.81%。

表2—3 2013年第四季度與2014年第四季度利率衍生品全球OTC市場幣種結構（%）

	利率衍生品全球OTC市場未清償餘額比重		利率衍生品全球OTC市場市值比重	
	2013年第四季度	2014年第四季度	2013年第四季度	2014年第四季度
歐元	41.32	33.09	49.22	52.44
日圓	8.99	9.13	4.90	5.11
英鎊	9.00	11.28	9.11	11.71
瑞士法郎	0.98	0.94	0.85	0.82
加元	1.78	2.00	0.98	1.04
美元	29.65	34.14	30.38	23.07
其他	8.28	9.42	4.56	5.81

資料來源：國際清算銀行。

　　人民幣利率市場化改革進入關鍵階段，人民幣匯率形成機制越來越市場化，人民幣利率和匯率的波動性較以前明顯擴大。為了滿足市場規避人民幣匯率和利率風險的迫切需要，最近兩年不斷湧現出人民幣衍生品創新。例如，2013年8月香港交易及結算所有限公司（以下簡稱香港交易所）推出了中華120指數期貨。2014年10月20日，新加坡交易所正式推出人民幣期貨合約交易，其中包括美元/離岸人民幣期貨和人民幣兌美元期貨合約，規模分別為10萬美元和50萬元人民幣。目前，在香港交易的人民幣衍生品有兩種：美元兌人民幣期貨和中華120指數期貨。2014年美元兌人民幣期貨共成交205 049手，比2013年增長66 341手，增幅為47.83%；中華120指數期貨2014年全年成交40 193手，每月成交量基本保持穩定（見表2—4）。

表2—4　美元兌人民幣期貨和中華120指數期貨交易情況匯總　　　　　　　　　單位：手

	2013年				2014年			
	第一季度	第二季度	第三季度	第四季度	第一季度	第二季度	第三季度	第四季度
美元兌人民幣期貨	25 054	46 238	26 868	40 548	75 498	33 359	42 843	53 349
中華120指數期貨	0	0	—	—	9 824	8 678	10 935	10 756

資料來源：香港交易所。

在資金市場上，2014年人民幣利率互換市場繼續保持活躍，且交易熱度不斷上升。利率互換的交易金額達到40 317.3億元，比2013年增加13 215.12億元，增幅為48.76%。人民幣遠期利率和債券遠期交易一反2013年不活躍的局面，出現了井噴。二者的成交金額分別為7.81億元和48.08億元，相對於2013年的0.5億元和1.01億元出現了驚人的增長（見表2—5）。

表2—5　2013—2014年主要銀行間市場產品交易額　　　　　　　　　　　　　單位：億元

	2013年				2014年			
	第一季度	第二季度	第三季度	第四季度	第一季度	第二季度	第三季度	第四季度
利率互換	7 375.83	7 960	5 697.8	6 068.55	8 044.5	8 908.53	9 577.68	13 786.59
遠期利率	0	0	0.5	0	0	2.16	2.91	2.74
債券遠期	1.01	0	0	0	0	0.07	0.96	47.05

資料來源：中國外匯交易中心。

2014年滬深300股指期貨共成交163.14萬億元，比2013年增加22.44萬億元，增幅達15.95%。其中，第四季度的成交金額變化最為明顯，滬深300指數上漲了44.17%，比第三季度的成交額增長了110.7%。滬深股指期貨成交金額與滬深300指數波動之間有較高的同步性，說明滬深300股指期貨發揮了對沖風險

的積極作用。2013年推出的國債期貨也受到市場的青睞，2014年成交8 785.15億元，比上一年增長了186.73%（見表2—6）。

表2—6 2013—2014年股指期貨、國債期貨交易情況　　　　　　　　單位：億元

	2013年				2014年			
	第一季度	第二季度	第三季度	第四季度	第一季度	第二季度	第三季度	第四季度
滬深300股指期貨	348 706	331 666	402 067	324 564	272 821	275 356	348 607	734 601
國債期貨	0	0	1 443.83	1 620.05	1 083.95	1 078.99	1 322.63	5 299.58

資料來源：中國金融期貨交易所。

4.外商投資人民幣金融資產

中國金融市場逐漸開放，非居民可投資股票市場和銀行間債券市場。外國投資者配置人民幣股票有三種管道：合格境外機構投資者（QFII）、人民幣合格境外機構投資者（RQFII）和滬港通。前兩種僅僅適用於機構投資者，個人投資者可以通過滬港通對上海證券交易所的股票進行投資。

2014年11月17日滬港通下的股票正式開始交易。香港交易所的資料顯示，2014年11月滬股通成交金額為465.89億元人民幣，港股通成交金額為76億港元；12月滬股通成交金額為1 209.22億元人民幣，港股通成交金額為184.11億港元。滬港通的推出大大增加了人民幣對金融產品的定價權，為深港通以及中國資本帳戶的開放創造了條件。

銀行間債券市場允許合格境外機構投資者、人民幣合格境外機構投資者、境外銀行和境外保險公司參與交易。截至2014年年底，我國銀行間債券市場的准入機構包括14家合格境外機構投資者、66家人民幣合格境外機構投資者、97家境外銀行和11家境外保險公司。2014年外資機構參與銀行間債券市場現券交易共成交116 963筆，共計101 683.39億元（見圖2—12）。

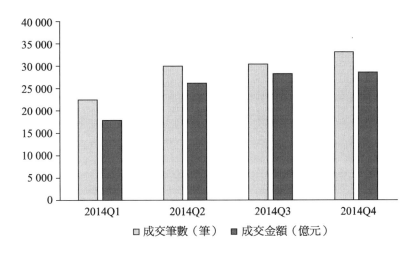

☐ 成交筆數（筆）　■ 成交金額（億元）

圖2—12　2014年外資機構參與銀行間債券市場現券交易

資料來源：中國外匯交易中心。

2.2.3　人民幣境外信貸市場

截至2014年末，境內金融機構人民幣境外貸款餘額達1 989.68億元，較2013年增長6.19%。新增貸款115.91億元，比2013年增加51.26億元。人民幣境外貸款占金融機構貸款總額的比重為0.24%，較2013年12月小幅回落（見圖2—13），原因在於境外貸款的增速低於人民幣貸款總額的增速。伴隨著人民幣的國際地位上升，尤其是人民幣利率下調，境外人民幣貸款規模及其占總貸款的比重將不斷上升。

跨境人民幣貸款不但包含境內金融機構的境外貸款，同時也包括境外金融機構向境內企業發放的人民幣貸款。由於人民幣在境外的利率比境內低，所以境內企業有強烈的意願進行跨境人民幣貸款。2013年央行已經批准上海自貿區、深圳前海以及昆山試驗區三個區域內的企業從境外金融機構進行人民幣融資，這一舉措在2014年又取得了新的進展，天津、廣西、雲南的部分試點區域的企業獲准到東南亞及其他人民幣離岸市場進行跨境人民幣貸款，支持符合國

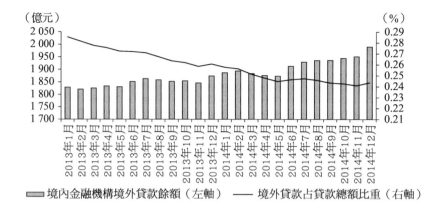

（億元）　　　　　　　　　　　　　　　　　　　　　　（%）

境內金融機構境外貸款餘額（左軸）　　境外貸款占貸款總額比重（右軸）

圖2—13　2013—2014年中國金融機構人民幣境外貸款餘額及占比

資料來源：中國人民銀行。

家宏觀調控方向和產業政策導向的港口貿易、基礎設施建設、清潔能源等領域實體經濟的發展。

專欄2—4

人民幣離岸市場迅速發展

建立、發展人民幣離岸市場是實現人民幣國際化的關鍵。直到2013年，人民幣離岸市場主要集中在香港、新加坡、臺灣等亞洲國家和地區。2014年，中國人民銀行與英格蘭銀行、歐洲央行簽訂了貨幣互換協定，分別給予英國、德國和法國800億元人民幣合格境外機構投資者（RQFII）的額度，拓寬了人民幣回流的管道。中國還在遍佈五大洲的多個國際金融中心指定了人民幣清算行，解決了市場普遍擔憂的人民幣流動性和交易便利性問題。上述制度安排，促進了人民幣離岸市場在全球範圍快速發展。

2014年末，香港人民幣存款總額達到10 035.57億元，比2013年同期增長1 430.85億元，增幅達到16.63%。新加坡人民幣存款達到2 770億元，相比2013年同期增長820億元，增幅達到42.05%。同期，臺灣、韓國和中國澳門的人民幣存款分別達到3 023億元、1 940億元和1 034億元。債券是離岸市場非常受歡迎的投資品種，境內企業和金融機構到境外發行人民幣債券極大地提高了人民幣的流動性。香港「點心債」的發行規模達到5 600億元，臺灣「寶島債」、新加坡「獅子債」的規模也超過千億元。

目前，歐洲已經形成倫敦、法蘭克福、巴黎、盧森堡、瑞士「五足鼎立」的人民幣離岸中心格局。人民幣離岸業務發展之迅猛令世人矚目。2014年10月14日，英國政府成功發行了人民幣主權債券，規模為30億美元，期限為3年。2014年末，英國、盧森堡、法國的人民幣存款規模分別達到190億元、670億元、200億元。這表明人民幣作為國際貨幣已經被眾多歐洲發達國家認可，人民幣國際化進程邁上了一個新的臺階。

2.2.4　人民幣外匯市場

2014年人民幣外匯即期成交4.12萬億美元，同比增長1.2%。為了降低人民幣的兌換成本，方便雙邊貿易和投資，中國人民銀行採取措施積極推動人民幣與主要貨幣及周邊國家的貨幣直接交易。2014年，銀行間外匯市場新增了人民幣兌紐西蘭、英鎊、歐元以及新加坡元的直接交易，還推出了人民幣兌哈薩克堅戈的銀行間市場區域交易。從最初的林吉特、盧布等周邊國家貨幣擴展到了歐元、英鎊、日圓等主要儲備貨幣以及澳洲元、紐西蘭元、新加坡元等可兌換貨幣，初步形成了人民幣直接交易網路（見表2—7）。

2014年，人民幣兌外幣直接交易共成交1.05萬億元人民幣，在銀行間外匯市場即期交易中的占比為4.7%。銀行間外匯市場人民幣直接交易成交活躍，流動性明顯提升，降低了微觀經濟主體的匯兌成本。

表2—7　2014年銀行間外匯即期市場人民幣兌各幣種的交易量

幣種	美元	歐元	日圓	港元	英鎊	澳元	紐西蘭元	新加坡元	加拿大元	林吉特	盧布	泰銖	堅戈
交易量（億元人民幣）	239 942	3 155	4 551	2 031	1 377	1 486	281	838	14	12	255	2	3
同比增幅（%）	4	15	−64	40	702	−1			65	5	369	−63	

資料來源：中國外匯交易中心。

　　掉期是人民幣外匯衍生品市場的主要產品（見圖2—14）。人民幣外匯掉期交易累計成交金額折合4.49萬億美元，同比增長32.1%，其中隔夜美元掉期成交2.36萬億美元，占掉期總成交額的52.6%。人民幣外匯遠期市場累計成交529億美元，同比增長63.5%。2014年度「外幣對」累計成交金額折合606億美元，同比下降5.7%，其中成交最多的產品為美元兌港元，占市場份額的比重為35%。

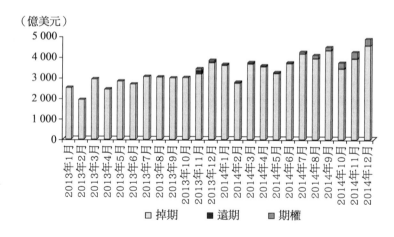

圖2—14　2013—2014年人民幣外匯衍生品市場

資料來源：中國外匯交易中心。

外匯市場交易主體進一步擴展。截至2014年末，共有即期市場會員465家，遠期市場會員98家，外匯掉期市場會員97家，貨幣掉期市場會員84家，期權市場會員39家。其中，即期市場做市商31家，遠期市場做市商27家。做市商囊括了四大國有銀行、主要股份制銀行、國家開發銀行等中資機構，以及美國銀行、花旗銀行、滙豐銀行、德意志銀行、三菱銀行等著名的外資機構。

2.3 全球外匯儲備中的人民幣

2.3.1 加強貨幣金融合作

國際貨幣基金組織將官方外匯儲備分為「可劃分幣種的外匯儲備」（allocated reserves）和「不可劃分幣種的外匯儲備」（unallocated reserves）兩個部分。截至2014年末，可劃分幣種的外匯儲備是6.09萬億美元，占全球官方外匯儲備總額的52.45%，不可劃分幣種的外匯儲備是5.52萬億美元，占全球官方外匯儲備總額的47.55%。

截至2014年末，中國人民銀行已與28個國家和地區的貨幣當局簽署貨幣互換協議，貨幣互換餘額為3.12萬億元（見圖2—15）。其中，中國人民銀行與紐西蘭、阿根廷、哈薩克、泰國、巴基斯坦第二次續簽協議，與蒙古、韓國和香港第三次續簽協議。與2013年相比，新增了瑞士、斯里蘭卡、俄羅斯、卡達和加拿大5個國家。不同於發達經濟體間簽訂的旨在應對危機的貨幣互換協議，中國人民銀行與境外貨幣當局簽訂本幣互換協定的目的不僅包括維護區域金融穩定，還包括促進雙邊貿易和投資。

中國人民銀行還與卡達、加拿大、馬來西亞、澳洲和泰國的貨幣當局分別簽署了在杜哈、多倫多、吉隆坡、雪梨和曼谷建立人民幣清算安排的合作備忘錄，並同意將人民幣合格境外機構投資者試點地區擴大到卡達和加拿大，初期投資額度分別為300億元人民幣和500億元人民幣；之後，將確定杜哈、多倫多、吉隆坡、雪梨和曼谷的人民幣業務清算行。2014年中國人民銀行加強與其

他貨幣當局確定人民幣業務清算行，標誌著中國與其他國家和地區的金融合作邁出了新步伐。

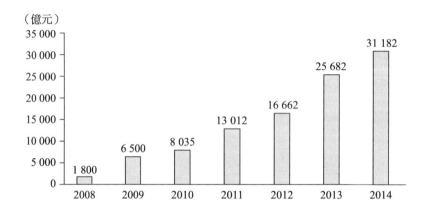

圖2—15　中國人民銀行與其他貨幣當局的貨幣互換餘額

資料來源：中國人民銀行。

2.3.2　國際儲備貨幣多元化

截至2014年末，在IMF可劃分幣種的外匯儲備中，美元儲備為3.83萬億美元，占62.88%；其次是歐元，歐元儲備為1.35萬億美元，占22.21%；英鎊儲備為0.23萬億美元，占3.80%；日圓儲備為0.24萬億美元，占3.96%；瑞士法郎儲備為171.83億美元，占0.28%；加元儲備為0.12萬億美元，占1.91%；澳元儲備為0.11萬億美元，占1.81%（見表2—8）。美國量化寬鬆政策的退出帶來了美元走強，而歐洲經濟增長乏力，使得美元儲備所占份額明顯上升，歐元儲備所占份額則明顯下降。國際儲備多元化有了新的發展，加元和澳元在各國 官方儲備中的累計份額超過了1%，成為IMF新增的列入統計的儲備貨幣。

2014年國際貨幣基金組織將對特別提款權（SDR）的貨幣籃子進行五年一次的定值審查，以便確定哪些貨幣可以進入特別提款權的貨幣籃子並在其中占多大的權重。該定值審查通常有兩個標準：一是使用該貨幣進行貿易結算的規模，二是該貨幣能否自由使用。由於人民幣基本上已經滿足了上述兩個標準，

人民幣很有可能成為新的特別提款權的籃子貨幣，並在更廣泛的範圍內發揮國際貨幣的職能。

表2—8 2014年全球官方外匯儲備的幣種分佈結構 （％）

	2013				2014			
	Q1	Q2	Q3	Q4	Q1	Q2	Q3	Q4
全球外匯儲備	100	100	100	100	100	100	100	100
可劃分幣種的外匯儲備	54.88	54.61	54.12	53.30	52.69	52.65	52.56	52.45
美元	61.83	61.83	61.42	61.04	60.80	60.73	62.37	62.88
歐元	23.54	23.85	24.12	24.38	24.33	24.09	22.60	22.21
日圓	3.88	3.84	3.80	3.82	3.93	4.03	3.96	3.96
英鎊	3.87	3.82	3.92	3.98	3.86	3.88	3.85	3.80
瑞士法郎	0.26	0.26	0.26	0.27	0.26	0.27	0.27	0.28
加元	1.58	1.79	1.84	1.83	1.87	1.99	1.93	1.91
澳元	1.66	1.69	1.68	1.81	1.89	1.92	1.88	1.81
其他幣種	3.38	2.93	2.97	2.86	3.05	3.10	3.14	3.14
不可劃分幣種的外匯儲備	45.12	45.39	45.88	46.70	47.31	47.35	47.44	47.55
發達經濟體	33.24	33.08	33.02	32.73	32.74	32.74	32.70	33.24
新興經濟體和發展中國家	66.76	66.92	66.98	67.27	67.26	67.26	67.30	66.76

　　注：（1）可劃分幣種的外匯儲備來自COFER資料庫；各幣種的外匯儲備結構是相應幣種的外匯儲備額與可劃分幣種的外匯儲備的比值，該演算法與IMF一致。（2）不可劃分幣種的外匯儲備是外匯儲備總額與可劃分幣種的外匯儲備之差。
　　資料來源：IMF COFER資料庫，IMF《國際金融統計》。

2.4 人民幣匯率

2.4.1 人民幣匯率形成機制進一步完善

　　中國實行的是以市場供求為基礎、有管理的浮動匯率制度。為了進一步增強市場配置資源的決定性作用，充分利用國際、國內兩個市場、兩種資源，加

快推進經濟發展方式轉變和結構調整，2014年中國對人民幣匯率形成機制進行了改革，目的是加大市場決定匯率的力度。一是取消銀行對客戶美元掛牌買賣價差的限制，銀行可根據市場需求狀況自主定價。二是發佈《銀行間外匯市場職業操守和市場慣例指引》，維護市場公平競爭秩序，推動形成以行業自律為主、以政府監管為輔的外匯市場管理新框架。

同時，發展外匯市場，豐富外匯產品，擴展外匯市場的廣度和深度，更好地滿足企業和居民的需求。根據外匯市場發育狀況和經濟金融形勢，增強人民幣匯率雙向浮動彈性，央行基本退出常態式外匯干預，保持人民幣匯率在合理均衡水準上的基本穩定。

2.4.2　人民幣匯率水準

1.人民幣匯率中間價

截至2014年末，境內外匯市場與人民幣進行市場化匯價交易的貨幣由2013年的9種上升至11種，分別為美元、港元、日圓、歐元、英鎊、林吉特、盧布、澳元、加元、紐西蘭元和新加坡元。

自2005年7月人民幣匯率形成機制改革開始，人民幣對美元一直保持波動升值的態勢。受到美聯儲退出量化寬鬆政策以及美國經濟強勁復甦的影響，2014年人民幣終止了對美元的升值，並出現了小幅貶值。5月末，人民幣對美元匯率中間價為6.1695，與2013年12月末相比，人民幣對美元貶值1.18%，貶值幅度為全年最高；之後，跌幅逐月收窄；12月末，人民幣對美元匯率報收6.119，與上年同期相比，人民幣貶值0.36%（見圖2—16）。

人民幣對歐元和日圓匯率升值明顯。2014年12月末，人民幣對歐元、日圓匯率中間價分別為7.455 6和5.137 1，與上年同期相比，人民幣對歐元、日圓分別升值12.92%和12.46%。相較2005年7月21日人民幣匯率制度改革時的水準，人民幣對歐元和日圓累計升值的幅度分別為34.01%和42.36%。

人民幣對英鎊、林吉特和加元的匯率具有雙向波動特點。2014年期間，人民幣對上述貨幣均呈現先貶值後升值的走勢。6月末，人民幣對英鎊匯率中

間價為10.4978，與2013年12月末相比，人民幣對英鎊貶值4.21%；之後逐月升值；12月末，人民幣對英鎊匯率報收9.543 7，比2013年同期升值5.36%。人民幣對林吉特和加元的匯率也表現出與英鎊類似的特徵。

2014年受到西方國家經濟制裁和國際油價暴跌的雙重打擊，人民幣對盧布呈現明顯的升值態勢。2013年1月至2014年8月，人民幣對盧布波動緩慢升值；2014年9月至2014年12月，人民幣對盧布迅速升值。2014年12月末，人民幣對盧布的匯率中間價為1人民幣兌9.053 6盧布，與2013年12月末的5.398 5相比，人民幣升值67.71%。

2014年人民幣對紐西蘭元、新加坡元開始直接交易，市場對人民幣的需求迅猛增加，進而拉動人民幣對這兩種貨幣大幅度升值。2014年3月，人民幣對紐西蘭元開始直接交易，3月末人民幣對紐西蘭元匯率中間價為5.340 7，12月末報收4.803 4，9個月內人民幣對紐西蘭元升值了11.19%。2014年10月，人民幣對新加坡元開始直接交易，10月末人民幣對新加坡元的匯率為4.805 7，12月末該匯率跌至4.639 6，人民幣對新加坡元的升值幅度達到3.58%。

2014年一個重要的現象是，市場普遍認為人民幣匯率已進入雙向波動週期，並不存在趨勢性升值或貶值。隨著中國的國際收支逐漸趨於平衡，人民幣匯率也趨向合理均衡水準。市場供求關係正在成為人民幣匯率的主要決定力量，人民幣匯率短期內上漲或下跌將成為常態。

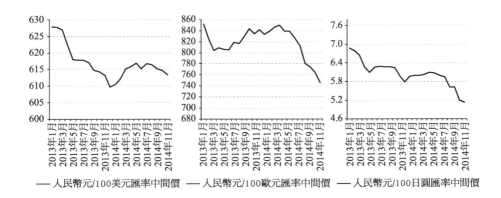

— 人民幣元/100美元匯率中間價　— 人民幣元/100歐元匯率中間價　— 人民幣元/100日圓匯率中間價

圖2—16　2013—2014年月度人民幣兌11種貨幣的匯率中間價

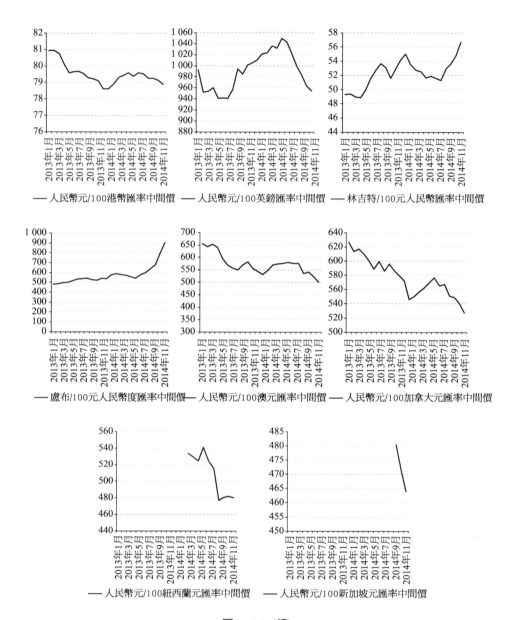

圖2—16（續）

注：人民幣對林吉特、盧布匯率的中間價採取的是間接標價法，即100元人民幣折合多少林吉特、盧布，
人民幣對其他貨幣匯率的中間價仍採取直接標價法，即100外幣折合多少元人民幣；月度數據均為期末數。
資料來源：國家外匯管理局。

2.名義有效匯率和實際有效匯率

根據國際清算銀行的資料，2014年12月，人民幣的名義有效匯率為121.53，與上年同期相比上升了6.41%；扣除通貨膨脹因素的實際有效匯率為126.16，同比上升6.24%。如果從2005年7月人民幣實行匯率制度改革開始計算，人民幣的名義有效匯率和實際有效匯率累計分別上升了38.01%和48.44%（見圖2—17）。

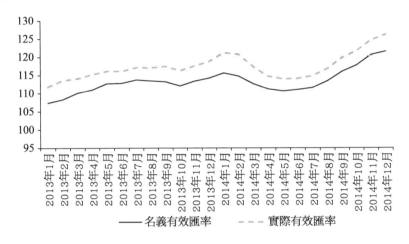

圖2—17 人民幣有效匯率走勢

資料來源：國際清算銀行。

2014年，英鎊和美元的幣值堅挺，二者的名義有效匯率比2013年分別上漲了3.59%和7.63%。與此相反，歐元和日圓的幣值走弱，名義有效匯率分別表現出4.51%和8.18%的下跌幅度（見圖2—18）。

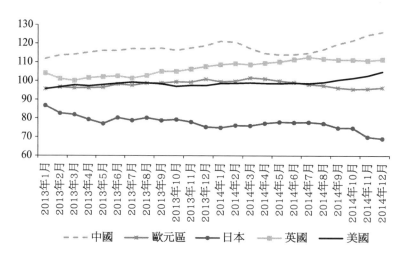

圖2—18　五大經濟體貨幣名義有效匯率走勢

資料來源：國際清算銀行。

3.離岸人民幣CNH

2014年度，美元兌離岸人民幣的匯率具有明顯的雙向波動態勢；離岸人民幣匯率最高為6.265，最低為6.019，波動幅度達到4.1%。2014年12月末，離岸人民幣匯率為1美元兌6.212 8元人民幣，與2013年12月末的6.056 8相比，離岸人民幣貶值2.51%。

由於在岸市場和離岸市場是分割的，導致兩個市場的匯率即CNY與CNH的波動不一致，二者之間存在價差，而且這一價差隨著境內外人民幣貨幣市場的供求狀況、利率差異變化而上下波動（見圖2—19）。2014年2月9日，CNY與CNH的價差達到正向最高值，為3.61%；2014年9月30日，CNY與CNH的價差達到負向最高值，為−3.97%。從絕對值看，在岸和離岸人民幣匯率的差異高達7.6%。總體而言，2014年期間，CNY與CNH的價差呈現先擴大、再減小、然後再擴大的變化過程。

一方面，境內外人民幣利差收窄，減弱了人民幣跨境流動的套利動機。另一方面，在人民幣對美元呈現階段性貶值的背景下，境內外匯差明顯擴大，對人民幣資金跨境流動的影響增強。

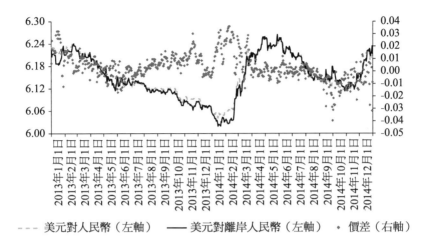

--- 美元對人民幣（左軸）　　—— 美元對離岸人民幣（左軸）　　• 價差（右軸）

圖2—19　2013—2014年離岸人民幣匯率及價差

資料來源：Wind資訊。

4.人民幣NDF

在外匯管制國家，貨幣通常不能自由兌換。為了規避匯率波動的風險，20世紀90年代出現了無本金交割的遠期交易，人民幣、越南盾、印度盧比、菲律賓比索等新興市場貨幣都出現了無本金交割遠期（NDF）這種衍生工具。

新加坡和香港人民幣NDF市場是亞洲最主要的離岸人民幣遠期交易市場，該市場的行情反映了國際社會對於人民幣匯率變化的預期。人民幣NDF市場的主要參與者是歐美等地的大銀行和投資機構，它們的客戶主要是在中國有大量人民幣收入的跨國公司，也包括總部設在香港的中國內地企業。

邁入2014年，人民幣各個期限的NDF並沒有延續2013年持續升值的趨勢，而是呈現先上升、再平穩、然後再上升的態勢。具體來看，人民幣NDF匯率在第一季度迅速上升；在第二季度和第三季度呈現震盪性的平穩過渡形式；進入第四季度後，人民幣NDF匯率繼續上升。

2014年12月末，1月期、3月期、半年期和1年期的人民幣NDF買入價分別為6.150 0、6.205 0、6.259 0和6.349 5，與2013年同期相比，上述四個期限的NDF交易中，人民幣對美元分別貶值了0.7%、1.5%、2.3%、3.6%（見圖2—20）。

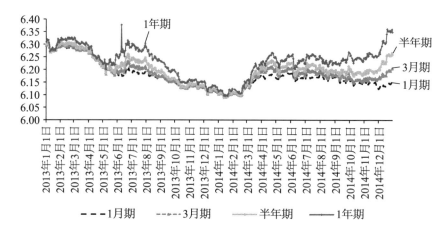

圖2—20　2013—2014年人民幣NDF每日綜合收盤價

資料來源：Bloomberg.

　　綜上所述，人民幣單向升值預期被打破，對主要貨幣均出現了不同程度的雙向波動，這對於形成健康的人民幣匯率市場化機制具有良好的推動作用。人民幣匯率形成機制更加完善，各種影響因素將綜合反映到市場中。貨物貿易收支、本外幣利差以及宏觀經濟增長對匯率的不同影響，使得匯率有漲有跌的雙向波動成為新常態。

專欄2—5

人民幣匯率形成機制更加市場化

　　匯率作為貨幣的對外價格，直接作用於進出口貿易和對外投融資。無論人民幣是漲還是跌，都會改變人、財、物等生產要素在企業之間的配置狀況，都會改變企業在國際市場的競爭地位，最終導致收入在不同利益主體之間進行重新分配，因而會牽一髮而動全身。在中國市場化水

準不斷提高、國際經貿往來不斷密切的經濟發展中，適度控制人民幣匯率的波動幅度，有利於進出口企業進行有效的成本—收益核算，促進對外貿易穩定發展。基於此，中國政府對人民幣匯率進行了一定程度的管控，具體規定每日人民幣匯率市場的最大波動幅度，一旦人民幣匯率波動幅度觸到這根紅線，央行就要入市干預。通過買賣外匯來調節或扭轉市場供求關係，從而使人民幣匯率保持在有利於實體經濟健康發展以及國際收支基本平衡的適當範圍內。黨的十八屆三中全會以後，人民幣匯率市場化改革進一步加速。2014年3月，美元對人民幣匯率浮動區間由±1%進一步擴大到±2%。值得一提的是，人民幣對其他主要貨幣的匯率浮動區間早在2010年進一步完善匯率形成機制時就已經擴大到±3%。

在大多數情況下，美元與歐元、日圓、英鎊的匯率變化方向是相反的，即使人民幣對美元有較大幅度的貶值，但是對歐元、日圓、英鎊等其他主要貨幣又可能有較大的升值，兩相抵消後，人民幣實際有效匯率的變動幅度也就相對有限。2014年，中國銀行間外匯市場先後實現人民幣與紐西蘭元、英鎊、歐元和新加坡元的直接交易，至此，人民幣已經實現了同主要國際貨幣的可直接兌換。通過動態管理、調整籃子貨幣的權重，可以更加靈活、主動地引導人民幣匯率，使其在充分反映市場供求變化的情況下實現總體平穩。

此外，2014年人民幣匯率已經表現出了十分明顯的雙向波動特徵。例如，人民幣對英鎊匯率在6月份升值了4.4%，而年底卻貶值了5.1%，全年的振幅達到9.5%。人民幣對歐元和日圓也出現了類似的情況，這兩種貨幣匯率的年中與年末加總的絕對波動幅度超過了11%。人民幣匯率雙向浮動和波動加劇，這本身就是市場力量發揮決定性作用的改革目標的具體體現。自2014年下半年以來，中國人民銀行干預外匯市場的次數大大減少，人民幣匯率將更多地由市場來決定。

2.4.3　中國資本帳戶開放度測算

　　Epstein和Schor（1992）最早提出使用《匯兌安排與匯兌限制年報》（AREAER）衡量資本管制程度，Cottarelli和Giannini（1997）將《匯兌安排與匯兌限制年報》的資本管制資訊量化為二元變數[1]，進行算術平均計算出資本帳戶開放度。由於該方法過於粗略，得到的結論的可信度受到不少質疑，本報告使用目前主流的資本開放度測度方法，即四檔約束式方法[2]，對中國的名義資本帳戶開放度進行測量。

　　按照2014年《匯兌安排與匯兌限制年報》中對中國2013年度資本帳戶管制的描述，延續2012年的態勢，2013年中國資本帳戶不可兌換項目有3項，主要集中於非居民參與國內貨幣市場、集體投資類證券和衍生工具的出售與發行。部分可兌換的專案主要集中在債券交易、股票交易、房地產交易和個人資本交易等方面。運用四檔約束式方法進行計算，同時考慮細微變化，綜合量化2014年《匯兌安排與匯兌限制年報》的描述，2013年中國的資本開放度為0.603 5（見表2—9）。

　　2014年中國資本專案開放邁上新臺階。為推動人民幣資本專案交易的自由開展，中國政府出臺了一系列措施。例如，啟動中國（上海）自由貿易試驗區支付機構跨境人民幣支付業務，允許境外非金融企業在境內發行人民幣

1　即0/1虛擬變數。若資本帳戶項目存在管制，記為0，反之記為1。

2　計算公式為：

$$open=\sum_{i}^{n} p(i)/n。$$

其中，open代表資本帳戶開放的程度，從0到1取值，值越小說明資本帳戶管制程度越大，n表示資本項目開放中考慮的資本交易專案總數，在此表示中國11個資本大項交易下的40個資本交易子項，$p(i)$表示第i子項的開放程度，用四檔取值法對各子項進行賦值。$p(i)=1$表示此資本交易專案沒有管制，是指對真實性的資本專案交易或匯兌基本沒有管制；$p(i)=1/3$表示有較多限制，是指對較多交易主體或大部分資本專案進行限制；$p(i)=2/3$表示此資本交易專案有很少管制，是指僅對個別交易主體或少數資本專案交易進行限制；$p(i)=0$表示嚴格管制，是指不允許或禁止進行的交易專案，包括無明確法律規定但實際操作中不允許或禁止的交易專案；另外，在AREAER中也有少數專案表示有管制但是沒有具體資訊，此類情況賦值為1/2。

債券，建立滬港通制度，使得機構和個人投資者可使用人民幣在上海與香港股市自由買賣股票。毫無疑問，2014年中國資本開放度會大大提高，很可能超過0.7的水準。

表2—9　IMF定義下的2013年度中國資本管制現狀

資本交易專案	2013年
1.對資本市場證券交易的管制	
A.買賣股票或有參股性質的其他證券	
（1）非居民境內購買**	合格境外機構投資者(QFII)投資境內A股須符合以下條件：(1)QFII在上市公司的所有權不得超過公司股份的10%，所有外國投資者所持一個上市公司的A股不能超過30%。(2)QFII的總投資限額為1 500(以前是800)億美元。(3)通過QFII推出的養老基金、保險基金、共同基金等的鎖定期為3個月B股以美元或港元計價，在證券交易所掛牌，外國投資者可以購買
（2）非居民境內出售或發行***	非居民可以出售A股和B股；在當前的政策規則下沒有對非居民發行A股或B股的限制，但目前沒有非居民發行A股或B股
（3）居民境外購買**	保險公司可以從事境外投資活動，數額不能超過上一季度總資產的15%。這一比率包括所有類型的外國投資，如股票、債券、基金等 公司在國外和國內股票及股票型基金的綜合投資不得超過前一季度末總資產的30%(以前是20%)
（4）居民境外出售或發行***	離岸外商投資股份制上市公司發行海外股需要經證監會批准並在國家外匯局註冊
B.債券與其他債務性證券	

續前表

資本交易專案	2013年
（5）非居民境內購買**	QFII可以投資人民幣計價的金融工具：(1)股票、債券和交易所交易或轉讓的權證；(2)銀行間債券市場交易的固定收益類產品；(3)證券投資基金；(4)股指期貨；(5)證監會允許的其他金融工具 人民幣合格境外機構投資者（RQFII）及合資格境外機構可投資於銀行間債券市場
（6）非居民境內出售或發行**	在財政部、中國人民銀行和國家發改委的批准下，國際開發機構可以發行人民幣計價的債券。目前非居民的債券本地發行還沒有先例。在中國的外資企業也可以發行債券
（7）居民境外購買**	合格境內機構投資者（QDII），包括銀行、基金管理公司、證券公司、保險公司，在各自的外匯額度和監管限制內可以購買國外債券。國內外無擔保企業(公司)類債券及國內外證券投資基金的投資分別不得超過50%和15% 自2014年2月19日起，固定收益類資產或股權類資產的單一投資的帳面價值，在上一季度末不得超過保險公司總資產的5%
（8）居民境外出售或發行***	若在國家發改委備案的海外債券發行的申請到期日超過一年，國家發改委必須與有關部門審查申請。申請海外發行外幣債券須報國務院批准
2.對貨幣市場工具的管制	
（9）非居民境內購買***	QFII可以以最小的鎖定期購買貨幣市場基金。QFII不能直接參與銀行間外匯市場的交易。鎖定期是指投資主體的匯款被禁止的時期
（10）非居民境內出售或發行*	非居民不得出售或發行貨幣市場工具

資本交易專案	2013年
（11）居民境外購買***	QDII可以購買規定允許的貨幣市場工具，受制於各自的外匯配額和監管限制。在國內外無擔保企業類債券和國內外證券投資基金的投資分別不得超過50%和15%
（12）居民境外出售或發行***	經國家外匯管理局批准後，居民可發行境外貨幣市場工具，如期限低於1年的債券和商業票據
3.對集體投資類證券的管制	
（13）非居民境內購買***	QFII可投資於國內的封閉式和開放式基金
（14）非居民境內出售或發行*	這些交易不允許
（15）居民境外購買***	QDII可以購買海外的集體投資證券，受制於各自的外匯配額和監管限制。在國內外無擔保企業類債券和國內外證券投資基金的投資分別不得超過50%和15%
（16）居民境外出售或發行***	經國家外匯管理局批准，居民可發行境外集體投資證券
4.對衍生工具與其他工具的管制	
（17）非居民境內購買***	如果交易是為了保值，QFII可投資於國內的股指期貨，受制於特定的限制和規模
（18）非居民境內出售或發行*	這些交易不允許
（19）居民境外購買**	銀監會監管的金融機構可買賣銀監會批准用於以下目的的衍生工具：(1)對沖固有資產負債表風險，(2)以盈利為目的，(3)為客戶提供（包括金融機構）衍生品交易服務 為了客戶的利益，商業銀行通過財富管理服務開展境外理財業務不得投資於商品類衍生品 經國有資產監督管理委員會許可，央企可以開展離岸衍生品業務
（20）居民境外出售或發行**	購買申請必須符合法規

續前表

資本交易專案	2013年
5.對商業信貸的管制	
（21）居民向非居民提供	
（22）非居民向居民提供	
6.對金融信貸的管制	
（23）居民向非居民提供***	在一定的限制下，跨國公司境內關聯企業能直接貸款給境外關聯企業，可以通過國內銀行貸款給境外關聯企業
（24）非居民向居民提供**	金融機構和授權從事對外借款的中國參股企業，符合國家外匯管理局批准的限額，可以開展一年或一年以內的短期對外借款。所有對外借款必須在國家外匯管理局登記 2013年，國家外匯管理局批准的短期外債總配額是373億美元。具體事務不需要進一步檢查或批准。所有外部借款必須在國家外匯管理局登記
7.對擔保、保證和備用融資便利的管制	
（25）居民向非居民提供***	國內銀行對外提供財務擔保須由國家外匯管理局批准，個人交易無須批准；國內銀行對外非金融擔保無須批准。國內銀行提供對外擔保必須向國家外匯管理局經常備案。在國家外匯管理局的限制內，非銀行金融機構及企業可提供對外金融和非金融擔保
（26）非居民向居民提供***	從國內金融機構借款時，已經依法經商務部按照外商投資法律批准的外資企業(包括但不限於外商獨資企業、中外合資企業、中外合作企業，等等)可以接受來自外國機構的擔保。中資企業在一些試點地區向國內金融機構借款可以接受外國機構的擔保，但須符合國家外匯管理局核准限制
8.對直接投資的管制	

續前表

資本交易專案	2013年
（27）對外直接投資***	對外直接投資項目分為：(1)鼓勵,(2)允許,(3)禁止。對外直接投資的外匯資金來源需要進行外匯登記,對外直接投資資金的匯出不需要審批,但需要登記 國內企業的海外直接投資沒有外匯限制,允許它們購買外匯進行海外直接投資
（28）對內直接投資**	四級分類制度影響對內直接投資：(1)鼓勵,(2)一般允許,(3)限制,(4)禁止 只要符合有關外商投資及其他法律、法規的要求,並已取得商務部或地方商務部門的批准,非居民可以在中國投資設立企業
9.（29）對直接投資清盤的管制***	取得的上市公司A股股份三年內不得轉讓 經營期限之前過早的清算需要進行原始的審查和經審批機關的批准或者必須基於司法判決
10.對不動產交易的管制	
（30）居民在境外購買***	國內機構對國外房地產的購買按照海外直接投資執行。保險公司在境外投資不動產不得超過公司總資產的15% 自2014年2月19日起,國外和國內的房地產投資類型的帳面價值不能超過保險公司總資產的30%(以前是20%)。總的帳面價值不包括保險公司自己使用的資金,其帳面價值的差額不能超過淨資產總額的50%
（31）非居民在境內購買***	外國居民購買商業住宅房屋必須遵守實際需要和自用原則,為了支付賣方以購買建築物,可以直接在外匯指定銀行將外匯資金轉換成人民幣
（32）非居民在境內出售***	經在國家外匯管理局登記,非居民可直接在相關銀行遣返來自房地產銷售的收益。外匯審批程序已被取消
11.對個人資本流動的管制	

續前表

資本交易專案	2013年
貸款	
（33）居民向非居民提供***	在沒有具體授權的情形下，居民不可向非居民提供貸款
（34）非居民向居民提供***	在沒有具體授權的情形下，非居民不可向居民提供貸款
禮品、捐贈、遺贈和遺產	
（35）居民向非居民提供***	居民憑有效個人身份證明可以在銀行購買外匯援助和幫助海外的直系親屬，一年最高50 000美元。對於更大的金額，個人必須向銀行提供個人有效身份證明和相關部門或公證機構出具的直系親屬的材料
（36）非居民向居民提供***	憑個人有效證件，個人從捐贈基金、遺贈和遺產獲得的不超過50 000美元的收入可以在銀行完成。超過這個數額需要個人身份和相關證明及支付憑證
（37）外國移民在境內的債務結算	—
資產的轉移	
（38）移民向國外的轉移***	退休和養老基金可以匯往國外。自然人移居國外或將居住香港、澳門，在取得移民身份之前，應清算其合法擁有的在中國境內的財產，購買和匯出境外的外匯
（39）移民向國內的轉移	目前還沒有適用的法律
（40）博彩和中獎收入的轉移	目前還沒有適用的法律
資本開放度	0.603 5

注：*表示禁止，**表示較多限制，***表示較少限制。

2.4.4 開放度發生變化的具體項目

相比2012年，在2013年資本專案交易的40個子項中，有13個子項出現明顯的變化，表明中國的資本帳戶進一步向開放推進。

對於「買賣股票或有參股性質的其他證券」中的第一個子項「非居民境內購買」，2012年「QFII的總投資限額為800億美元」，而2013年「QFII的總投資限額為1 500億美元」，2013年的限額顯著提高，由此可以看出，對QFII呈現逐步擴容的趨勢。其他子項的詳細變化如表2—10所示。

表2—10　2013年中國資本帳戶管制現狀相對2012年的變化

資本交易專案	2012年	2013年相對2012年的變化
1.對資本市場證券交易的管制	中國股東控制境外上市公司獲得的外匯收益在六個月內遣返	中國股東控制境外上市公司獲得的外匯收益在兩年內遣返
A.買賣股票或有參股性質的其他證券		
（1）非居民境內購買	(1)QFII在上市公司的所有權不得超過公司股份的10%，所有外國投資者所持一個上市公司的A股不能超過30%。(2)QFII的總投資限額為800億美元截至2012年年底，累計有169個機構已經獲得批准，總投資374.43億美元	(1)QFII在上市公司的外國所有權不得超過公司股份的10%，所有外國投資者所持一個上市公司的A股不能超過30%。(2)QFII的總投資限額為1 500億美元截至2013年年底，累計有251個機構已經獲得批准，總投資497.01億美元
（2）非居民境內出售或發行		無變化
（3）居民境外購買	公司在國內外的股票和股票型基金的綜合投資不得超過公司總資產的20%	公司在國內外的股票和股票型基金的綜合投資不得超過公司總資產的30%固定收益類資產或股權類資產的單一投資的帳面價值，不得超過保險公司上一季度末總資產的5%
（4）居民境外出售或發行		無變化
B.債券與其他債務性證券		

續前表

資本交易專案	2012年	2013年相對2012年的變化
（5）非居民境內購買		2013年6月21日起在臺灣地區、2013年10月15日起在英國、2013年10月22日起在新加坡的RQFII可投資內地證券市場
（6）非居民境內出售或發行		無變化
（7）居民境外購買		2014年2月19日起，固定收益類資產或股權類資產的單一投資的帳面價值，在上一季度末不得超過保險公司總資產的5%
（8）居民境外出售或發行		無變化
2.對貨幣市場工具的管制		
（9）非居民境內購買		無變化
（10）非居民境內出售或發行		無變化
（11）居民境外購買		無變化
（12）居民境外出售或發行		無變化
3.對集體投資類證券的管制		
（13）非居民境內購買		無變化
（14）非居民境內出售或發行		無變化
（15）居民境外購買		無變化
（16）居民境外出售或發行		無變化
4.對衍生工具與其他工具的管制		
（17）非居民境內購買		無變化
（18）非居民境內出售或發行		無變化

續前表

資本交易專案	2012年	2013年相對2012年的變化
（19）居民境外購買		為了客戶的利益，商業銀行通過財富管理服務開展境外理財業務不得投資於商品類衍生品。在國有資產監督管理委員會的許可下，央企可以開展離岸衍生品業務
（20）居民境外出售或發行		無變化
5.對商業信貸的管制		
（21）居民向非居民提供	在一定條件下允許居民為非居民擴大貿易信貸(包括延遲收款及預付款)。相關資料必須在國家外匯管理局備案	左欄的內容沒有出現
（22）非居民向居民提供	在一定條件下允許居民為非居民擴大貿易信貸(包括延遲收款及預付款)。相關資料必須在國家外匯管理局備案	左欄的內容沒有出現
6.對金融信貸的管制		
（23）居民向非居民提供	銀行類金融機構可在其經營範圍內和滿足銀行監管機構的相關指令的前提下提供國外貸款	左欄的內容沒有出現
（24）非居民向居民提供		2013年，國家外匯管理局批准的短期外債總配額是373億美元。具體的事務不需要進一步檢查或批准。所有外部借款必須在國家外匯管理局登記
7.對擔保、保證和備用融資便利的管制		

續前表

資本交易專案	2012年	2013年相對2012年的變化
（25）居民向非居民提供		無變化
（26）非居民向居民提供		無變化
8.對直接投資的管制		
（27）對外直接投資	對外直接投資的外匯資金來源需要進行外匯登記，對外直接投資資金的匯出不需要審批	對外直接投資項目分為：(1)鼓勵，(2)允許，(3)禁止。對外直接投資的外匯資金來源需要進行外匯登記，對外直接投資資金的匯出不需要審批，但需要登記
（28）對內直接投資		四級分類制度影響對內直接投資：(1)鼓勵，(2)一般允許，(3)限制，(4)禁止
9.（29）對直接投資清盤的管制		取得的上市公司A股股份三年內不得轉讓
10.對不動產交易的管制		
（30）居民在境外購買	國外和國內的房地產投資類型的帳面價值不能超過保險公司總資產的20%	自2014年2月19日起，國外和國內的房地產投資類型的帳面價值不能超過保險公司總資產的30%。總的帳面價值不包括保險公司自己使用的資金，其帳面價值的差額不能超過淨資產總額的50%
（31）非居民在境內購買		無變化
（32）非居民在境內出售		無變化
11.對個人資本流動的管制		
貸款		
（33）居民向非居民提供		無變化
（34）非居民向居民提供		無變化
禮品、捐贈、遺贈和遺產		

續前表

資本交易專案	2012年	2013年相對2012年的變化
（35）居民向非居民提供		無變化
（36）非居民向居民提供		無變化
（37）外國移民境內的債務結算	—	—
資產的轉移		
（38）移民向國外的轉移		無變化
（39）移民向國內的轉移		無變化
（40）博彩和中獎收入的轉移		無變化

資料來源：2013年和2014年《匯兌安排與匯兌限制年報》，IMF。

第三章

絲綢之路：從歷史到未來

3.1 古代絲綢之路——從陸路到海路的發展軌跡

3.1.1 寶貴的世界遺產

　　絲綢之路這一專用名詞，最早是於19世紀70年代由德國地理學家、地質學家李希霍芬在《中國》（第1卷）中提出的。他將漢代中國和中亞南部、西部以及印度之間，進而通往希臘、羅馬的，以絲綢貿易為主的陸上交通線路，稱作「絲綢之路」。2014年6月22日，由中國、哈薩克和吉爾吉斯聯合申報的絲綢之路，被正式列入《世界遺產名錄》。世界遺產委員會認為，絲綢之路是東西方之間融合、交流和對話之路，它將人類文明史上最重要的四種文化體系希臘文化、伊斯蘭文化、印度文化、中國文化交融在一起，近兩千年來為人類的共同繁榮作出了重要的貢獻。中國的四大發明，通過這條絲綢之路傳播到西方，對西方的文藝復興、航海時代產生了重要的積極影響。

　　絲綢之路在中國歷史上首先被開闢並暢通往來是在中國西漢年間，後興盛於隋唐，衰落於明清。在不同時期，由於中原政局動盪、邊疆民族遷徙等因素的影響，絲綢之路出現了不同的線路。以長安為起點，經河西走廊，越過帕米爾高原，經過中亞、西亞地區直到地中海沿岸的歐洲地區的貿易通道被稱為「西北絲綢之路」；從四川出發，經過雲南、緬甸直至印度的商道被稱為「西

南絲綢之路」，西北、西南絲綢之路被統稱為「陸上絲綢之路」；從我國的東北、華北起到蒙古高原，再穿過西伯利亞森林地帶的大草原最後到咸海、裡海一帶，橫貫歐亞大陸草原地帶的東西交通線被稱為「草原絲綢之路」；從陸上西南絲綢之路以南的一段開始，經過我國的泉州、廣州等沿海港口出海，到東南亞、斯里蘭卡、印度，再通到波斯灣、紅海地區的通道被稱為「海上絲綢之路」。

3.1.2 絲綢之路的形成

中國是世界上最早掌握絲織技術的國家，是絲綢的故鄉。據古書《穆天子傳》記載，最早將絲綢作為國禮出訪各國的是西元前10世紀西周的周穆王。從陝西西安出發，向西長途跋涉，到達了今天的吉爾吉斯，將包括絲織品在內的禮品餽贈給沿途國家的主人。西元前5世紀前後，春秋戰國時期的秦國，通過大月氏、塞人、羌人等遊牧民族，已將絲織品販運到歐洲的古希臘王國，開闢了中原經由草原地區通往西域的貿易之路。秦統一六國後，結束了春秋戰國以來長期分裂割據的局面，恢復生產，統一度量衡，暢通商路，使得秦朝的商業貿易遠至西域、中亞一帶。然而，真正成規模、暢通的絲綢之路，是在漢代形成的。當時，中國境內形成了三條絲綢之路，即西北陸上絲綢之路，西南陸上絲綢之路，東北、東南的海上絲綢之路。

1.西北陸上絲綢之路

西漢時期，漢高祖劉邦首創中國歷史上和親政策的先河，將皇室女兒嫁於匈奴冒頓單于，「漢與匈奴約為兄弟」，雙方「通關市」。漢朝的目的是為了避免戰爭，發展經濟貿易關係，使雙方人民都能得到實惠。西域各國也主動和漢通商，絲綢貿易十分繁忙。漢武帝時期，占據河西地區的匈奴從地勢上對漢王朝尤其是京都長安構成嚴重威脅。漢武帝三次出征大破匈奴，歷時32年。通過在河套地區移民屯田，把中原和天山以南的老農業區以及中亞、西亞的農業區連接起來，廣設驛站等配套設施，為往來貿易的商賈提供了方便的食宿條件，也為貿易提供了補充的物資，拓寬了絲綢之路。

西元前138年，漢武帝派張騫出使西域，希望聯合月氏共同抗擊匈奴。張騫沒有聯盟成功，但熟悉了西域諸國的自然環境、風土人情、社會經濟、政治制度和交通路線，為中原提供了解西域各族的豐富資料。西元前119年，張騫再次出使西域，聯絡烏孫攻擊匈奴。因烏孫內亂，無意東歸，結盟目的又沒達到，但張騫的隨從副使分別到中亞的大宛、康居、大月氏、大夏等國訪問，擴大了漢朝的政治影響。漢朝還在敦煌到鹽澤（今羅布泊）之間設立了交通亭站，並在輪台和渠犁等處屯田，設置使者校尉，保護漢與西域諸國之間的交通要道。

漢朝通西域後，西域大批使者和商人來內地通商。歷史記載，當時去西域的南北兩道上，已有不少西域商人，西域各國派出的政治使者也是兼營商業的商人。樓蘭是中國絲織品轉運和銷售的市場，從樓蘭經天山南道傳入中亞乃至歐洲。中原輸出的有絲織品、漆器、銅器、玉器和裝飾品等，絲綢是主要商品。由於廣泛的影響，西域人民自己也開始從事絲綢買賣，經過輾轉交換，遠銷至中亞乃至歐洲。西域各地的農作物種子、蔬菜、瓜果以及皮、毯、毛織品等生活用品和夜光璧、明月珠等奢侈品也相繼傳入中原，還有音樂、舞蹈、樂器等。

2.西南陸上絲綢之路

西元前4世紀漢代開闢了「蜀——身毒道」，蜀指代四川，身毒指代古印度。西南絲綢之路從四川出發，經過雲南、緬甸至印度，通常被稱為滇西「西南絲綢之路」。它比西北絲綢之路早兩百多年，也曾對世界文明作出過偉大的貢獻。「古西南絲綢之路」的川滇段有兩條：一條走「古犛牛道（零關道）」，從成都出發，經雅安、西昌到達會理以後，折向西南渡金沙江至雲南大理。另一條是從成都出發，經宜賓後沿秦代開鑿的「五尺道」南行，折入橫江河谷至雲南昆明、大理。兩條路在大理回合後，經騰沖到達緬甸境內的八莫，從八莫出發分水陸兩路到印度，進而從印度通往中亞、歐洲。

西南絲綢之路之所以成為一條郡縣相連、驛站相接的國際商路，與漢朝的苦心經營密不可分。漢武帝聽到張騫從西域歸來的彙報後，於西元前105年從

內地廣征士卒壯丁到滇西大規模地開鑿從洱海西去的「博南道」，花費了巨大的人力物力才築成這段官道驛站，使西南絲綢之路進入繁榮的極盛時代，成為中印兩個文明古國最早的聯繫紐帶。通過「古西南絲綢之路」，中國的絲綢、蜀布、筇竹杖、工藝品、鐵器等源源不斷地輸出，輸入國外的琉璃、寶石、翡翠、光珠等。

3.海上絲綢之路

絲綢之路開闢後，中國絲綢遠銷至大秦（即羅馬帝國），但要經過亞洲西部古國安息（今伊朗高原和兩河流域）的商人轉銷。羅馬人希望找到抵達中國的海上通道。為此，漢代在東北、東南沿海地區開闢了新的航線。漢代海船自廣東徐聞、廣西合浦往南，經南海、通過麻六甲海峽向印度洋航行，通向印度和斯里蘭卡。斯里蘭卡是這條海上貿易之路的重要中轉站。中國在此處可購得珍珠、碧琉璃、奇石異物等西域產品，中國的絲綢、瓷器、漆器等產品則在此轉運到羅馬，從而開闢了海上絲綢之路。

絲綢在當時成為羅馬帝國上層社會競相追求的奢侈品，絲織品的價格暴漲。在奧理略時代（西元270—275年），一磅絲綢價值一磅黃金。由於大量購買中國的絲綢，羅馬貴金屬貨幣不斷流出，曾造成嚴重的國庫虛竭。西元1世紀的羅馬作家普林尼估計，當時每年約有價值相當於今天2 000萬美元的黃金從羅馬帝國的國庫支出，以平衡對東方貿易的逆差。其中須付給印度每年5 000萬個古羅馬小金幣（折合1870年的1.05億金法郎），付給中國的羅馬金幣約3 500萬至1億個。

值得一提的是，隨著中西貿易的發展，漢朝中央政府統一的貨幣也大量流行於西域。半兩錢是新疆發現的最早的漢幣；和田發現的「漢佉二體錢」是種無孔、無周廓的圓形錢幣，有大小兩種，正面用篆體漢文標明幣重，反面中心作馬形和駱駝形圖案，周圍環以佉盧文，為于闐王姓名、年號。佉盧文是當時于闐一帶兄弟民族使用的文字。而幣面兼用漢文，說明當時於闐人民與漢族人民在經濟上的聯繫相當緊密。

3.1.3 絲綢之路的興衰簡史

絲綢之路形成於漢，發展與繁榮於西元6世紀隋唐時期，衰落於清朝。

1.隋朝首創萬國博覽會

大業四年（西元608年），隋煬帝接受了尚書左丞裴矩的建議，派軍擊破吐谷渾，開拓疆域，範圍東起青海湖東岸，西至塔里木盆地，北起庫魯克塔格山脈，南至崑崙山脈，並實行郡縣制度管理。這是以往各朝從未設置過正式行政區的地方，捍衛了絲綢之路的通暢，客觀上順應了漢、吐人民長期交往融合的歷史趨勢，並為中西經濟文化交流創造了有利條件。裴矩曾撰寫《西域圖記》三卷，序言中詳細記載了從敦煌到地中海東岸的三條道路，其中的中路和南路，即為自漢以來所稱的「絲綢之路」；而北路[1]則是在魏晉南北朝、隋朝時興起的新路，客觀上反映了我國與西域國家貿易與經濟交流的持續發展。大業五年（西元609年），隋煬帝親自率40萬大軍西巡，從京都長安出發到甘肅隴西，西上青海，橫穿祁連山，到達河西走廊的張掖郡。西域27國君主與使臣分別前來朝見隋煬帝，表示臣服；各國商人也紛紛雲集張掖，進行貿易。隋煬帝親自打通並鞏固絲綢之路，在絲綢之路歷史上留下佳話。隨後，隋朝還在古絲綢之路舉行了史無前例的萬國博覽會，極大地促進了中國與西域國家的相互貿易。

2.唐代陸海絲綢之路大發展

唐政府對絲綢之路的交通高度重視。唐宰相賈耽所記通往周邊少數民族地區和域外的主要道路共計七條。唐貞觀十四年（西元640年），由於高昌國阻斷了西域的通路，唐太宗派軍大敗高昌軍隊，在高昌設置了西州府和安西都護府。將焉耆、龜茲、疏勒、于闐等二十幾國置於安西都護府的管轄之下。武則天時代，在當時的庭州設立了北庭都護府，以北庭都護府統治天山北路，以安西都護府統治天山南路。通過設立地方政府，加強軍事保衛，使得絲綢之路保

1　也稱天山北路，由伊吾（今哈密）經蒲類海（今巴里坤湖）、鐵勒等部而至拂菻國（今敘利亞）。

持暢通。此外，唐政府發展絲綢之路的一個重要舉措是，強化漢朝建立的驛傳制度[1]，開闢更多的交通路線。驛傳制度不僅在中原內地十分發達，而且在邊疆、少數民族地區，尤其是絲綢之路上也十分完備。唐高宗顯慶二年，大將蘇定方擊敗西突厥沙缽羅可汗後，首先做的事就是「通道路、置郵驛」（《資治通鑑》卷200）。

唐朝的中國是當時全球最大的經濟體。繁榮發達的社會經濟為絲綢之路的貿易繁榮奠定了基礎。通過絲綢之路，中國向中亞、西亞和歐洲傳播了東方文明，彰顯了自中古以來中國在國際貿易中的主要地位。當時在中國經商的西域商人特別多，唐天寶年間留居長安的胡客超過4 000人，在長安西市專門開設了胡市，交易西域貨物。

唐朝中期（8世紀），大唐帝國爆發了「安史之亂」，迫使唐王朝的勢力退出西域地區，陸上絲綢之路中斷。隨著國內經濟中心由北方轉向南方，絲綢之路也由陸路為主轉向海路為主。唐代海上絲綢之路有兩條：一條是自登州（山東蓬萊）海行至高麗的渤海道；另一條是自廣州通海夷道，即從廣州出航，經越南、馬來半島、蘇門答臘等地，以至印度、錫蘭，再至阿拉伯。海上絲綢之路逐漸成為中外貿易、宗教、文化交流的重要途徑。

唐代絲綢之路的繁榮，還有一個不容忽視的外部原因。阿拉伯帝國的興起及其採取的促進對中國的貿易的措施，成為唐代絲綢之路繁榮的一大推手。西元750年，阿巴斯王朝建都巴格達，大食帝國已將它的領土擴展到整個阿拉伯半島，並控制了紅海、波斯灣到印度、中國的海上商路和橫貫亞洲大陸從中國到君士坦丁堡的絲綢之路。大食國與中國在政治、經濟、文化領域彼此都進行交流，在巴格達甚至開闢了轉賣中國貨的市場。大食帝國的一批重要工商業

1　中國古代由政府設置，供使臣出巡、官吏往來和傳遞詔令、文書等使用的交通組織系統被稱為驛傳。驛傳制度大約始於春秋戰國時期（西元前770—前221年），秦時，已有廄置、承傳、副車、食廚等驛傳機構。漢代時，以車傳送稱為「傳」，以馬傳送稱為「驛」，以步遞送稱為「郵」。漢代還在主要交通要道上設驛，通常每隔三十裡設一驛，為過往人夫馬匹提供食宿草料，類似於今天高速公路邊的服務區。一般道路沿線設亭和郵，亦可食宿。通常十里一亭，五里一郵。驛、亭、郵層層分級，可將文書詔令迅速送達任何地方。

城市的製造業和商業的繁榮在很大程度上依賴於與中國的貿易，比如巴格達的造紙業、絲織業和陶瓷製造業，無論原料、工藝還是工匠都來自中國。因此，大食帝國高度重視與中國的貿易，沿絲綢之路經營大商路，發展出一套嚴密的道路系統，以適應商業的需要。大商路以巴格達為起點，穿過伊朗高原，經布哈拉、撒馬爾罕到中國西域南道的商業中心喀什葛爾（古代疏勒），從河西走廊抵達黃河流域。此外，大商路還從巴格達向東南延伸至巴士拉，連接霍爾木茲、波斯灣，向南到紅海沿岸的西拉夫，使阿拉伯商人能夠由此進入印度洋、孟加拉灣，再到中國南方沿海的廣州、杭州、泉州和揚州，將海上絲綢之路和大陸絲綢之路連接起來。

3.海上絲綢之路成為主流

宋代，中亞和西域地區的政治格局發生了變化，北方頻繁發生戰亂，經濟重心南移，絲綢之路貿易逐步退化為中國與周邊少數民族的邊境互市貿易。隨著造船、航海技術的發展，安全、運載量大的海上貿易空前繁榮。貿易路線多達數十條，海上絲綢之路迅速取代陸路成為中國與外國經濟貿易交往的主要管道。宋代的海路對外貿易夥伴有日本、高麗、真臘（柬埔寨）、占城（越南中南部）、麻逸（菲律賓）、渤泥（加里曼丹島）、三佛齊（蘇門答臘）、天竺（印度）、細蘭（斯里蘭卡）、羅斛（泰國）、大食（阿拉伯半島）等五十餘個國家和地區，貿易品主要是傳統的絲綢製品與適合海路大批量運載的瓷器。

4.大一統時期的鼎盛

蒙元時期，中西貿易往來和文化交流空前活躍。成吉思汗及其子孫的騎兵，沿著草原絲綢之路橫掃歐亞大陸，建立起窩闊台、察合台、欽察、伊兒四大汗國和元朝，把歐亞大陸連成一體，並在大蒙古帝國疆域內形成了四通八達的龐大的驛站系統。蒙元時期，不僅把草原絲綢之路的南道和北道聯繫起來，也把河西走廊的絲綢之路，以及四川、雲貴通向南亞的道路，還有中國東南沿海與波斯灣、地中海及非洲東海岸的海洋絲綢之路聯繫起來，東西方的經濟文化交流特別是絲綢貿易進入了最為繁榮發展的階段。

絲綢之路貿易的範圍空前擴大，無須任何貿易中轉站，元朝與歐洲南部的

義大利、北部的俄羅斯、馬箚兒（匈牙利）以及非洲都有直接和經常的經濟往來，建立了大一統的市場網路體系。除了傳統的絲綢商品外，元代還出現一些新的紡織品種、生絲、瓷器、大黃的出口。元代廣泛使用「中統寶鈔」、「至元寶鈔」等紙幣，這些紙幣無論功能還是制度都已經超過了唐宋的水準。元代對境外分封諸王賞賜、中亞及歐洲商隊貿易和進貢都用紙幣支付。馬可波羅詳細記述了紙幣的製造發行、種類、管理、回收等幾乎全過程。雖然紙幣僅限在元朝境內使用，但對中西方貿易仍產生了重要影響。元代以後，印度和伊兒汗國都曾模仿中國發行紙幣。

5.陸上絲綢之路的衰落

由於世界經濟格局的變化、路途的艱難與中亞的動亂，明代陸上絲綢之路不再是中國對外貿易的通道，基本上成為一種外交性的禮儀聯繫手段。明永樂五年（1407年），帖木兒帝國中斷了和明王朝的商貿往來，為了防止蒙古人南侵，明代修築長城而且閉關自守，導致陸上絲綢之路衰落。

相反，海上絲綢之路在明代有了新的發展。1405—1433年的28年中，明成祖為了宣揚大明威德，派鄭和率領200多艘船，2萬多人，七次下西洋，到達東南亞、南亞、伊朗、阿拉伯等地，最遠到達非洲東海岸和紅海沿岸共30多個國家和地區，建立了友好關係，強化了經濟文化聯繫。鄭和的船隊帶去中國的絲綢和瓷器，載回一些中國所缺的香料、染料、寶石、象皮、珍奇異獸等等。

康熙二十九年（1690年）至三十五年（1696年），大清帝國打敗了西藏達賴五世和沙皇支持的噶爾丹，後來又消滅了阿睦爾撒納分裂勢力，安定了西域。乾隆皇帝把這片土地命名為「新疆」。此後，以中原經濟實力作後盾，新疆對費爾干納、帕米爾、浩罕（今日的烏茲別克）、布哈拉汗國（今日的塔吉克斯坦）的邊境貿易幾乎持續繁榮了整整一個多世紀。這一時期，世界經濟進入工業革命和海洋時代，中國通過西北陸路與中西亞、南亞和歐洲的經濟文化聯繫，已經極其脆弱和狹窄。19世紀中葉沙俄吞併中亞3國，在我國西北邊疆推行侵略擴張政策後，導致西北邊疆貿易徹底結束。中國陸上絲綢之路這條東西方文明交流的歷史運河就這樣無聲無息地枯竭了。

西方列強卻沿著海上絲綢之路登陸中國沿海城市，發動了鴉片戰爭，侵略和掠奪中國，使中國逐漸淪為半殖民地半封建社會。從此，在這條海路上，西方國家廉價的工業產品大量輸入中國，中國的商業、手工業、原材料生產業被迫納入資本主義經濟範疇。西方的現代工業、教育、文化也對中國社會產生了巨大影響，湧現出洋務運動、辛亥革命，推動中國結束封建社會，開始了救亡圖存、民族復興的艱難探索。

3.1.4 「一帶一路」——絲綢之路的復興

1.歐盟的新「絲綢之路」

1988年，聯合國教科文組織宣佈啟動為期十年的「綜合研究絲綢之路——對話之路」專案，成為最早推動並實施復興「絲綢之路」計畫的國際組織。1994 年，聯合國大會通過了一份由歐盟提出的名為《沒有出海口的中亞新獨立的發展中國家及其鄰國的過境運輸體系：現狀和未來行動方案》的檔，旨在幫助中亞和南高加索的新獨立國家獲得除過境俄羅斯領土之外的更多的出海口，以加速其融入國際社會的步伐。這份檔提出的歐洲—高加索—亞洲交通走廊（簡稱TRACECA）被稱為新「絲綢之路」，即通過鐵路、公路和管道等現代交通設施連接的，橫貫亞洲抵達歐洲、北非的陸上貿易通道。新「絲綢之路」經濟帶，東邊牽著亞太經濟圈，西邊系著發達的歐洲經濟圈，被認為是「世界上最長、最具有發展潛力的經濟大走廊」。

中亞國家積極利用TRACECA 項目資金、國外投資和貸款改造與修建鐵路、公路及管道，改造裡海港口，期望借助於構築新「絲綢之路」來恢復中亞在歷史上曾經扮演的東西方紐帶的角色，以此促進經濟發展與繁榮。例如，2001年哈薩克建成田吉茲——新羅西斯克石油管道，為哈薩克過境俄羅斯出口石油增加了一條重要的管道。烏茲別克實現了北部、中部和南部地區鐵路在本國領土上的連接，基本上建立起本國統一的鐵路系統。1996 年土庫曼和伊朗開通捷詹——謝拉赫斯——馬斯哈德鐵路，使中亞五國獲得了經過伊朗抵達波斯灣的出海口。1998 年吉爾吉斯還正式提出「絲綢之路外交」學說。該學說

主張吉爾吉斯以參與TRACECA 項目為契機，致力於發展與「絲綢之路」地區國家的交通、經貿和人文合作，以期發揮東西方、南北方國家之間真正的友誼與合作橋樑的作用。

2.中國宣導「一帶一路」建設

中國自古以來是絲綢之路上最重要的國家，面對歐洲提出的新「絲綢之路」計畫，2013年9月7日，中國國家主席習近平在哈薩克納札爾巴耶夫大學作重要演講，首次提出，為了使歐亞各國經濟聯繫更加緊密、相互合作更加深入、發展空間更加廣闊，可以用創新的合作模式，共同建設「絲綢之路經濟帶」的戰略構想。同年10 月3日，習近平主席在印尼國會發表《攜手建設中國—東盟命運共同體》演講，殷切建議東盟國家同中國加強海上合作，使用好中國政府設立的中國—東盟海上合作基金，發展好海洋合作夥伴關係，共同建設21 世紀「海上絲綢之路」，勾畫出了「一帶一路」概念的雛形。隨後，習近平主席和李克強總理分別出訪吉爾吉斯、塔吉克斯坦、馬爾地夫、斯里蘭卡和印度等「一帶一路」沿線主要國家，闡釋這一長遠構想的戰略內涵和重要意義，尋求共識。從此，中國宣導的「一帶一路」建設成為國際社會廣泛關注的重要話題。

表3—1給出了2014年習近平、李克強出訪各國謀求共識的談話內容。

表3—1 2014年習近平、李克強出訪各國謀求共識的談話內容

時間	地點	講話內容
2月	俄羅斯	歡迎俄羅斯參與「一帶一路」建設
3月	德國	中德位於絲綢之路經濟帶兩端，是亞歐兩大經濟體和增長極，也是渝新歐鐵路的起點和終點。兩國應該加強合作，推進絲綢之路經濟帶建設
4月	比利時	積極探討中歐合作和絲綢之路經濟帶建設的有機結合
6月	阿盟	「一帶一路」宣導互利共贏，將帶動各國經濟更加緊密地結合，推動基礎設施建設和體制機制創新，創造新的經濟和就業增長點，增強各國經濟內生動力和抗風險能力

續前表

時間	地點	講話內容
8月	蒙古	加強兩國在聯合國、上海合作組織、亞信會議的合作，共同推進「絲綢之路經濟帶」和亞洲基礎設施投資銀行的建設
9月	塔吉克斯坦	雙方要以共建絲綢之路經濟帶為契機，加強油氣、電力、經貿、交通基礎設施建設等領域的合作
9月	馬爾地夫	馬爾地夫地處印度洋要道，是海上絲綢之路的重要驛站
9月	斯里蘭卡	斯里蘭卡要建設海事、航空、商業、能源、知識五大中心，同中國建設 21世紀海上絲綢之路的倡議不謀而合。雙方要化心願為動力，加強海洋、經貿、基礎設施建設、防務、旅遊等領域的交流合作
9月	印度	「中國能量」和「印度智慧」將釋放出巨大潛能。雙方要共同推動孟中印緬經濟走廊建設，探討「一帶一路」倡議，引領亞洲經濟可持續增長

　　「一帶」（即指絲綢之路經濟帶）以中國西安為起點，向西經甘肅和新疆，過哈薩克、烏茲別克、土庫曼、伊朗、伊拉克、敘利亞、土耳其，經黑海進入保加利亞、羅馬尼亞、匈牙利、斯洛伐克、捷克，最終到達西歐各國。

　　「一路」（即指海上絲綢之路）從我國東南沿海出發，經越南、新加坡、馬來西亞、印尼等東南亞國家，穿越麻六甲海峽進入印度洋，通過印度到達非洲，經肯亞、索馬里、葉門進入紅海，途經沙烏地、蘇丹、埃及，由蘇伊士運河進入地中海，與西歐各國相連。

　　除上述狹義沿線外，「一帶一路」還輻射到周邊的多個地區（見圖3—1）。包括中國在內，一帶一路沿線共有60多個國家和地區，將構建起世界上跨度最長與最具發展潛力的經濟走廊。它覆蓋44億人口，GDP規模達21萬億美元，分別占世界的63％與29％，貨物和服務出口占全球的24％。這些國家與中國的經貿合作密切，雙邊貿易額超過1萬億美元，占中國外貿總額的四分之一；近10年中國與相關國家的貿易額年均增長19％，是中國對外經貿發展的一大動力。

圖3—1 古今「絲綢之路」對比

「一帶一路」建設與古絲綢之路一脈相承，立足於構建跨國經濟合作的新模式。「一帶一路」建設不是僅僅局限於沿線國家之間的商品和服務貿易，而是涉及要素流動、制度建設、人文交流的深層次、全方位的互聯互通，目標是打造中國與周邊國家的「利益共同體」和「命運共同體」。

與歐盟提出的新「絲綢之路」計畫最大的不同在於，中國宣導的「一帶一路」建設特別強調繼承和弘揚古代絲綢之路留下的精神遺產。和平、包容、合作、互利是絲綢之路遺產的精髓。秉承這一絲綢之路精神，中方強調在「一帶一路」建設中堅持「四要原則」，即中國與周邊國家要堅持世代友好，做和諧和睦的好鄰居；要堅定相互支持，做真誠互信的好朋友；要大力加強務實合作，做互利共贏的好夥伴；要以更寬的胸襟、更廣的視野拓展區域合作，共創新的輝煌。

3.2 「一帶一路」的戰略價值

2015年3月28日，在博鰲亞洲論壇上，國家發改委、外交部、商務部聯合發佈《推動共建絲綢之路經濟帶和21世紀海上絲綢之路的願景與行動》。至此，2013年9月和10月習近平主席分別提出的建設「絲綢之路經濟帶」和「21世紀海上絲綢之路」的戰略構想正式落地，成為中國統籌國內、國際兩個大局的國家戰略。「一帶一路」從漢唐歷史輝煌中提煉絲綢之路精神，立足未來幾個十年中國經濟的長遠發展，指導中國的對外周邊戰略及對內開放戰略，具有鮮明的戰略特徵。

3.2.1 「一帶一路」的戰略特徵

1.關係中國未來命運的國家戰略

「一帶一路」是以千年絲綢之路精神為統領，立足未來幾個十年中國發展的中長期戰略設想。2015年公佈的《推動共建絲綢之路經濟帶和21世紀海上絲綢之路的願景與行動》分為8個部分，包括時代背景、共建原則、框架思路、合作重點、合作機制、中國各地方開放態勢、中國積極行動，以及共創美好未來。其主旨是在以和平、發展、合作、共贏為主題的新時代，面對復甦乏力的全球經濟形勢、紛繁複雜的國際和地區局面，傳承和弘揚絲綢之路精神。《推動共建絲綢之路經濟帶和21世紀海上絲綢之路的願景與行動》深入探討了政策溝通、設施聯通、貿易暢通、資金融通、民心相通等五個方面的戰略要點，標誌著新一輪對外開放的國家戰略的主體框架已經搭建完成。

「一帶一路」戰略起源於千百年前漢唐歷史輝煌所鑄就的絲綢之路精神，具有深厚的歷史根基，承擔著「和平合作、開放包容、互學互鑒、互利共贏」的絲綢之路精神薪火相傳的重要歷史使命，將統領中國未來幾個十年的全方面對外開放的戰略進程。

2.統籌國內外兩個市場的區域性發展戰略

「一帶一路」是統籌國內與國際兩個市場、從構築周邊外交格局出發的重大區域性發展戰略。實質上，它是關係中國對外戰略及對內開放的整體戰略。從國際層面看，「一帶一路」著眼於國際市場，規劃區域合作的全域。「一帶」沿線以「中國—中亞—西亞」經濟走廊、新亞歐大陸橋經濟走廊、中蒙俄經濟走廊為依託，構築亞歐合作和南南合作的新框架，力爭實現區域經濟與外交戰略的有機結合。

3.頂層設計與務實操作有機結合的戰略

《推動共建絲綢之路經濟帶和21世紀海上絲綢之路的願景與行動》發佈前後，國家發改委、外交部、商務部等職能部門以19個相關研究課題為基礎，召開了數十次論壇研討會，與各部委及相關省市區和沿線國家進行了密切的溝通，聯合起草了《推動共建絲綢之路經濟帶和21世紀海上絲綢之路的願景與行動》以及具有相對可操作性的方案，對「一帶一路」進行頂層設計和總體佈局，同時確定今後幾年時間表、路線圖，以實現頂層設計與務實操作的結合。

當然，「一帶一路」戰略強調注重實際，已經開始取得早期收穫。目前，以交通、電力、通信等基礎設施和有利於沿線國家民生改善的專案為重點，開展了一些關鍵的標誌性工程，緊接著是資源能源的開發利用，隨後則是全方位貿易服務往來，由此帶來多產業鏈、多行業的投資機會。

3.2.2 「一帶一路」的戰略內涵

在2013年10月召開的APEC會議上，習主席將「互聯互通」概括為四個方面：構建覆蓋太平洋兩岸的亞太互聯互通格局；打通制約互聯互通建設的瓶頸；在區域和國際合作框架內推進互聯互通和基礎設施建設；用互聯互通促進亞太地區人民在各領域建立更密切的聯繫。2014年11月，習主席進一步定義了「互聯互通」的內涵：「基礎設施、制度規章、人員交流三位一體；是政策溝通、設施聯通、貿易暢通、資金融通、民心相通五大領域齊頭並進；是全方位、立體化、網路狀的大聯通；是生機勃勃、群策群力的開放系統」。

1.「五通」核心戰略的內涵

政策溝通：將加強政策溝通作為「一帶一路」建設的重要保障。加強政府間合作，積極構建多層次政府間宏觀政策溝通交流機制，深化利益融合，促進政治互信，達成合作新共識。

設施聯通是「一帶一路」建設的優先領域，要強化基礎設施綠色低碳化建設和運營管理；推進建立統一的全程運輸協調機制；推動口岸基礎設施建設；以及拓展建立民航全面合作的平臺和機制，加快提升航空基礎設施水準。另外，要加強能源基礎設施互聯互通合作，加快推進雙邊跨境光纜等建設，規劃建設洲際海底光纜專案，完善空中（衛星）資訊通道，擴大資訊交流與合作。

貿易暢通：投資貿易合作是「一帶一路」建設的重點內容，著力研究解決投資貿易便利化問題，消除投資和貿易壁壘，積極同沿線國家及地區共同商建自由貿易區。

資金融通：擴大沿線國家雙邊本幣互換、結算的範圍和規模。推動亞洲債券市場的開放和發展。共同推進亞洲基礎設施投資銀行、金磚國家開發銀行的籌建，有關各方就建立上海合作組織融資機構開展磋商。加快絲綢之路基金組建運營。深化中國—東盟銀行聯合體、上海合作組織銀行聯合體務實合作，以銀團貸款、銀行授信等方式開展多邊金融合作。支援沿線國家政府和信用等級較高的企業以及金融機構在中國境內發行人民幣債券。符合條件的中國境內金融機構和企業可以在境外發行人民幣債券和外幣債券，鼓勵在沿線國家使用所籌資金。充分發揮絲綢之路基金以及各國主權基金的作用，引導商業性股權投資基金和社會資金共同參與「一帶一路」重點項目建設。

民心相通是動力源泉。民心相通需要加強人文交流和民間交往。打造牢固的民意基礎和社會基礎，是建設「一帶一路」、推進經濟合作的關鍵一環。通過共建「一帶一路」促進沿線各國共同發展，為沿線人民增加福祉，加強人民友好往來，增進相互了解和傳統友誼，才能實現民心相通，並將絲綢之路經濟帶建設推向更新的高度。目前，民心相通在沿線國家表現出較大的差異性，在一些國家的推進速度明顯低於其他「四通」，需要付出更大的努力。

2.亞洲先行的目標取向

「一帶一路」建設是一項需要幾代人不懈努力才能實現的宏大工程。至少在未來五年的第一階段中，要重點抓五個方面的內容：以亞洲國家為重點方向，率先實現亞洲互聯互通；以經濟走廊為依託，建立亞洲互聯互通的基本框架；以交通基礎設施為突破，實現亞洲互聯互通的早期收穫；以建設融資平臺為抓手，打破亞洲互聯互通的瓶頸，中國將出資400億美元成立開放的絲綢之路基金；以人文交流為紐帶，夯實亞洲互聯互通的社會根基。

3.2.3 「一帶一路」戰略的經濟影響

「一帶一路」通過完善基礎設施建設以及經貿投資制度便利化，與相關國家實現政策溝通、設施聯通、貿易暢通、資金融通、民心相通，打造互利共贏的「利益共同體」和共同繁榮的「命運共同體」。作為推動中國全方位對外開放的重大戰略，「一帶一路」將對全球經濟格局及周邊區域經濟發展產生深遠影響。

「一帶一路」是適應中國經濟新常態的戰略抉擇。「一帶一路」戰略以交通基礎設施建設項目為早期收穫，在此基礎上推動資源和能源的開發利用，最終著眼於全方位貿易服務往來，由此帶來多個產業鏈、眾多行業的投資機會，並從出口、對外投資、資本輸出等方面影響中國經濟運行。2015年，「一帶一路」戰略將全面鋪開，具有可操作性的規劃即將出臺。從中短期看，該戰略將在中國經濟結構調整、金融市場發展及人民幣國際化等方面產生積極效應。

1.促進中國經濟區域結構調整

「一帶一路」中的「一帶」包括陝西、甘肅、青海、寧夏、新疆西北五省，重慶、四川、雲南、廣西西南四省。「一路」包括泉州、廣州、寧波三個主港和其他支線港，連接廣東、福建、浙江、雲南、廣西、 海南六省。顯然，中國中西部地區是「一帶一路」戰略的區域增長主動力，應獲得相應的項目傾斜和資源投入。中西部省份在「絲綢之路經濟帶」中的重要地理位置促使其由國際物流通道中的末梢向重要節點移動，逐漸打造經濟發展的主體地位，

吸引更多物流、人流、資金以及產業，推動其經濟加快發展。過去6年，中部、西部地區的經濟增速已連續快於東部，2014年投資增長比東部高2.6和2.9個百分點，西部地區的快速發展將推動中國東部與中西部的經濟平衡。顯然，「一帶一路」將產生積極的區域協同效應，推動沿線省區的全面開放，由此可以打破原來點狀、塊狀對外開放的模式，改變區域發展的版圖結構，強化地區間的互聯互通與產業轉移。

2.加快產業結構優化升級

「一帶」依託國際大通道，以重點經貿產業園區為合作平臺，共同打造中巴經濟走廊、孟中印緬經濟走廊、新亞歐大陸橋、中蒙俄經濟走廊，同時，上海合作組織決定開闢從連雲港到聖彼德堡的亞歐交通運輸大通道，總里程近8 500公里。中國—哈薩克連雲港物流合作基地已經啟用，這是「絲綢之路經濟帶」的首個實體平臺。而「一路」依託重點港口城市，建設中緬印經濟走廊、泛北部灣沿海國際經濟走廊、中越經濟走廊、中新經濟走廊等西南國際經濟走廊，打造通暢、安全、高效的運輸大通道。「一帶一路」將以通路、通航、通商為突破口，加大中國產業結構調整力度，力推優勢產業發展。

通路涵蓋鐵路、高鐵、建材等行業。鐵路是「一帶一路」的關鍵和互聯互通的主體。根據估計，未來「一帶」沿線區域包括中俄高鐵等的鐵路線路總長在1萬公里左右，涉及總投資3 000億～5 000億元，將為中鐵、鐵建等公司增加可觀的營業收入。中國高鐵亦利用自身的成本優勢和技術優勢迎來了巨大發展契機。全球高鐵規劃超過4.3萬公里，在建高鐵超過2.8萬公里。僅東南亞市場軌交專案總投資規模就接近9 800億元。在亞洲基建發展基金、金磚四國發展基金等多種金融投資的支持下，需求可望逐漸釋放。

通航將為航海、航空相關行業提供較大發展空間。「一帶一路」的交匯點落定江蘇，全省已啟動對出海口連雲港的全面規劃，以產生港口、產業、城市的聯動效應。航空業需求旺盛，預計國家政策將令服務類、配套設備類、整機生產類公司先後受益。

通商將惠及能源、核電、化工、農業等領域。沿線基建工程帶動區域內能

源需求增長，而更多進口管道也能保證中國的能源安全。大陸橋輻射區域是全球主要能源和戰略資源供應基地，內部資源互補性強。資源大國通過與中國的油氣合作，能夠增加當地財稅收入和就業機會。

根據「一帶一路」沿線各國的自然資源稟賦和勞動力成本比較優勢，隨著國際運輸大通道的建設，高鐵、軌道交通在內陸國家的發展將彌補經濟地理上的不足，推動中國的一些勞動密集型產業和資本密集型產業向「一帶一路」周邊國家轉移。

3.為出口增長提供動能並加快出口模式創新

「一帶一路」輻射中國—中亞—西亞、中蒙俄等幾大經濟走廊，沿線國家貨物和服務出口占全球總量的23.9%，中國與沿線國家的互補性與合作潛力將為中國出口提供新的增長點。2014 年我國對東盟、非洲、俄羅斯、印度等國家的雙邊貿易增速明顯高於平均增速。中國連續五年成為東盟第一大交易夥伴，雙邊貿易額有望在2020年前達到一萬億美元。預計「一帶一路」沿線國家的出口占比在未來十年有望提升至三分之一。

「一帶一路」將推動以專案承包等形式輸出勞務及先進的裝備、技術、管理等，使其完成由低端製成品、消費品向高新技術的出口轉型，打造系統化的貿易產業鏈。周邊發展中國家具有不同的比較優勢，在交通、通信、農業、化工、紡織、能源、金融、科技等諸多領域開展經濟技術合作的空間廣闊。

4.推動中國對外投資及中國企業「走出去」

2014年中國外資流入1 280億美元，對外投資1 400億美元，首次超過日本成為亞洲最大的海外投資國和全球第三大外資提供國。但是中國的海外資產結構不合理，淨投資收益偏低，中國企業「走出去」仍停留在較初始階段，跨國公司尚未形成全球佈局，不利於中國的產業升級和優勢富餘產能的對外轉移。中國在擴大對外投資規模的同時，必須儘快完善投資結構。「一帶一路」將在改善對外投資結構方面發揮積極作用。

根據亞洲開發銀行的測算，2020 年前亞洲地區每年基建投資需求達7 300億美元。若中國在「一帶一路」沿線國家的投資占比從目前的13%提高至30%，

則未來十年總投資可能達1.6萬億美元。中國可以通過加大對外投資，幫助「一帶一路」沿線國家突破資金瓶頸，同時有效利用積累的外匯儲備，獲取更高的海外投資收益。

　　「一帶一路」戰略有助於推動中國企業「走出去」，促進企業改革。中國與「一帶一路」沿線國家相互投資的規模不大，有很大增長潛力；沿線國家人均收入及資源、產業結構與中國相似，有合作空間。國內企業可以利用相關優惠政策，積極開拓市場，引進技術，佈局資源，抓住發展機遇，積極部署「走出去」。近年來，一些能源企業及大量服務類、高新科技企業紛紛選擇「走出去」。民營企業對外直接投資流量的占比亦不斷增加，成為中國企業海外併購的生力軍。資本輸出過程中的風險控制非常重要，「走出去」企業需要有效規避財務、匯率等市場風險，應對文化差異、政策法律、勞工環境等非市場風險有所作為，不斷提升國際影響力。

專欄3－1

「一帶一路」開啟中國銀行業國際化新時代

　　2013年10月2日，中國國家主席習近平在雅加達同印尼總統蘇西洛舉行會談時表示，為促進本地區互聯互通建設和經濟一體化進程，中方倡議籌建亞洲基礎設施投資銀行（以下簡稱「亞投行」），向包括東盟國家在內的本地區發展中國家基礎設施建設提供資金支持。截至2015年3月31日，即亞投行創始成員的最後申請日，聯合國五大常任理事國中除美國外的其他4個，G20國家中的13個，全球GDP排名前10中的8個，均已申請加入亞投行。

　　作為我國新時期對外開放戰略的「主引擎」，「一帶一路」戰略將

通過投資和貿易雙輪驅動，對解決優勢富餘產能轉移問題、帶動產業和技術升級、優化經濟結構、推動區域協同發展、促進全球經濟穩定和繁榮均具有十分重大與深遠的意義。金融是現代經濟的核心。「一帶一路」的貿易與投資合作必然會以金融為載體，尤其是需要商業銀行的支援，同時也將為中國銀行業的國際化發展帶來歷史性機遇。

「一帶一路」戰略將開啟我國對外貿易和投資新格局，銀行相關跨境金融業務面臨廣闊的發展空間。隨著中國與沿線國家貿易和投資規模的不斷擴大，中國企業「走出去」的步伐進一步加快，層次和水準進一步提升，銀行將獲得深入拓展市場空間和發展客戶資源的良好機遇，在跨時、跨境、跨業等維度上的國際結算、貿易融資、現金管理、風險規避、擔保等業務上存在巨大發展機會。「一帶一路」沿線的很多國家基礎設施落後，市場不完善，我國基礎設施生產技術和設備先進、經驗豐富，將為工業化基礎比較弱的國家帶去工業化發展機遇，並滋生大量基建融資需求。儘管有亞洲基礎設施投資銀行、絲綢之路基金的支援，商業銀行提供的各類融資支援亦不可或缺。

人民幣國際化近年來成果顯著，環球銀行金融電信協會（SWIFT）的最新資料顯示，2014年12月人民幣已經上升為全球第五大常用支付貨幣。在「一帶一路」戰略推進實施過程中，中國對沿線國家將積極開展直接投資，以此帶動商品和勞務輸出，同時擴大人民幣資本輸出。這必將促進人民幣在全球資源配置、生產、銷售、定價、結算中的進一步使用，有力推動人民幣國際化。在此情況下，與人民幣相關的跨境金融服務需求將相應增加，中資銀行可以通過人民幣服務獲取大量離岸客戶，並帶動相關產品的創新。而且，很多沿線國家以能源類、礦產類、農產品等資源類產品的出口為主。這為國際大宗商品貿易領域引入人民幣計價提供了可能，也為中資銀行深度參與國際大宗商品交易創造了條件。

「走出去」企業離不開「走出去」金融機構的支持。受限於商業習慣不同和金融發展水準滯後，中資企業在沿線國家當地難以得到充分、

有效的金融支持。而目前中資銀行海外機構多集中在主要國際金融中心和發達國家或地區，在「一帶一路」沿線國家的佈局不多。中國與沿線國家即將迎來經貿合作大發展，將為中資銀行進一步完善海外佈局提供機會。中資銀行可以結合自身業務特點和客戶需要，以我國重點貿易和投資夥伴為優選目標，進一步完善機構設置，並積極加強與沿線國家的金融機構開展業務合作，互通有無，互利共贏。

當然，「一帶一路」涉及眾多境外國家，經營環境複雜，給中資銀行的經營帶來了新問題、新挑戰，特別是面臨的國別風險、金融監管風險應引起高度重視。「走出去」企業對複雜金融產品的需求，特別是對各種產品組合搭配服務的需求較為迫切，這也對中資銀行的產品和服務創新提出了更高的要求。有鑒於此，中國商業銀行在積極搶抓新機遇的同時，還應主動制定有針對性的策略，在海外機構設置、內部流程優化、產品服務創新等方面未雨綢繆，前瞻應對；並與亞投行、絲綢之路基金、政策性銀行開展合作，與各類保險機構開展合作，規避和化解潛在風險，確保經營安全。同時，建議監管當局在銀行在境外設立分支機構、擴大短期外債指標等方面予以支持，並將對外承包工程保函風險專項資金、出口優惠買方信貸等支持政策擴展至所有參與相關業務的商業銀行。

（交通銀行首席經濟學家　連平）

3.3　「一帶一路」與中國提供全球公共物品

3.3.1　亟須增加全球公共物品的供給

「公共物品」概念最早由美國經濟學家薩繆爾森提出，他闡述了一國之內的公共物品具有的外部性、非排他性和非競爭性。20 世紀60 年代後期，公

共物品概念被引入國際領域，產生了「全球公共物品」[1]。世界銀行對全球公共物品作如下定義：全球公共物品是指那些具有很強跨國界外部性的商品、資源、服務以及規章體制、政策體制，它們對發展和消除貧困非常重要，也只有通過發達國家與發展中國家的合作和集體行動才能充分供應此類物品。「全球公共物品」具有在整個世界都是非競爭性和非排他性的特點，通常被劃分為兩大類：（1）最終公共物品。它們是「結果」，如千年發展目標。（2）中間公共物品。它們是指那些為提供最終公共物品作出貢獻的物品，如為了防範傳染病跨境傳播從而降低跨境健康風險的國際健康規章。

經濟全球化的發展對全球公共物品產生了越來越大的需求。跨國人口流動、國際貿易和投資的規模不斷增長，對增加國際公共安全、國際法律制度、國際經濟秩序、國際公共基礎設施、動植物疾病防治等全球公共物品的供給提出了新的要求。然而，目前的全球公共物品存在供應總量嚴重不足、供應結構失衡問題，突出表現為發展中國家的全球公共物品供應極端不足，全球公共物品供應在區域分佈上嚴重不平衡，亟須增加全球公共物品的供給。值得一提的是，全球公共物品有好壞之分，壞的全球公共物品需要減少或消除其供給，例如伊波拉病毒、跨國毒品走私等等。導致全球公共物品供給不足的原因主要有以下三個：

第一，霸權國家減少了供給。全球公共物品的霸權穩定論認為，霸權國家出於自身意願和利益維持全球公共物品的供應，由於「搭便車」現象的普遍性，全球公共物品一直處於供應不足的狀態。一旦霸權國家實力衰落，或者在成本支出發生逆轉而獲益喪失殆盡的情況下，霸權國家就會從自身利益出發，削減公共物品的支出，減少或中斷全球公共物品的供應。第二次世界大戰以來，美國是首要的霸權國家，一直是全球公共物品的主要供給者，2008年全球金融危機在很大程度上是由美國主導的國際貨幣體系的內在缺陷造成的。此外，美國經濟復甦緩慢、美國政府的量化寬鬆政策、過度的債務

1　本書提到的全球公共物品與國際公共物品是可以交替混用的。有的學者將國際公共物品劃分為兩類：全球公共物品和區域（國際）公共物品。

支付也加劇了人們對美國霸權及其維持國際經濟穩定，特別是國際金融體系的信任危機。霸權實力下降導致美國減少了全球公共物品的供給，使得供不應求的矛盾更加尖銳。

第二，全球化帶來許多全球治理的新難題。從能源到氣候變化問題，從大規模殺傷性武器的擴散到傳染性疾病的防治，從國際金融系統的穩定到跨國宏觀經濟政策協調，各種政治、經濟、安全問題複雜交織，世界和平發展面臨越來越多的挑戰，要求國際社會在提供全球治理和穩定秩序等方面，增加新的全球公共物品。然而，作為主要應對全球性問題的聯合國、國際貨幣基金組織、世界銀行、世界貿易組織等機構存在治理結構不科學、發展中國家的作用被低估等諸多缺陷，而那些有實力的國家又無法單獨完成各種複雜的跨國問題的治理。在解決不斷出現的新的全球性問題方面，亟須國際社會進行有效協調，採取集體行動，增加全球公共物品的供給。

第三，有實力的大國未能有效把握全球公共物品的需求變化。全球公共物品的需求處於不斷的發展變化中，需要有實力的大國審時度勢，提供有效的供給。然而，作為主要的供給者，美國在一些國際領域的公共物品供給中反應遲鈍，領導能力薄弱，在全球氣候變化、金融衍生工具的監管、控制伊波拉病毒等諸多領域，沒有滿足國際社會對全球公共物品的日益增長的需求。例如，由於發展目標不同的國家在環境保護方面具有不同的理念和取向，特別是美國不願承擔責任，拒絕簽署協議，使得旨在削減溫室氣體排放的《京都議定書》在缺乏超主權力量監管和任何形式的實質經濟約束下，幾乎成為一張廢紙。傳統國際關係準則及理念受到挑戰，一些主流的發展模式受到置疑，而國際社會卻苦於沒有找到科學的、合理的新模式。

全球公共物品

薩繆爾森（1954）最早提出公共物品理論。「公共物品是這樣一些產品，無論每個人是否願意購買它們，它們帶來的好處不可分割地散佈到整個社區裡。」全球公共物品是指超出了一國界限，其他國家的公民也可以享用的產品或服務，如全球公共衛生、全球安全、跨國界制度以及跨國界的基本設施的協調等等。

在全球公共物品理論發展過程中，查理斯·金德爾伯格和羅伯特·吉爾平等人提出的「霸權穩定論」頗具影響。金德爾伯格在其著作《1929—1939年世界經濟蕭條》中提出，國際經濟體系的穩定運轉需要某個國家承擔「公共物品」；吉爾平則圍繞全球公共物品的供給提出「霸權穩定論」的兩個中心命題：一是世界政治中的秩序是由一個主導國家創立的，二是國際秩序的維持需要霸權國家的持續存在。曼瑟爾·奧爾森（1965）提出了「集體行動」理論，他認為「除非一個集團人數很少，或者除非存在強制或其他某些特殊手段以使個人按照他們的共同利益行事，理性的、尋求自我利益的個人不會採取行動以實現他們共同的或集團的利益」。

理論研究表明，增加全球公共物品的供給必須更多依靠全球或國際集體行動。目前，全球公共物品概念已經成為制定國際政策的重要組成部分，越來越多地出現在聯合國機構、國際貨幣基金組織、世界銀行和非政府組織的議題中。

3.3.2　中國正在成為全球公共物品的供給者

誰來提供全球公共物品？有四種可供選擇的途徑：第一，由世界政府來提

供。但真正的世界政府從未出現過，建立世界政府的設想至少在短期內尚不可行。第二，由超級大國來提供。許多歷史上的超級大國扮演了全球公共物品提供者的角色，例如，19世紀後期和20世紀初期的英國、20世紀40—60年代的美國。在現有的國際秩序下，美國依然是最主要的全球公共物品提供者，並在最重要的國際組織中享有主導地位。然而，世界經濟發展是不平衡的，鮮有強國恒強。這些超級國家的地位並非總能夠保持不變，它們在世界範圍內的利益份額也可能會越來越小，對其他國家的控制、監督能力也可能會逐漸弱化。隨著其霸權地位的降低，它們對公共物品的供給也會逐漸減少。一方面它們不願供給，另一方面它們確實無力供給。第三，由國際組織來提供。世界範圍記憶體在大量的國際組織，它們可以促進國家間的合作，在不同的領域提供一些全球公共物品。聯合國、世界銀行、國際貨幣基金組織等國際組織在全球公共物品的供給中發揮了極其重要的作用。第四，由國家集團或者利益集團來提供。比如，各國在簽訂國際貿易協定時，就可以將有關解決全球環境問題的條款放入其中，形成一攬子協議，從而將公共物品提供與具有私人物品性質的活動聯繫起來，促進全球公共物品的提供。歸根到底，全球公共物品的供應主要是由超級大國主導的，並通過主權國家以及一系列國際組織來落實。

中國秉承改革開放的基本國策，是經濟全球化程度較高的國家。氣候變化、生態環境破壞、傳染病傳播、貿易保護、經濟金融危機等全球問題，都會直接威脅中國經濟發展和社會穩定。同時，受自然生態脆弱、對全球經濟依賴性增強、抗擊各類風險能力較弱等「先天」和「後天」因素的制約，全球問題對中國的破壞性遠大於對發達國家，因此，中國是世界上最需要全球公共物品的國家之一。

與此同時，中國堅持走一條與眾不同、富有中國特色的社會主義道路，在政府的強有力組織和領導下，經濟總量持續三十多年快速增長，成為世界最大的貿易國、最大的國際儲備國和第二大經濟體，中國對全球事務的影響早已「今非昔比」。2014年，中國對全球經濟增長的貢獻是27.8%（美國是15.3%），已超越美國並成為全球經濟最重要的引擎。作為崛起的新興市場國

家和發展中國家的代表，中國必須而且能夠在全球經濟治理機制中發揮更大作用、體現更大影響。提供全球公共物品就是一條現實途徑。

事實上，在中國發展經濟的過程中，在中國作為聯合國常任理事國參與國際事務的治理中，中國已經在努力向國際社會提供力所能及的公共物品。例如，中國經濟的快速發展和持續繁榮，為世界提供了一種充滿活力的國家治理模式和新的發展思路，中國模式已經成為不少發展中國家研究和學習的對象。

此外，中國在穩定經濟和金融體系、提供國際援助和救援、科技創新和進步方面的成就也產生了良好的外部效應，在一定程度上增加了全球公共物品的供給。

自2008年國際金融危機以來，全球公共物品的供給體系出現了兩個重要的新變化：一是隨著新興國家整體的崛起，全球公共物品的提供方正在悄然發生變化。新興市場國家正在發揮越來越積極的作用。二是全球的互聯網等基於市場規律的准公共物品正在迅速崛起，成為全球公共物品體系當中更有效率的嶄新的組成部分。在這一進程中，中國表現出更多的大國擔當，以新思維、新方式、新準則積極參與並推動全球公共物品供給的增加。例如，中國積極參與G20機制，支持IMF救助危機中受到嚴重打擊的國家，支持歐盟的主權債務危機緩解計畫，建設中國—東盟自貿區，制定4萬億元經濟刺激計畫，充當全球經濟的火車頭。中國進行的所有這些全球性或區域性的治理活動，為全球金融穩定和經濟復甦作出了重要貢獻，得到了國際社會的廣泛讚譽。

3.3.3 「一帶一路」建設提供的全球公共物品

「一帶一路」建設是21世紀中國最重要的國家戰略之一，也將是中國向世界提供的最大的合作共贏的公共物品之一。「一帶一路」建設肩負著重大的歷史使命，將在以下五個方面增加全球公共物品的供給：

第一，產生國際合作新理念和新模式。中國的改革開放是當今世界最具影響力的制度創新之一。「一帶一路」建設作為21世紀中國全方位對外開放的宏大戰略，實際上是中國在國際社會推動包容性發展理念的一大實踐。俗話說，

實踐出真知，「一帶一路」建設正在以經濟走廊理論、經濟帶理論、21世紀的國際合作理論等創新經濟發展理論、區域合作理論、全球化理論，豐富人類發展的知識寶庫，將給21世紀的國際合作帶來共商、共建、共用和包容發展的新理念與新模式。

第二，高效的設施互聯互通。基礎設施投資不僅對經濟增長有明顯的拉動作用，而且充足、高效的基礎設施還是國民經濟持續發展的根本保障。亞洲「一帶一路」沿線國家的交通、通信、能源等基礎設施建設滯後，水準低下，已經成為其經濟發展的嚴重桎梏。中國經濟之所以能夠保持30多年的高速增長，一個重要原因就是堅持了「基礎設施先行」的理念，在政府的組織下把社會資金優先投入到基礎設施建設中。「一帶一路」建設將重點放在基礎設施建設和各國基礎設施的互聯互通上，中國運用自己發達的基礎設施產能、技術優勢，以及高儲蓄的資金優勢，動員國際社會資源，推動沿線國家增加基礎設施供給，打通沿線國家開展國際貿易的各種道路、設施阻塞，提升整個區域的經濟合作水準，為沿線國家未來的經濟穩定增長夯實基礎。亞洲是世界經濟增長最快的地區，亞洲經濟的穩定快速增長，也可為世界其他地區經濟的發展營造良好的環境。

第三，提供新的國際貨幣。第二次世界大戰以來，在布列敦森林體系的制度框架下，美元一直是主要的國際貨幣，在國際大宗商品、金融市場充當計價結算和支付工具，並成為各國貨幣當局的主要儲備資產。儘管布列敦森林體系崩潰以來，美元的地位有所下降，特別是歐元誕生後，國際貨幣體系多元化的趨勢明顯，但是，迄今為止，美元仍然在國際儲備貨幣中占有60%以上的份額。美國在全球經濟總量中的份額不足25%，在國際貨幣中的份額卻超過60%，這種貨幣地位與實體經濟地位的巨大偏差，容易導致美元脫離實體經濟自我膨脹，爆發金融危機，進而通過美元巨大的溢出效應將危機傳染給其他國家。2008年美國次貸危機引發的全球金融危機，令其他國家的損失高達4萬億美元。因此，需要增加新的國際貨幣，以便在美元出現問題時為國際貨幣提供穩定的錨和避風港。2009年中國開始推動人民幣國際化，就是完善國際貨幣體

系、增加全球公共物品供給的實踐。「一帶一路」建設是推動亞洲區域經濟國家緊密結合的長期戰略，中國將努力提供全方位的金融支援，包括資金、技術援助、計價結算貨幣和支付清算系統等等。

「一帶一路」人民幣支付清算系統的建設

支付系統是最重要的金融基礎設施，建立跨境人民幣支付清算系統是確保沿線國家之間跨境資金高效、安全融通的關鍵。由於「一帶一路」的沿線各國大多是發展中國家，金融發展相對滯後，支付系統發展水準迥異，標準參差不齊，在跨境支付中，各國不得不採用聯繫行制度，間接實現資金的撥付。即使美元作為世界第一的儲備貨幣和交易貨幣，大宗交易仍然缺乏單一支付結算的通道和工具，資金撥付不得不屈服於聯繫行的外匯頭寸。目前，「一帶一路」沿線各國中央銀行對於外匯的支付清算通常採用本國支付系統直接對接SWIFT的方式，多數國家需要將雙邊貿易使用的本幣轉換為第三國貨幣，通過SWIFT系統進行清算支付，增加了交易成本和匯兌風險。

為了在「一帶一路」建設中建立統一規則和技術協定，提供更加便捷高效的支付清算平臺，中國在2013年完成了人民幣支付系統的升級，並即將在此基礎上推出跨境人民幣支付清算系統。第二代人民幣支付系統在設計上充分借鑒了國際支付系統建設和管理的先進經驗，更新換代了災備和安全系統，具有更高的效率和更強大的功能：（1）支援商業銀行以法人為單位一點集中接入，商業銀行總行及其分支機搆的支付業務可以集中通過一個帳戶完成處理。（2）提供更加豐富的流動性管理

功能，新增了大額支付系統排隊業務撮合、「資金池」管理、「一攬子」流動性即時查詢等功能，能夠促進系統提高清算效率。（3）支援線上支付業務的跨行處理。（4）採用國際通用的ISO 20022報文標準，相容SWIFT支付系統，有利於不同國家支付系統之間的互聯互通。

總體上看，中國的人民幣支付系統不論是在技術先進性還是系統完備性上均具有較大的優勢，可以承擔對「一帶一路」沿線國家經貿、投資往來的跨境支付業務，並提供價格便宜、安全的人民幣支付清算服務。

第四，建立新型國際金融組織。國際金融合作不管是在提供全球公共物品中還是在維護國家經濟主權安全方面都發揮著重要作用。當前的國際金融合作平臺主要是國際貨幣基金組織、世界銀行、國際清算銀行、各大洲的開發銀行等國際金融組織，這些組織是由美國主導的，其治理結構、制度安排、業務標準基本上都是按照發達國家的制度和標準設計的，較少考慮發展中國家的特點與發展要求，在滿足發展中國家對國際金融合作的需要方面乏善可陳。中國作為世界上最大的發展中國家，對此深有體會。為了幫助發展中國家獲得公平的發展環境和必要的金融支持，中國一直在努力推動國際金融體系改革，以期建立更加公正合理的國際金融秩序。然而，由於受到美國國會的阻撓，3年前G20首爾峰會通過的在國際貨幣基金組織增加發展中國家份額的議案至今尚未落實。因此，中國宣導建立金磚國家開發銀行，籌建亞洲基礎設施投資銀行，設立絲綢之路基金，用務實的態度、新的治理規則和標準，更多關注發展中國家的發展與金融需求，用實際行動參與全球金融治理，推動國際貨幣體系改革，增加國際金融領域的全球公共物品供給。

第五，為消除局部戰爭和恐怖主義提供新的手段。戰爭是造成世界難民增加的元兇，恐怖主義是當前威脅世界各國安全的重要因素。如何維持世界和平？如何消除戰爭和進行有效的反恐？這是全球面臨的生死攸關的共同問題。以暴制暴、以戰爭消滅戰爭在短期無疑是一種有效的手段，但是卻無法消除戰爭與恐怖主義滋生的土壤。「一帶一路」沿線國家經濟發展水準參差不齊，

例如，中亞內陸國家和地區在東亞經濟圈和歐盟經濟圈之間成為發展的「窪地」，貧困與絕望為戰爭、極端主義和恐怖主義氾濫提供了溫床；中南半島的「金三角」因為交通等基礎設施落後而更多地依靠毒品交易生存。在「一帶一路」建設中，中國不僅歡迎沿線國家「搭便車」、「搭快車」，還致力於推動中亞、中南半島國家共同發展。中國政府將和其他國際組織及國家通過亞洲基礎設施投資銀行與絲綢之路基金，建設富有生機活力的多條經濟走廊。這些措施的實施，必將從陸上和海上兩個方向產生廣闊的輻射效應，加速消滅貧困，縮小全球化造成的貧富差距和地區發展不平衡。因此，「一帶一路」建設是釜底抽薪之舉，有利於剷除戰爭、極端主義和恐怖主義的根源，推動地區熱點降溫，加快區域一體化進程，建立持久和平、普遍安全、共同繁榮的和諧世界。

3.4 「一帶一路」建設面臨的挑戰

中國提出的 「一帶一路」建設涉及國家眾多，沿線各國的經濟發展階段、政治制度、文化、宗教差異較大，參與「一帶一路」建設的目的和利益訴求也不相同，其複雜性和面臨的挑戰大大超過了以往的任何區域經濟合作。作為發起人和主要推動者，中國需要充分認識和把握面臨的各種挑戰，做好頂層設計，進而加強與各國之間的協商交流，彼此增進互信和共識，走出一條創新的區域合作道路。

3.4.1 政治挑戰

1.政黨制度的衝擊

政治是利益集團博弈的最終表現。「一帶一路」建設具有國際化、長期性的特點，將國與國之間的經濟合作關係推向一個新的高度，從而達到優勢互補、互利共贏的目標。這必然會引發沿線國家國際環境的變化，進而引起其國內利益的創新分配。在選舉制度下，「一帶一路」建設專案難免會成為政黨政

治的犧牲品。「一帶一路」沿線國家大多實行政黨選舉制度，執政黨在臺上執政，反對黨在野「監督」，致使許多重大的內政外交政策往往由於朝野鬥爭而缺乏延續性。圍繞「絲綢之路經濟帶」建設發生的交流與合作多半都是長線的，而一些國家受不成熟的政黨政治影響的相關政策卻是短線的，這種不匹配對經濟帶建設的順利實施會在不同程度上產生消極的影響。

2.複雜的大國介入關係

「一帶一路」需要東亞、南亞、中西亞、歐洲等地區的60多個國家共同構建，不可避免地要受到不同區域之間、不同政治聯盟之間的分歧、矛盾和衝突的制約。目前，當今主要的政治經濟大國均不同程度地參與「一帶一路」建設。例如，歐盟於 2007 年6月通過了「歐盟與中亞新夥伴關係戰略」，積極開展對中亞的投資，並在人權、環境、水資源等領域取得了一些成果。2011年美國政府提出將世界與阿富汗連接的「新絲綢之路計畫」，目的是爭取阿富汗鄰國中亞國家的支持，促進貿易、能源出口、投資與和平。2014年，俄羅斯、白俄羅斯和哈薩克簽署歐亞經濟聯盟，推動貨物、服務、資金和勞動力在新聯盟中自由流動。一旦「一帶一路」建設觸動到這些大國的既得利益，毫無疑問它們必然會運用其強大的政治影響進行干預，很可能造成合作專案流產。中吉烏鐵路計畫被俄哈吉塔鐵路計畫所取代就是一個例子。因此，處理好中國與其他大國的政治、經濟、外交關係，降低政治風險，對「一帶一路」建設的順利推進至關重要。

3.4.2 軍事衝突挑戰

1.中亞地區仍然面臨安全挑戰

「絲綢之路經濟帶」建設需要一個長期和平的環境，然而，來自中亞的安全威脅卻不容忽視。中亞是多種思想、文化、宗教相互作用的交匯點，也是世界上各種文化、思想、宗教相互衝撞最激烈的地區之一。這裡民族成分複雜，生活著一百多個大大小小的民族和部族。長期的貧困和外部干涉，很可能導致阿富汗境內的衝突升級，導致伊斯蘭極端主義和恐怖主義「溢出」， 影

響中亞的穩定。此外，中亞國家間存在不少邊界不清的飛地和水資源配置等無法解決的問題，不時劍拔弩張，進一步加大了中國在構建「絲綢之路經濟帶」過程中與各國進行政策協調的難度。例如，2014年1月11日，吉爾吉斯和塔吉克斯坦因為沃魯赫飛地爭端而發生武裝衝突。令問題更為複雜的是，一些沿線小國為了自身利益，試圖在大國之間尋找平衡，人為地製造矛盾和衝突，加劇了該地區的緊張局面，增加了「一帶一路」建設的障礙。

2.南海島嶼糾紛尚未解決

中國—東盟共建海上「絲綢之路」時，面臨著諸多現實問題與挑戰。中國與海上鄰國之間的島礁和海域劃界爭端，就是必須妥善解決的問題。在資源稀缺的年代，海洋蘊藏的巨大資源，令不少海路沿線國家滋生出無限膨脹的欲望，不擇手段地擴大自己對海洋資源的占有權。這就是中國與一些南中國海國家屢屢發生島嶼爭端的根源。近年來，中國被驅趕和扣留的漁船及漁民數量之多、被罰款數額之巨，堪為世界之冠。2013 年，菲律賓就與中國的南海爭端提出13 個事項，訴請國際海洋法仲裁庭裁決。此外，美國、俄羅斯、日本、印度等區外大國也不斷捲入，渾水摸魚，進行各種遏制中國的軍事演習，加劇了南海島嶼爭端的火藥味。這就要求中國按照《聯合國海洋法公約》以及《中華人民共和國專屬經濟區和大陸架法》處理海洋糾紛，綜合使用外交、經貿、軍事等手段，遏制其他國家採取單方行動改變現狀，積極推動與鄰國的島嶼歸屬和海域劃界談判。中越已達成北部灣海域劃界協定，中韓已達成「儘早解決中韓海域劃界問題」的共識。

3.4.3 文化衝突挑戰

1.制度安排和統籌協調難題

「一帶一路」建設是一個多邊外交舞臺，也是一個經濟國際化、區域經濟一體化的進程，在堅持包容互利的原則下，進行有效的制度安排及政策協調，往往會遇到文化衝突和障礙。歐盟經濟一體化的經驗表明，缺乏主權讓渡的一體化進程往往是不穩固的。意識形態、民族、文化、種族的差異是「一帶

一路」建設必須直面的現實，中國是「一帶一路」建設的發起者、組織者和管理者，理所當然應該有大國的擔當。在經濟上歡迎各國「搭便車」、「搭快車」的同時，文化上如何能夠讓沿線國家認同中國的意識形態與發展模式，對璀璨的中華文化心生敬仰，需要進行大量的制度建設和統籌協調工作。

2.文化軟實力不夠強大

海上絲綢之路曾經使中華文化傳播至絲綢之路沿線國家，其中包括儒家思想、律令制度、漢字、服飾、建築、貨幣，甚至倫理道德、政治制度、社會風俗等。由於西方文化的長期侵略和擴張，目前周邊國家比較認同的只是中國的硬實力，中國的文化、貨幣等軟實力的影響很小。如何將和諧、道義等中國文化的精髓，轉變成為中國「一帶一路」建設的強大軟實力，是一個亟待解決的重大問題。

專欄3—4

中華文明的精髓：包容性與和平性

中華文明在悠久的歷史中，在與其他文明的交往中，形成了獨特的文明對話模式，其精髓就是包容性與和平性。中國善於在承認其他文明的前提下加強對話和交流，取長補短，發展壯大，延綿幾千年不斷。正是依賴這種包容與和平的文明對話模式，不少燦爛的中華文化被其他文明自覺吸納，不少外族自願向中華文明靠攏。

自漢朝開始，漢族與匈奴、突厥、回鶻（西夏）、契丹（遼國）、女真、蒙古、滿族等外族的戰爭，都沒有對對方的剿滅，主要是文明之爭而非種族之爭，極少有大規模的種族屠殺。通常是外族政權被打垮後，在與中華文明的交往中逐步被同化，成為中華文明的一部分。「總

體上說，自秦漢至清朝的二千餘年，漢民族以其文化自然而然地而非暴力地同化少數民族，乃其主流」（李澤厚《論語今讀》）。

中國文化歷來注重「親仁善鄰」，即使是必要的武備，其目標也僅僅是「以戎衛道」、「協和萬邦」。而「以戎衛道」之「道」，絕非武力征服天下以奴役人民及其他種族的「霸道」，而是講求仁義的「王道」。中國文化尊崇「王道」，核心在於以德服人，也就是儒家主張的「遠人不服，則修文德以來之」。因此中華文化強調修身養性，維護社會的公平正義，宣導國與國間和睦相處，本著「和而不同」的包容性態度，尊重不同的文明。

在「一帶一路」戰略實施的今天，正如習主席所說的：「要宣導合作發展理念，在國際關係中踐行正確義利觀……在國際關係中，要妥善處理義和利的關係。政治上要秉持公道正義，堅持平等相待，經濟上要堅持互利共贏、共同發展，摒棄過時的零和思維。既要讓自己過得好，也要讓別人過得好」。這種合作共贏、平等互利的思想，既是中華文明對外關係的集中體現，也是「一帶一路」建設的指導思想和處理各國關係的準則。

3.民心相通的互信基礎亟須夯實

「一帶一路」沿線國家經濟發展水準不高，面對中國的經濟優勢，它們普遍都有一些顧慮。例如，部分中亞國家認為，與中國的經濟合作更有利於中國而不是本國；部分東南亞國家則擔心伴隨中國投資而來的是大量中國廉價商品，當地就業機會可能會減少，甚至環境會受到破壞；還有一些國家對中國擴大地區影響力感到有威脅。儘管中國在增加人文交流方面做了許多工作，然而，客觀上存在的利益、語言、文化、宗教等方面的差異，仍阻礙著「一帶一路」沿線國家的民眾對中國的深入了解。如果不採取措施，多管道建設民心相通工程，增進政府、民間多層次的互信，「一帶一路」建設這一長期、巨大的計畫，就難到達理想的彼岸。

總之，「一帶一路」是涵蓋「政策溝通、設施聯通、貿易暢通、資金融通、民心相通」的史無前例的綜合性系統工程，具有長期性和複雜性，在相當一段時間內將面臨交通及通信等硬體設施缺乏、法規政策不相容、缺乏政治互信等挑戰。同時，地緣政治風險居高不下，文化宗教衝突、恐怖主義風險亦不容忽視。因此，商業機構應強化相關的風險控制，在「一帶一路」建設中加強溝通磋商，充分發揮多邊、雙邊、區域、次區域的合作機制和平臺作用，擴大利益契合點，推動共同發展、共同繁榮。

第四章

「一帶一路」與人民幣國際化：相互促進的邏輯

4.1 人民幣國際化進程與「一帶一路」建設正相關

進入21世紀以來，世界經濟一體化進程加快，區域經濟合作程度進一步加深。同處於「一帶一路」沿線上的國家，需要進一步加強區域經濟往來與合作。我國也需要通過經濟合作，深化改革開放，推動經濟的進一步轉型。「一帶一路」是中國新一輪區域經濟合作的重點。

「一帶一路」建設的「五通」目標，歸根結柢就是要加強中國同沿線各國的區域經濟合作，逐步形成區域深化合作的大格局。「一帶一路」沿線各國資源稟賦各異，經濟互補性較強，彼此合作潛力和空間很大。「五通」目標的實現與人民幣國際化道路相互促進、相輔相成。

（1）在政策溝通方面。人民幣國際化客觀要求提升人民幣在世界範圍內的使用規模，包括貿易的計價和結算、金融交易和外匯儲備等。「一帶一路」沿線各國同中國存在歷史友好關係，中國又是這些國家重要的交易夥伴，經濟貿易合作聯繫密切。因此，沿線各國是中國推行人民幣國際化的必然選擇。以下措施都對人民幣國際化起到了積極的作用：加強政策溝通，建立區域金融安全網，打擊跨國洗錢等犯罪行為；增進區域經濟合作，為雙方的貿易和投資提

供政策支援；簽訂貨幣互換協議，增強人民幣的外匯儲備功能。

（2）在設施聯通方面。道路不通、設施不足等阻礙了「一帶一路」沿線各國的貿易與投資合作。比如，中亞五國的鐵路軌道一般是寬軌，與中國國內鐵路軌道不同。實現道路聯通，才能便利貿易，加強經濟聯繫。一方面，中國和這些國家道路聯通，可以促進商品貨物與人員的往來，提高區域內要素一體化程度，同時也方便中國企業對外投資，將國內富餘優質產能向外轉移。中國對外貿易和投資必然會對人民幣國際化產生推動作用。另一方面，人民幣國際化可為沿線各國的道路等基礎設施建設提供充足的資金支持。近年來，美元、歐元等國際貨幣不斷貶值，持匯成本大大增加。人民幣幣值基本穩定，道路建設基礎物資使用人民幣計價結算，對交易各方都極具吸引力。

（3）在貿易暢通方面。中國從「一帶一路」沿線各國進口能源、礦物、金屬、糧食等多種大宗商品，沿線各國主要從中國進口機械、交通運輸工具等大型製造業產品。國際市場上這些產品大多是以美元、歐元計價和結算的。如果在區域內實現貿易和投資的本幣計價結算，避免使用美元、歐元等協力廠商貨幣，可有效防範美元、歐元貶值導致的資產損失，也可以減輕匯兌成本。從這層意義來看，「一帶一路」建設給人民幣國際化帶來了難得的發展機遇。貿易暢通目標的實現，直接拓寬了人民幣的使用範圍，間接刺激了沿線各國的人民幣持有意願，對推動人民幣國際化起到了積極作用。

（4）在資金融通方面。中國的經濟發展和金融發展在沿線國家中居於領先水準，中國有能力也有意願提供技術、人才、資金等多方面的支援，互利共贏，共同發展。通過成立新型的多邊國際金融機構，更可以動員全球資源，保障對「一帶一路」建設的投入力度。「一帶一路」投融資活動更多使用人民幣，有助於推動人民幣成長為成熟的國際貨幣。由人民幣作為區域貿易和投資的計價貨幣，反過來也有利於區域內的資金融通，可以促進區域貿易和經濟一體化。人民幣的穩定幣值和緩慢升值預期可強化沿線各國持有人民幣的意願，對於擴大人民幣的國際使用具有積極意義。

（5）在民心相通方面。人員交流意味著區域內旅遊的發展、文化的交

融，為沿線各國在更大範圍內使用人民幣帶來了新的機會。人民幣國際化也使得區域內各國的民間交流活動更加便捷，有利於更深層次的文化交流。不僅如此，人民幣國際化也在媒體傳播上打造了中國品牌，提升了沿線各國對中華文化的興趣，推動了民心相通。

4.2　人民幣國際化促進「一帶一路」建設

4.2.1　人民幣國際化有利於實現「五通」目標

　　「五通」是「一帶一路」建設的核心目標。基礎設施建設、資源合作、貿易、投資等具體的區域經濟合作內容都離不開貨幣，所以貨幣相通是不容忽視的重要方面。作為「一帶一路」戰略的發起國，中國正在推動實施的人民幣國際化進程將直接加強沿線各國之間的貨幣流通，對實現「五通」目標、深化區域經濟合作發揮關鍵的積極作用。

專欄4─1

「一帶一路」建設與區域經濟合作

　　古代絲綢之路的名稱緣起於以絲綢貿易為主的交通路線，它通過多條通道連接亞、歐、非大陸。古代絲綢之路將中國的絲綢等優勢產品輸往沿線各國，同時從沿線各國交換其優勢產品。古代絲綢之路所帶來的區域貿易往來，增進了經濟聯繫，促進了各地文化的傳播與發展，是古代區域經濟文化交流合作的一個典範。　「一帶一路」戰略，以道路連通、基礎設施建設為基礎，將同樣帶動區域貿易往來、經濟發展和文化

交流。因此，「一帶一路」不僅是中國發展的機遇，更是區域各國經濟發展的增長點，它將從道路、貿易、經濟、文化等多個方面帶動區域的發展，實現區域整體的大繁榮。「一帶一路」這一偉大願景的實現，需要沿線各國攜手努力、通力合作，向著實現區域更高水準、更深層次的大開放、大交流、大融合的目標共同邁進。

「一帶一路」是涉及亞、歐、非大陸的系統工程，其建設過程需要各國的通力合作。在政策溝通方面，加強高層合作，協商解決合作中遇到的問題，是「一帶一路」建設的基本保障。同時，共同打擊跨國犯罪、互相尊重當地民俗宗教，為「一帶一路」建設營造良好的政治環境。在設施聯通方面，加強基礎設施規劃、技術標準體系的對接，統一鐵路運輸的協調機制，增進物流資訊化合作，才能逐步實現亞洲各次區域以及亞、歐、非之間的基礎設施網路的連接。同時，鐵路、管道和通信線路的建設和維護，海上航線和空中航線的拓寬，跨國輸電和資源共同開發，同樣需要各國的共同努力。在貿易暢通方面，「一帶一路」各國經濟互補性強，應拓寬貿易領域，優化貿易結構，增進各國之間產業的優勢互補，推動整個產業鏈的區域分工和協同發展，發掘區域貿易新的增長點。同時，協商推進貿易投資便利化，共同消除貿易壁壘，共同營造良好的貿易和經商環境。在資金融通方面，發展多種多樣的貿易融資方式，推進區域信用部門的合作溝通，建立「絲綢之路基金」為區域基礎設施建設提供投融資支援。同時，擴大區域內本幣的互換、結算的規模，加強區域金融監管和貨幣合作。在民心相通方面，各國應為民間組織的交流與合作提供引導和支援，增加區域內跨境旅遊、歷史文化展、藝術團交流等活動，加強在旅遊便利化、文化語言方面的合作。

「一帶一路」的建設成果將惠及區域各國。「一帶一路」涉及的區域廣闊、人口眾多，具有無窮的發展潛力，「一帶一路」系統工程的實施將充分調動區域發展潛力，帶動區域經濟增長。具體來說，「一帶一路」建設帶來的各國基礎設施的改善，降低了資源開採的成本和環境汙

染，便利了區域內貿易與投資的往來，促進了人員、技術等生產要素的跨國流動，增進了國家間資訊網路的溝通，不僅直接提升了各國經濟增長，更為各國經濟發展提供了新的增長點，提高了後續發展的潛力。貿易投資便利化的推進，進一步增進了區域內貿易聯繫，能夠充分發揮各國的產業優勢，優化產業鏈的分工佈局，不僅使各國的優勢產業更具有競爭力，還將衍生出新的產業分工，是經濟增長的動力源泉。金融監管和信用合作使得區域貿易與投資更加安全、透明，區域內本幣的互換、結算使用頻率的增加也將起到防範協力廠商貨幣的風險、降低貿易成本的作用，高層的互訪和民間的交流活動增進了區域內各國的政治互信與文化交流，均為各國的經濟增長營造了良好的環境。「絲綢之路基金」的設立更是緩解了建設資金的擔憂，使「一帶一路」的建設成果更容易達成。

1.為貿易發展提供充足的流動性支援

中國與絲綢之路沿線國家的貿易合作增長迅速。2013年，中國與中亞四國（中亞五國中除土庫曼外）的貿易額達402億美元，比2012年增長13%。其中，中哈貿易額達286億美元，中烏貿易額首次突破40億美元大關，增幅分別為11.3%和58.3%。目前，中國已成為俄羅斯、哈薩克、土庫曼的最大交易夥伴，烏茲別克、吉爾吉斯的第二大交易夥伴，塔吉克斯坦的第三大交易夥伴，也是中亞油氣資源最大的購買國。同時，中國也是烏茲別克第一大、吉爾吉斯第二大投資來源國。此外，中國與絲綢之路西端歐盟的貿易迅速增加，2013年達到5 590.6億美元。除此之外，區域內其他國家之間的貿易也十分頻繁。隨著「一帶一路」建設的逐步推進，區域內貿易合作有望進一步提升，需要充足的貨幣來滿足貿易融資和流動性的需求。

人民幣國際化進程，可以為區域各國的貿易發展提供充足的流動性支持，有助於「一帶一路」貿易暢通目標的實現。第一，人民幣國際化過程中伴隨著巨大的資本流出，沿線各國企業不僅有機會在對華貿易活動中獲得人民幣貿易

融資支持，也有機會快速積累一定規模的人民幣資產，為進一步擴大區域內貿易合作創造良好條件。第二，中國已經與沿線多個國家在央行層面上簽署雙邊貨幣互換協議，相關國家可以通過備用信貸管道取得人民幣資金，注入本國金融體系，使得國內機構或企業可以方便地借到人民幣，用於支付從中國的進口，為雙邊貿易合作與發展提供便利。第三，人民幣離岸市場的發展便利了境外人民幣的使用，同時離岸人民幣存款在國際銀行的運作下倍數擴張，為沿線各國對華貿易發展創造了充足的境外人民幣流動性。可見，人民幣國際化帶來了豐富的人民幣流動性，可以促進區域貿易的發展。

2.規避使用協力廠商貨幣計價結算的風險

國際貿易計價貨幣的選擇受貨幣供給波動、匯率波動、貨幣交易成本、利率收益等多種因素影響，其中最重要的影響因素就是使用這種貨幣的成本。世界市場上最重要的貿易計價貨幣是美元。究其原因，首先，美元作為關鍵國際貨幣，掌握著原油等大宗商品的定價權，國際貿易以美元計價結算具有交易成本低廉的優勢。其次，美元是一種優質的外匯儲備，美國的國家實力領先世界上其他所有國家，經濟政治發展穩定。此外，美元的匯價相對比較穩定，幣值堅挺，並且國內利率較高，持有美元的資本收益也較高。儘管美國的貿易份額逐年下降，早已不具備戰後初期那樣的絕對優勢地位，但美元仍然是國際貿易最廣泛使用的協力廠商貨幣，在貿易計價結算中繼續處於絕對優勢地位。

2008年金融危機之後，美元匯率大幅波動。美聯儲的多輪量化寬鬆政策致使美元不斷貶值，國際貿易雙方使用美元計價結算不得不面臨很大的匯率波動風險。而美國國內經濟刺激政策導致其經濟政治形勢不穩定，資產收益率下降，則意味著官方外匯儲備或私人部門資產配置中的美元份額同樣面臨資本損失的風險。至此，人們對國際貿易使用協力廠商貨幣計價的危害性有了更加深刻的認知。

中國是「一帶一路」沿線國家的重要交易夥伴，區域內貿易如果以人民幣計價結算，可以有效規避使用協力廠商貨幣的風險。近年來以人民幣作為貿易計價貨幣的優勢越來越明顯，因而得到了越來越多的國際認可。人民幣幣值

穩定，為其擴大國際使用提供了良好的國際聲響；人民幣國際使用的擴大，尤其是以人民幣作為計價和結算貨幣，可以規避其他貨幣匯率波動的風險；中國的資產收益率保持在較高水準，持有人民幣也可以獲得可觀的資產增值；中國日益強大的經濟實力也為人民幣提供了信譽保障。因此，越來越多的境內外企業開始嘗試用人民幣進行貿易計價結算。《中國銀行人民幣國際化業務白皮書（2014年度）》的調研結果表明，受訪企業在跨境交易中實際使用人民幣的水準較2013年有了明顯提高。境外企業在進出口過程中使用人民幣結算的比例超過15%的企業占比達26%，與2013年相比提升了10個百分點。

3.為重大支撐項目提供金融支援

「一帶一路」建設涉及很多關係國計民生的重大支撐項目，其中更是以基礎設施建設為主要內容。這些重大支撐項目是一個國家提升自身發展潛力、改善人民生活水準的基礎，直接影響國民經濟的發展。重大支撐專案投資規模大，建設週期長，往往具有直接經濟效應不明顯、間接效應強大卻難以估算的特點，具有公共物品屬性。以高鐵為例，通過票價收回建設成本的難度極高，但是高鐵帶動沿線人員、技術等要素流動，增進了經貿聯繫，並將產生促進地區科技水準提升、對外貿易額增加、會展旅遊等服務業發展等一系列連鎖經濟效應。

人民幣國際化有利於設施聯通目標的實現，為「一帶一路」建設夯實必要的物質基礎。中國在基礎設施建設方面具有獨特的優勢，可以通過成立新型的多邊金融機構（如亞洲基礎設施投資銀行、絲綢之路基金等）動員全球資源，並通過人民幣債券、貸款、直接投資、專案融資等多種形式為重大支撐項目提供金融支援，從而將中國基礎設施建設的經驗和成果推廣到國外，增進雙邊經濟合作，提升中國在「一帶一路」沿線的國際形象。此外，以重大項目融資作為切入點，也能夠加強我國與「一帶一路」沿線各國的高層往來、民間交流，提升區域經濟一體化程度。

4.提供公共貨幣及其風險管理機制

「一帶一路」沿線國家的經濟發展水準不同，金融開放程度不一，市場

和制度差異更是廣泛存在。如何才能進一步降低交易成本，建立起日益緊密的經貿聯繫，提高區域經濟一體化程度？這是「一帶一路」建設所追求的終極目標，也是不容迴避的嚴峻挑戰。從歷史經驗來看，構建經濟金融安全錨是區域經濟合作中重要的一環。

中國作為世界第二大經濟體，與「一帶一路」沿線國家相比，國家風險較低，貿易金融發展水準較高。若人民幣可以在「一帶一路」上全方位地發揮貿易計價結算、金融交易和外匯儲備職能，則表明中國為沿線國家提供了新的國際貨幣及其風險管理機制，構建了經濟金融的安全錨，為維護區域經濟和金融穩定作出了重大貢獻。因此，人民幣有望成為破解區域合作「困境」的最優選擇。

具體而言，第一，人民幣作為區域性公共貨幣，其使用規模的擴大可以降低區域間貿易的交易成本；同時，區域內各國將人民幣作為本國貨幣的顯性或隱性參考標準，可以減輕本國貨幣受其他貨幣劇烈波動的影響，起到促進本國幣值穩定的作用。第二，中國國際地位的提升，對內可以在區域內協商各國避免出現「以鄰為壑」的貨幣政策，對外可以代表區域在世界上發出聲音，維護本地區的利益。第三，人民幣國際地位的提升，可以增強區域內各國在國際貿易中的「討價還價」能力，提升區域整體在國際貿易談判中的話語權。第四，中國在人民幣國際化過程中積累的貨幣管理經驗，也可以為區域各國的風險管理機制的形成提供經驗；同時，加強區域內金融監管合作，搭建區域金融風險監測預警系統，對維護區域金融穩定也有積極意義。總之，人民幣國際化水準的提高及其在區域內使用比例的上升，將在提供公共貨幣、便利貿易合作的同時，搭建起區域經濟金融安全錨，為推動區域經濟一體化進程發揮積極作用。

人民幣國際化與國際貿易融資

國際貿易融資（international trade finance）是外貿企業在國際貿易中，為滿足真實的貿易需求而進行的融資行為。它通過消除進口商或出口商在進出口貿易環節的資金短缺，使國際貿易得以更加順暢地進行。據估算，80%～90%的國際貿易需要依託國際貿易融資來實現，眾多學者的研究也證明國際貿易融資問題會極大地影響企業的進出口行為，可見國際貿易融資在國際貿易中的重要性。

國際貿易融資困難是由來已久的問題，尤其是對於中小型外貿企業。這個問題在2008年金融危機之後更加突出。外貿企業由於可供抵押的資產較少以及能夠提供擔保的協力廠商較少，很難滿足銀行的借款條件。傳統的融資方式對外貿企業來說十分困難，這些企業在實際對外貿易中十分依賴國際貿易融資。

自20世紀90年代開始，中國各家銀行便陸續開展國際貿易融資業務。打包貸款、進口開證、出口押匯等常用的國際貿易融資方式到現在已經發展得十分健全。但我國銀行由於自身風險管理能力有限，對於國際上通常使用的福費廷、保理等國際貿易融資工具的開發有限，這與我國世界第一大進出口貿易國的地位非常不相稱。

人民幣國際化可以為解決上述矛盾提供「潤滑劑」。從企業層面來看，出口商需要通過國際貿易融資的方式在貨物發出後獲取資金以支撐之後的生產，進口商需要通過國際貿易融資的方式預先繳付貨款以滿足後續的生產，進而產生利潤進行還款。總體來說，無論是進口商還是出口商，都是在生產貿易的過程中出現了資金的缺口。人民幣國際化為國際貿易提供了充足的流動性，使貨物和款項可以及時結算，在時間上縮

短了企業資金缺口。從銀行層面來看，國際貿易融資利潤豐厚，是各家銀行爭先搶奪的目標，只是因為風險管理水準有限才鮮有涉足。自從人民幣國際化推行以來，銀行更加重視自身的風險管理水準，廣泛在境外設立分支機構，也在一定程度上緩解了資訊不對稱，降低了國際貿易融資業務的風險程度；同時，人民幣國際化開拓了境外的人民幣外匯交易市場、拆借市場，方便了銀行等金融機構開發更具有競爭力的人民幣國際融資業務。

4.2.2　區域貨幣使用促進區域經濟合作

1.區域經濟與貨幣合作的理論探討

自20世紀90年代以來，世界各地的區域經濟合作進入快速發展的軌道。區域經濟一體化組織的數量不斷增加，並在全球範圍內形成了區域經濟合作的發展浪潮。中國倡議並推動實施的「一帶一路」建設，正是促進區域經濟一體化的重要戰略。

在區域經濟合作中，制定優惠關稅、消除貿易壁壘等貿易一體化措施是優先考慮的事情。截止到2014年6月15日，向世界貿易組織（WTO）申報的區域貿易協定已經達到585個，包括關稅同盟、優惠貿易協定、自由貿易協定、經濟一體化協定等多種不同類型。不斷增多的區域貿易協定，不僅說明全球經貿聯繫正在日益強化，而且體現出新世紀以來區域經濟合作的重要價值。

除了貿易一體化外，區域經濟合作還涉及經濟一體化、金融一體化、生產要素一體化、產品市場一體化等其他方面。區域內不同層次的合作方式體現了區域經濟合作的範圍和深度。一般認為，貿易一體化是區域經濟合作的基礎和最低層次，經濟一體化則體現了區域間較強的經貿聯繫和更為相似的經濟週期，是區域經濟合作的深度表現。

蒙代爾在1961年提出了「最優貨幣區」理論。從那時開始，對區域貨幣的討論就沒有停止過。自20世紀90年代以來，伴隨著區域經濟一體化的發展趨勢，學術界圍繞著區域經濟和貨幣合作問題進行了廣泛探討。

學者們從事的實證研究表明，貨幣對於區域經濟合作，特別是貿易合作，具有非常重要的作用。赫利韋爾（Helliwell，1996）發現，加拿大兩省之間的貿易份額是加拿大一個省同美國一個州貿易份額的20倍，這在很大程度上歸功於加拿大國內貿易使用同種貨幣，但是對美貿易卻要涉及兩種貨幣。羅斯（2000）也發現，如果兩個國家使用相同的貨幣，其貿易份額是使用不同貨幣的兩個國家間貿易份額的三倍。弗蘭克爾和羅斯（2002）提出，「告示效應」可能是貨幣聯盟對貿易影響的一個途徑與原因。在這一點上，即使反對歐洲貨幣聯盟的費爾德斯坦（Feldstein）也承認，不同國家更多地使用同一種貨幣可以有效地降低區域內部的貿易成本。

大量研究結果表明，貨幣合作對於區域經濟合作起到了很好的提升和促進作用。除了對貿易的直接作用，羅斯和恩格爾（2002）指出，貨幣聯盟內的國家具有更小的實際匯率波動與更加一致的經濟週期，其內部的經濟一體化程度要明顯高於其他國家。Adjaute和Danthine（2003）認為，貨幣的統一有利於提升區域內金融市場的穩定，促進區域內的金融市場一體化程度。梅勒茨（Melitz，2004）進一步提出，統一的貨幣使得區域內各國對於外生衝擊表現出相似的反應以及經濟的同步變動。

然而尷尬的是，在以往的研究中，對貨幣合作的定義大多著眼於貨幣統一或者建立貨幣聯盟。而對很多國家而言，統一貨幣意味著一國貨幣主權的喪失，沒有獨立自主的貨幣政策，使得這一選擇的代價十分昂貴。同理，建立類似歐元區那樣的貨幣聯盟，也必須面臨體制整合、政策妥協等眾多問題的困擾，並且「最優貨幣區」理論對區域內國家的貿易水準、經濟增長、通貨膨脹和金融發展等提出了苛刻的要求，使得建立貨幣聯盟也是困難重重。所以，對那些尚處於合作起步階段的經濟區域來說，貨幣問題顯得既不重要，也不迫切。

本報告在貨幣合作界定方面做了更加細化的拓展，提出以區域內最頻繁使用的本幣比例作為區域貨幣合作的代理變數。這個定義更具一般性。因為只有使用區域內部貨幣，才能促進區域經濟政策協調、抵禦國際資本衝擊（Goldberg and Tille，2008）；而無論是統一貨幣還是貨幣聯盟，都是在區域

內最頻繁使用的本幣比例達到特定程度後的產物。總體上，當區域內最頻繁使用的本幣比例逐步上升時，有利於區域內的貿易合作與發展，促進區域貿易一體化。

不過，由於貿易貨幣的使用存在較大慣性，所以在區域貨幣引入的初期可能會受到一些阻礙。長期以來美元一直是主要貿易計價結算貨幣，引入區域本幣遇到的首要難題就是結算成本明顯高於美元，對區域貿易的發展不利。但是從中長期看，隨著本幣使用比例的提高，不僅能夠防範匯率頻繁波動引起的貿易和投資不確定性，降低區域內各國的匯兌成本，還能加強區域內各個國家的匯率協調及貨幣合作，避免以鄰為壑的競爭性貨幣政策帶來經濟災難，從而有利於區域經濟發展以及地區金融穩定。簡而言之，提高區域內最頻繁使用的本幣比例，可以節約交易費用，防範匯率風險，增強區域內經濟合作，有效提高區域內的貿易福利效應，促進區域內貿易和經濟一體化。

2.區域貨幣使用和區域經濟合作的現狀

從交易的角度看，區域貨幣使用既涉及貿易計價結算，也涉及金融計價結算。本報告使用國際清算銀行每三年發佈的全球外匯交易資料（Triennial Central Bank Survey of Foreign Exchange and Derivatives Market Activity，以下簡稱Triennial Survey）[1]來衡量每個國家對每種貨幣的使用程度，所以將區域內各國資料匯總起來就可得到這個區域對各種貨幣的使用情況。為研究方便，將區域內最頻繁使用的本幣比例定義為：區域內各國外匯交易量最大的本幣與區域內所有國家外匯交易量的比值。[2]

本報告對區域經濟合作的衡量主要集中在兩個方面：貿易一體化和經濟一體化。貿易一體化程度，度量的是區域內各國之間貿易的緊密程度、依賴程度，是區域經濟合作低層次的度量。經濟一體化程度，要求區域內各國的經濟具有一定的相關性，這會對區域內國家產業結構、貿易結構、政治關係等提出

1　國際清算銀行每三年公佈一次的Triennial Survey，是目前市場上關於外匯和衍生品市場最全面準確的資訊來源，有助於政策制定者和市場參與者更好地從事金融活動、防範金融風險。

2　由於歐元2001年才出現，因此接下來的研究選取2001年以後的樣本資料。

更高的要求，是深層次的區域經濟合作的度量指標。

對貿易一體化的衡量方法主要有兩種——區域內貿易份額（intraregional trade share）和區域內貿易密度（intraregional trade intensity）。區域內貿易份額，是區域內各國之間的進出口貿易總額與區域內各國的進出口貿易總額的比值，最為直接地衡量了區域內各國之間貿易的獨立性和對區域內各國的重要程度。區域內貿易密度是一種相對值。它首先要計算區域貿易份額（regional trade share），是本區域進出口貿易總額同世界進出口貿易總額的比值。區域內貿易密度是區域內貿易份額與區域貿易份額的比值，它是一個相對指標，衡量了區域內貿易相對其他貿易的重要程度。

對於經濟一體化的度量，普遍採用的是最簡單的相關係數的方法。首先從世界銀行WDI資料庫中獲得區域內各個國家以美元表示的國內生產總值的年度資料，並對這些年度化的GDP資料進行對數化處理，利用對數化的GDP資料計算出區域內各國家兩兩之間的相關係數，對這些相關係數取平均值就可得衡量經濟一體化的指標——產出相關性（GDP correlation）。這個指標能夠很好地體現出區域內各個國家之間的獨立性和相互依賴性。經濟一體化程度高的區域，區域內各個國家具有相似的經濟週期，並且對外生衝擊的反應是一致的。本報告選取了12年和20年作為相關係數計算的時間跨度，即分別對應區域內短中期和中長期的經濟一體化程度。

本報告選取了16個區域經濟合作組織作為研究對象[1]：比荷盧經濟聯盟（Benelux）、歐洲聯盟（EU）、歐洲自由貿易聯盟（EFTA）、獨立國家聯合體（CIS）、歐亞經濟共同體（EAEC）、東南亞國家聯盟＋中日韓（ASEAN＋3）、經濟合作組織（ECO）、曼谷協定（Bangkok Agreement）、南亞區域合作聯盟（South Asian Association for Regional Cooperation）、太平洋島國論壇（PIF）、海灣阿拉伯國家合作委員會（以下簡稱「海合會」，GCC）、安第斯國家共同體（CAN）、三國集團（G3）、北美自由貿易區（NAFTA）、

1　由於資料無法獲得，非洲和中美洲的區域經濟合作組織不屬於本報告的研究範圍。

南方共同市場（MERCOSUR）以及亞太經濟合作組織（APEC）。研究所涉及的主要變數及其定義見表4—1。[1]

表4—1　主要變數及定義

變數	變數定義
IT share	區域內貿易份額
IT intensity	區域內貿易密度
GDP correlation-12	以12年為時間跨度的產出相關性
GDP correlation-20	以20年為時間跨度的產出相關性
Currency	區域內最頻繁使用的本幣比例
Currency^2	區域內最頻繁使用的本幣比例的平方
Dgdp	區域內將最頻繁使用的本幣作為本國貨幣的國家的GDP占區域內國家總GDP的比例
Risk	區域內國家總體風險的平均值
Trade openness	區域內國家的平均貿易開放度
Metrade	區域內工業製成品出口占GDP的比重（標準化）
GDPpc	區域內人均GDP（標準化）
Urban rate	區域內城鎮化水準的差異（標準化）

（1）區域內本幣使用情況。

由表4—2不難看出，區域內最頻繁使用的本幣比例存在著明顯的區域差異。這種差異性與美元的超級國際地位有關。在所有包含美國的區域經濟合作組織中，區域內最頻繁使用的本幣是美元，於是區域內最頻繁使用的本幣比例都非常高，幾乎接近100%。而在那些不包含美國的區域經濟合作組織中，由於

1　各國之間的進出口貿易資料來自IMF貿易分佈統計資料庫（IMF Direction of Trade Statistics）和CEIC全球宏觀經濟資料庫（CEIC Global Database）；國家總體風險來自EIU國家風險模型資料庫（EIU Country Risk Model）；國內生產總值、工業製成品貿易占GDP的比重、人均國內生產總值、城鎮化水準來自世界銀行WDI資料庫（World Development Indicators）。

美元也占有相當高的比例，所以直接壓低了區域內本幣使用比例。此外，不同區域經濟合作組織的貿易和經濟一體化程度存在顯著的差異，有些區域經濟合作組織內部各國之間產業結構、貿易結構、經濟發展水準都相似，有些則正好相反，各國之間存在巨大差異。

表4—2　主要變數的描述性統計

變數	樣本量	平均值	標準差	最小值	最大值
IT share	208	0.198 7	0.210 7	0.006 4	0.720 6
IT intensity	208	3.900 5	4.310 0	0.314 1	22.069 0
GDP correlation-12	208	0.843 2	0.173 9	0.633 6	0.996 7
GDP correlation-20	208	0.861 8	0.144 1	0.081 2	0.993 4
Currency	208	0.584 2	0.214 0	0.178 6	0.963 3
Currency^2	208	0.388 1	0.252 2	0.031 9	0.927 9
Dgdp	208	0.660 9	0.216 1	0.103 3	1.000 0
Risk	208	41.756 1	11.733 8	12.500 0	61.000 0
Trade openness	206	86.900 9	37.625 8	37.750 0	221.333 0
Metrade	192	29.700 2	21.069 2	5.370 3	92.729 2
GDPpc	208	11 770.290 0	10 569.820 0	622.065 0	42 824.600 0
Urban rate	208	16.260 3	8.990 9	1.154 7	35.341 2

為方便分析，以下選擇五個主要的區域經濟合作組織進行比較——歐盟、東盟10＋3、海合會、北美自由貿易區和南方共同市場。由圖4—1可知，這五個組織的區域內最頻繁使用本幣比例總體來說是相對穩定的。

北美自由貿易區最頻繁使用的本幣是美元，比例在90%左右。對北美地區而言，以美元作為區域內主要使用貨幣能最大限度地節約交易成本，有利於貿易和經濟的穩定發展。

歐盟是全球區域經濟合作程度較高的地區，區域內最頻繁使用的本幣是歐元，比例略低於50%。主要原因在於，倫敦是世界上最重要的國際金融中心，

在英國交易的外匯品種繁多、數額巨大，歐元交易在倫敦僅僅占據三分之一的份額，降低了歐元的整體比例。

在東盟10國框架下，每個國家的貨幣都占據一定比例，但都不到10%，區域經濟發展和一體化程度有限。但是在引入「東盟＋中日韓」機制以後，中、日、韓三國市場的巨大需求有效帶動了東盟10國的發展，日圓也因而成為「東盟10＋3」框架內最頻繁使用的本幣。

南方共同市場最頻繁使用的本幣是巴西雷亞爾。但是從圖4—1中可以看出，區域內最頻繁使用的本幣比例波動十分巨大，這與區域內各國經濟發展、政治格局的劇烈變動有關。20世紀末，南美各國普遍爆發經濟危機，此時巴西經濟穩定地正增長，使得巴西雷亞爾在區域貨幣使用中占據主導地位。但是進入21世紀初，南美各國經濟騰飛，阿根廷的經濟增長率連續5年超過8%，其他國家也超過5%，導致巴西雷亞爾的地位迅速下滑。

對海合會國家來說，美元、歐元的使用比例普遍較高，使得區域內本幣使用比例相對較低。區域內最頻繁使用的本幣是沙烏地阿拉伯的里亞爾，比例在20%左右。

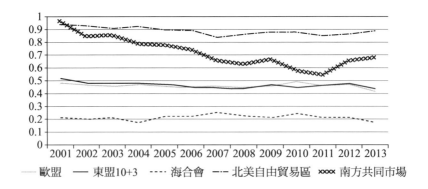

圖4—1　區域內最頻繁使用的本幣比例

（2）區域貿易和經濟一體化程度。

主要區域經濟合作組織的貿易一體化程度見圖4—2和圖4—3。由圖可以看

出，五個組織的區域內貿易份額相對穩定，但區域內貿易密度則有明顯的趨勢性變化。

　　歐盟各國之間沒有關稅，有著統一的貨幣歐元，貿易成本低廉，並且歐盟各成員國之間存在貿易互補性，使得歐盟的區域內貿易份額很高。但進入21世紀以來，以「金磚五國」為代表的新興經濟體迅速成長，使得歐盟、北美等發達國家的區域貿易比重不斷下降。這也是導致歐盟、北美等經濟合作組織區域內貿易份額穩定而區域內貿易密度上升的原因之一。

　　海合會國家具有相似的出口結構，貿易互補性較差，因此貿易一體化程度較低。東盟10＋3的貿易一體化程度自21世紀以來沒有明顯變化。南方共同市場的區域內貿易密度進入21世紀以後迅速下降，主要是因為原來的基數低——貿易總量同世界貿易總量的比值很低，因此在南美各國貿易發展的同時，這一比例的迅速上升導致區域內貿易密度下降。

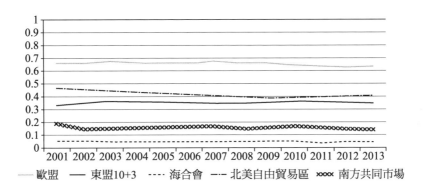

圖4—2　區域內貿易份額比較

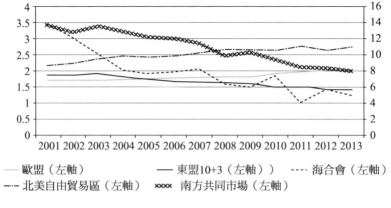

圖4—3　區域內貿易密度比較

　　圖4—4和圖4—5反映了主要區域經濟合作組織的經濟一體化程度。前者給出了以12年為時間跨度的產出相關性，後者給出了以20年為時間跨度的產出相關性。世界上各地區的產出相關性自21世紀以來整體呈現上升趨勢，說明在經濟全球化的整體趨勢下，區域之間、國家之間的經濟聯繫越來越緊密，世界範圍內經濟一體化程度不斷提高。

　　海合會國家具有相似的貿易結構、產出結構和經濟發展模式，對外生衝擊的回應具有很強的相似性，所以區域內的產出相關性很高。樑柱（2010）研究發現，海灣六國的經濟週期長期同步與其高度依賴石油出口有關，這也是其產出相關性一直較高的重要原因。

　　北美自由貿易區從建立開始，加拿大和墨西哥對美國的經濟依賴性便不斷上升，從而使得區域內的產出相關性比較高。

　　歐盟不斷擴張對經濟一體化的影響十分巨大。產業結構、經濟發展模式不同的國家具有不同的經濟週期，很難做到經濟一體化。雖然隨著時間的推移，歐盟成員國之間的產業融合不斷加深，使各國之間經濟週期趨於同步，但非對稱衝擊仍然會制約區域內的經濟一體化程度。

　　南方共同市場以新興經濟體為主，經濟波動比較劇烈。其產出相關性的波動也比較劇烈。

東盟10＋3是南北合作的典範。自由貿易區的建立，加強了各國之間的聯繫，使得區域經濟一體化程度不斷提高。但利益交織的多強格局，使東盟10＋3框架內各國產出相關性的波動比較複雜。

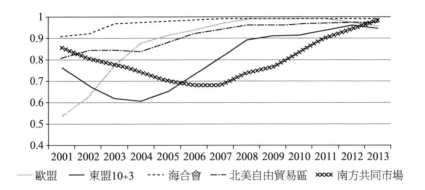

圖4—4　區域經濟一體化程度（以12年為時間跨度）

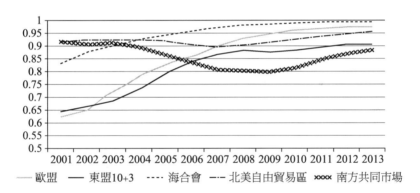

圖4—5　區域經濟一體化程度（以20年為時間跨度）

歐盟的經濟一體化進程

　　18世紀60年代，歐洲尤其是西歐各國普遍通過工業革命邁入資本主義社會，極大地提高了生產力。19世紀交通工具的發展更是拉近了整個世界的距離。由於各具比較優勢，歐洲各國之間的區域性分工逐漸形成，跨國貿易不斷發展，彼此間經貿聯繫日益緊密。但是在經濟聯繫加強的同時，歐洲各國的競爭也不斷加劇。

　　由於民族主義盛行，各國普遍採取貿易保護主義政策。經濟衝突上升到政治衝突，便引發了世界大戰。

　　經過戰爭洗禮的歐洲各國發現，經濟一體化是各國迅速發展、重新崛起的捷徑，並在第二次世界大戰後成功地進行了兩次嘗試。1944年，比利時、荷蘭、盧森堡共同設立經濟聯盟，並一直存在至今。1952年，在美國的支持下，法國、聯邦德國、義大利、比利時、荷蘭、盧森堡六國簽訂了《歐洲煤鋼共同體條約》，建立了統一的煤鋼共同市場，取消了關稅限制。這兩次嘗試雖然只是歐洲一體化的第一步，卻是最重要的一步，讓各國意識到了歐洲一體化的優勢所在。

　　1957年，法、德等六國簽訂《羅馬條約》，建立歐洲經濟共同體和歐洲原子能共同體，將共同市場延伸到其他領域。1965年，簽訂《布魯塞爾條約》，將歐洲煤鋼共同體、歐洲原子能共同體和歐洲經濟共同體進行統一，叫做歐洲共同體。英國等其他歐洲國家由於不滿法德等六國將其排除在外，於1960年聯合丹麥、挪威、瑞典、瑞士、奧地利和葡萄牙建立了歐洲自由貿易聯盟，但它內部的經濟一體化程度還是無法和歐洲共同體相提並論。為了歐洲國家的進一步聯合，擴大共同市場、完善關稅體系、提升聯盟力量，1973年歐洲共同體進行了第一次擴充，接納

英國、愛爾蘭、丹麥加入，從而確立了歐洲共同體在歐洲區域一體化中的地位。

　　歐洲共同體成立後，歐洲各國為更深層次的經濟一體化而不停努力。建立統一的共同市場，實現要素自由流動，推出區域共同貨幣，設立超越國家的管理機構——在歐洲共同體各成員國的努力下，都逐漸成為了現實。1991年通過的《馬斯特里赫特條約》提出建立歐洲政治聯盟和歐洲經濟貨幣聯盟，標誌著歐盟開始從經濟貿易聯盟轉向經濟、政治、貨幣、外交、安全等多方面、深層次的一體化聯盟。經過多次擴充，至今歐盟已經擁有28個成員國。

　　1999年，歐元啟動。之後，歐盟憑藉穩定的地區經濟政治形勢、平穩較快的經濟發展水準、強大的經濟總體規模、完善的金融體系，使歐元成為世界市場上重要的國際貨幣之一，反過來進一步推動了歐洲整體經濟的發展。歐盟的一體化進程是一種嘗試、一種模式，它開創了世界舞臺上區域經濟合作的新範式。之後，很多區域經濟合作組織紛紛效仿歐盟推動一體化進程，但還沒有一個像歐盟那樣獲得巨大成功。

3.區域貨幣的使用促進區域經濟合作的研究證據

　　（1）區域貨幣的使用對貿易一體化的影響。

　　區域內貨幣合作對貿易合作有巨大的促進作用，這一結論得到了大多數人的認同。本報告使用區域內最頻繁使用的本幣比例作為區域貨幣使用的度量指標，在分析中引入二次項，得出區域貨幣使用與區域貿易一體化呈現「U形」關係的結論。即：當區域內最頻繁使用的本幣比例較低時，該貨幣使用比例的提升不會增強區域內的貿易一體化程度，反而會產生抑制作用；當區域內最頻繁使用的本幣比例較高時，該貨幣使用比例的提升會迅速提高區域內的貿易一體化程度。

　　區域貨幣的使用與貿易一體化之間的這種「U形」關係，對於不包含美國在內的區域經濟合作組織幾乎都是成立的。究其根本，主要是與區域貨幣的國

際地位有關。

　　布列敦森林體系崩潰後，只有一些比較發達的國家選擇了自由浮動的匯率制度，大多數國家仍將美元視為一種穩定的錨貨幣。進入20世紀末期，非洲和拉美的一些國家開始實施美元化，以求穩定國內的經濟發展、降低通貨膨脹、促進金融市場的深化和節約持匯成本。在此背景下，賦予美元「牙買加體系超級國際貨幣」的稱號真是一點也不為過。以美元充當貿易計價結算貨幣，可以降低交易成本，使區域內貿易更加直接透明。當區域內最頻繁使用的本幣比例較低時，貿易活動使用區域內本幣計價結算，還需要不斷地進行美元匯兌並採取匯率風險防範措施，在時間和金錢上均要付出昂貴的成本。此時，擴大區域內本幣的使用並不會促進區域內貿易發展，反而因為提高了交易成本而產生一定的抑制作用。

　　值得注意的是，使用美元進行區域內貿易計價結算雖然可以降低交易成本，但也要付出一定的代價。第一，使用美元進行計價和結算，使得區域內各國對美國的經濟依賴性提高，美國國內的貨幣政策和經濟週期會顯著影響區域內貿易與經濟發展。在2007年美國次貸危機爆發初期，包括中國在內的大部分新興經濟體的經濟運行情況基本良好，但卻由於對美元的過度依賴而在金融危機擴大化的過程中備受打擊。這是很多區域經濟合作組織不願意接受的事實，也是一個區域獨立健康發展必須摒棄的。改革現行的國際貨幣體系，減少對一個主權國家貨幣的依賴已經成為市場的共識（吳曉靈，2009）。第二，在國家層面上，如果貨幣制度選擇美元化，或是貨幣政策的美元化程度較高，就會喪失貨幣政策和匯率政策的獨立性。美聯儲在制定貨幣政策時只會考慮本國利益，無法兼顧他國利益。而且實行美元化的國家不能利用貨幣政策和匯率政策彌補財政赤字、維持國際收支平衡。如果一國貨幣政策的美元化程度較高，則不僅貨幣政策獨立性和有效性被削弱，還會使官方外匯儲備遭遇「美元陷阱」的困擾。此外，區域經濟合作的目的在於彌補單一國家的勢單力孤，要力求通過區域經濟合作的方式來擴大自己的話語權，維護整個區域的共同利益（Krugman，1991）。在非美國參與的區域經濟合作組織內普遍使用美元，事

實上是將區域內成員國在世界市場上的話語權拱手讓與他人，從長遠看對於提升整個區域的競爭力來說顯然是不利的。

貨幣區的成本和收益隨著環境的變化而不斷變化（Michael Artis，2002）。同樣地，區域貨幣使用的成本和收益也隨著環境的變化而不斷變化。美國次貸危機最終蔓延成為全球性金融危機的事實，讓越來越多國家認識到擴大區域內貨幣使用的重要性，特別是其對區域貿易發展、區域經濟獨立等所具有的積極作用。以此為契機，隨著區域內最頻繁使用的本幣比例進一步提升，不僅降低交易成本、規避匯率風險等好處開始顯現，還可以更好地服務於區域經濟發展目標。實行類似歐元區的貨幣同盟，可以視為迅速提高區域內最頻繁使用的本幣比例的一種激進做法，由此可以迅速跨過「U形」底部，產生區域貨幣的使用對區域內貿易一體化的促進作用。不過，與自然選擇推動的區域貨幣的使用相比，昂貴的制度成本和一些國家貨幣工具的失效，可能會加劇區域內的經濟動盪，造成區域內部分成員國出現國際收支失衡或經濟失衡。這也是貨幣聯盟很難在其他地區推廣的原因。

（2）區域貨幣的使用對經濟一體化的影響。

關於區域貨幣的使用對經濟一體化的影響，有著兩種截然相反的觀點。內生性假說（endogeneity hypothesis）認為，建立貨幣區可以促進區域內貿易，增大區域內貿易的比重，提升區域內國家的相互依存性。當需求衝擊或政策衝擊到來時，區域內各國的相互聯繫將使其經濟週期趨同。專業化假說（specialization hypothesis）則認為，貨幣區帶來的區域內貿易發展會加劇區域內部的貿易分工、加快貿易轉移，使各國充分發揮比較優勢，提升專業化程度，從而區域內國家更容易遭受非對稱性衝擊的影響，區域內各國經濟週期的趨同性下降。在十多年的學術討論中，內生性假說的聲音逐漸占了上風。原因可能是：區域內貿易分工主要存在於低技術含量產業，高技術產業仍然呈現分散化（Knarvik，2000）；國家遭受非對稱性衝擊所受的影響與對稱性衝擊相比要更小，在國家層面上來說，影響是十分平滑的（Grauwe，2000）。

內生性假說提出在貨幣區建立後，最優貨幣區會產生自我強化的效應，貿

易一體化和經濟一體化相伴相隨、同向發展（Frankel and Rose，1998）。在此基礎上，Boeri（2005）提出貨幣區的建立使要素流通更加便利，有利於形成統一的勞動力市場，促進經濟週期的趨同；Schiavo（2008）發現貨幣一體化可以促進資本市場一體化，然後促進區域內各國產生相近的經濟週期。

本報告得出的結論支持了內生性假說。即：區域貨幣的使用可以提高區域內的經濟一體化程度，使區域內各國之間的經濟週期趨同。[1]我們認為，隨著區域內最頻繁使用的本幣比例的提高，降低了區域內的交易成本，促進了區域內部的貿易和投資，提高了區域內各國之間的產業相關性，增強了區域間各國的經濟聯繫，從而促進了經濟一體化程度。其作用效果主要體現在兩個方面：

第一，隨著國際分工的深化和市場經濟的發展，世界範圍內的貿易與經濟合作不斷發展。區域內的國家通常是為尋求生產力水準的提高、貿易經濟的發展而推動成立區域合作組織，因此區域內的國家具有相似的產業結構、貿易結構或者經濟具有互補性。相對於美元、歐元等國際貨幣，本地區貨幣可以更好地服務於區域內各國的經濟發展。隨著區域內最頻繁使用的本幣比例的提高，能夠逐漸抑制、擺脫美元的數量變化、匯率變化等對本地區經濟的影響，形成區域貿易的集合體，降低匯率波動風險和金融交易的成本，便利區域內貿易的發展，提高區域整體的經濟發展水準。

第二，20世紀90年代以來，多極化的世界政治格局逐步形成，國際經濟力量對比變化劇烈，國家間的經濟競爭日益激烈。隨著區域內最頻繁使用的貨幣比例的提高，這種貨幣開始逐漸成為國際貨幣，代表本地區在全世界範圍內行使國際貨幣職能，增強本區域在世界格局下的話語權。區域各國努力發展有利於本區域的貿易談判，共同發展以保護區域的整體利益。富景筠（2012）認為，東亞經濟合作的癥結在於事實上與法理上的一體化之間缺乏有力的互動關係，要努力培育制度內生的一體化環境。不追求「亞元」的構造和其他外部制度環境，在自然演進的過程中逐步擴大區域內最頻繁使用的本幣比例，是東亞

1　由於資料來源和觀測區間的局限性，新世紀以來經濟全球化趨勢可能對研究結果的準確性有所影響。

經濟貨幣合作的重要路徑，也是「一帶一路」戰略實施中的重要舉措。

總體來說，提高區域內最頻繁使用的本幣比例，能夠有效促進區域內經濟合作。提高區域內最頻繁使用的本幣比例所帶來的匯率風險降低、貿易成本降低、經濟波動降低的收益，會逐漸超過使用美元等國際貨幣的收益，從而促進區域內各國貿易發展和一體化程度的提升。貿易一體化是區域經濟合作中低層次、最直接的表現形式。雖然發展區域貨幣在開始階段並不會帶來區域內貿易的發展，甚至可能因為成本上升導致貿易下滑，但從長遠來看，區域內貨幣是最適合區域發展的貨幣，它的發展壯大能夠啟動本地區經濟發展的活力、抵禦外生波動的衝擊、降低區域內貿易的成本。同時，從深層次的經濟一體化來看，區域內貨幣的發展能夠帶動區域經濟的一體化進程，增強區域各國在國際競爭中的話語權，實現區域發展的共同目標。

4.3　「一帶一路」建設將鞏固人民幣的國際地位

4.3.1　區域主要貨幣的決定因素

提高區域內最頻繁使用的本幣比例，能夠促進區域經濟合作，增強區域一體化程度。但並不是所有國家的貨幣都可以代表本區域，進而發展成為區域貨幣。區域內最頻繁使用的本幣是怎樣產生的？有哪些重要的影響因素？這是借「一帶一路」建設之機推動人民幣國際化進程的關鍵。本節將在前述研究樣本的基礎上做進一步分析，嘗試驗證「一帶一路」建設是否具有擴大人民幣國際使用的積極影響。

根據對五大區域經濟合作組織的深入研究，我們發現，決定區域內最頻繁使用貨幣的因素主要包括四個方面。衡量這四個方面因素的具體指標及其定義見表4—3。

根據表4—4可知東盟10＋3框架下的主要區域貨幣使用比例及其解釋變數。容易看到，日圓是最頻繁使用的區域內貨幣，比例接近50%，位居其後的

是韓元（4.59%）和新加坡元（4.36%），其他貨幣（不包括人民幣）的交易比例都不足1%。

表4—5給出了歐盟28國的主要區域貨幣的使用比例及其解釋變數。歐元是最頻繁使用的區域內貨幣，比例接近50%，英鎊位居其後（15.88%），其他區域內貨幣如瑞典克朗、丹麥克朗等的交易比例只有1%左右。

表4—3 區域主要貨幣的決定因素

變數	變數定義
國家總體	
GDP share	使用該貨幣的國家的GDP占區域內國家總GDP的比例
Risk	使用該貨幣的國家的總體風險的平均值（標準化）
金融發展	
Credit	使用該貨幣的國家國內金融機構的信貸總量占GDP的比重（標準化）
FDI/GDP	使用該貨幣的國家平均FDI/GDP（標準化）
Reserve	使用該貨幣的國家外匯儲備總量/三個月的進口總額（標準化）
貿易發展	
Trade opening	使用該貨幣的國家的平均貿易開放度（標準化）
Metrade	使用該貨幣的國家的工業製成品出口占GDP的比重（標準化）
經濟發展水準	
GDPpc	使用該貨幣的國家的人均GDP（標準化）
Life expectation	使用該貨幣的國家的平均人均預期壽命（標準化）

注：標準化方法選用的是Z-score標準化；變數與區域內平均值的差比區域內的方差。

表4—4 東盟10＋3：主要區域貨幣的使用比例和解釋變數

主要貨幣	日圓	韓元	新加坡元	馬來西亞林吉特	菲律賓比索	泰銖
Currency	47.93%	4.59%	4.36%	0.51%	0.47%	0.93%
GDP share	33.60%	6.92%	1.62%	1.73%	1.42%	2.07%
Risk	−0.99	−0.61	−1.24	−0.86	0.08	−0.23

續前表

主要貨幣	日圓	韓元	新加坡元	馬來西亞林吉特	菲律賓比索	泰銖
Credit	2.55	0.48	−0.16	0.25	−0.64	0.63
FDI/GDP	−0.84	−0.72	2.82	−0.30	−0.63	−0.35
Reserve	1.36	−0.49	−0.40	−0.21	0.70	−0.07
Trade openness	−1.00	−0.13	2.77	0.46	−0.63	0.31
Metrade	−1.08	−0.23	2.48	0.52	−0.81	0.40
GDPpc	1.52	0.40	1.90	−0.31	−0.71	−0.56
Life expectation	1.53	1.17	1.35	0.10	−0.98	−0.08

表4—5　歐盟：主要區域貨幣的使用比例和解釋變數

主要貨幣	歐元	英鎊	瑞典克朗	丹麥克朗
Currency	46.87%	15.88%	1.52%	1.06%
GDP share	73.38%	14.79%	3.15%	1.89%
Risk	−0.13	−0.13	−1.55	−1.28
Credit	0.24	1.05	0.16	1.03
FDI/GDP	0.09	−0.14	−0.49	−0.50
Reserve	−0.54	−0.52	0.02	1.74
Trade openness	0.09	−1.00	−0.56	−0.34
Metrade	−0.01	−1.06	−0.68	−0.70
GDPpc	0.20	0.36	1.16	1.22
Life expectation	0.33	0.98	0.98	0.29

　　通過實證分析，本報告得出了以下四個研究結論：

　　第一，國家總體因素。貨幣發行國的國家總體經濟實力越強，區域內使用這種貨幣的比例就會越高；貨幣發行國的國家總體風險越低，區域內使用該貨幣的比例就會越高。這說明了國家的總體經濟實力和國家總體風險程度是決

定一國貨幣是否能夠成為區域內主要貨幣的重要因素。只有一個國家的經濟總量強大，才能抵禦外匯市場波動對經濟的影響。同樣，只有國家的總體風險較低，才能為信用貨幣提供良好的信譽支撐，降低交易風險。

從現實的例子來看，經濟總量因素和總體風險因素是貨幣擴張的最重要因素。對眾多區域經濟合作組織來說，交易量最大的區域內貨幣一般都是經濟總量最大的國家發行的。本報告所選取的16個主要經濟合作組織，平均來看，每種區域主要貨幣背後都對應著一個占本區域GDP總量60%以上份額的經濟體，可見國家總體經濟實力對於區域主要貨幣競爭的重要性。[1]即使是在區域內次優貨幣的選擇問題上，國家經濟總量也不容忽視。因此，國家經濟總量是支撐一種貨幣成為區域主要貨幣的堅強後盾，以此緩衝貨幣使用擴大所引發的經濟衝擊，是決定區域主要貨幣的關鍵。

在經濟總量之外，國家總體風險也非常重要。它能為信用貨幣提供信譽支援，是一種「軟競爭力」。現在貨幣都是信用貨幣，國家風險的升高會使貨幣的使用風險加劇。譬如，俄羅斯盧布在區域中的使用比例與其國家的總體風險十分相關，債務違約、戰爭頻發不但使盧布在世界市場上舉步維艱，在中亞、高加索地區的推廣也非常困難。而對於新加坡、丹麥、瑞士等國來說，儘管它們經濟規模較小，但是擁有穩定的政治經濟環境，也能幫助其貨幣在區域貨幣的使用上占據一席之地。

第二，金融發展水準因素。早在1992年，Tavlas和Ozeki便提出金融發展對貨幣的國際地位具有重要影響。貨幣的使用離不開金融的發展，資本帳戶開放、金融交易結算、國際貨幣儲備等都是貨幣成為區域主要貨幣的重要影響因素。金融的發展與改革會直接影響區域貨幣的使用比例。印度盧比自20世紀90年代以來成為南盟最頻繁使用的區域內貨幣，之後印度先後成立了國際收支高級委員會、資本專案可兌換委員會和放寬資本專案可兌換委員會，努力實現印度盧比在資本專案下的可自由兌換，希望借此提升印度盧比的國際地位。但是

1　只有APEC、東盟10＋3、曼谷協定的區域主要貨幣發行國的GDP份額沒有達到30%。

在這個過程中，印度盧比在南盟區域中的交易比例始終頻繁波動，五年內下滑了40%。

資本帳戶可兌換是一種貨幣擴大國際使用的「穩定器」，可以防範投機套利行為帶來的衝擊。與資本帳戶可兌換相關的是外匯儲備規模。1997年亞洲金融危機之後，新興市場國家普遍提高了外匯儲備規模。比如巴西，1997年外匯儲備只有517億美元，到2012年達到了3 732億美元，增長了6倍多。外匯儲備的增加毫無疑問增強了國家的金融、經濟穩定性，但是在美元、歐元、日圓等區域外國際貨幣大量進入官方外匯儲備行列時，必定會造成區域內貨幣使用比例的相對下滑，這也是導致巴西雷亞爾在南方共同市場的交易比例從2001年的82%降低到2007年的48%的原因之一。類似地，市場上一種貨幣的數量越多，在區域內的使用頻率也會相對越高。一國貨幣通過貿易和資本管道向外輸出，使區域內該貨幣的使用比例提升，當然這也與該國金融仲介的效率有關。金融市場越發達，其輸出能力越強，貨幣在區域內的使用就會越頻繁。

第三，貿易發展水準因素。國際貿易催生了國際貨幣的使用。跨國貿易需要在多種備選貨幣中選擇一種或有限的幾種進行計價和結算。一般來說，貿易計價和結算貨幣是出口方或者進口方貨幣，也可以在主要國際貨幣中選擇協力廠商貨幣。如果一個國家的貿易開放度比較高，則其發行的貨幣在世界範圍內的使用水準也會相對較高。但在美元強勢的現實情況下，很多國家選擇使用協力廠商貨幣進行計價和結算，使得這一邏輯在實際中並不明顯。

雷伊（Rey，2001）運用模型分析了第二次世界大戰前後英鎊的衰落和美元的興起，發現了一個事實：美國的GDP在1870年就已經超越了英國，但是工業製成品出口直到1950年才超過英國（見表4—6）。國際貨幣的轉換具有「滯後效應」（hysteresis effect），而貿易流量是國際貨幣轉換最重要的影響因素，工業製成品貿易更是重中之重。因為使用其他國家的貨幣是有風險的——在使用過程中除了要考慮貨幣發行國有良好的信譽、不會違約使外幣資產變得一文不值外，還要思考在貨幣迅速貶值的情況下能用其購買多少實物，因此，工業製成品出口便是一個代理變數。工業製成品中大多數都是和人們生活密切

相關的必需品，這一比值越高，說明貨幣在該國使用獲得的有價值實物越多，貨幣的穩定性就越好。

表4—6 英美兩國GDP和工業製成品出口　　　　　　　　　　　　　單位：百萬美元

年份	英國GDP	美國GDP	英國工業製成品出口	美國工業製成品出口
1820	34 829	12 432	1 125	251
1850	60 479	42 475		
1870	95 651	98 418	12 237	2 495
1900	176 504	312 866		
1913	214 464	517 990	39 348	19 196
1929	239 985	844 324	31 990	30 368
1950	344 859	1 457 624	39 348	43 114
1973	674 061	3 519 224	94 670	1 744 548
1992	910 401	5 510 378	194 535	451 026

資料來源：Helene Ray,*The Review of Economic Studies*, 68(2)(Apr., 2001),pp.457.

　　第四，經濟發展水準因素。相對前三個方面的因素，經濟發展水準因素對區域貨幣使用的影響較小。它的影響可以分為兩部分：直接的貨幣使用和間接的文化滲透。如果一國的經濟發展水準高、人均收入高、預期壽命長，則這個國家的居民會更有金錢、時間和精力去國外旅遊、消費，將本國貨幣的使用範圍擴大到世界上的其他國家，也直接提高了貨幣使用的頻率。另外，還存在著一種文化的滲透。人們對於經濟發展水準高的國家及其發行的貨幣，總是帶著羨慕的眼光，對該國經濟和貨幣背後的文化因素也更有了解的興趣。所以，經濟發展水準高的國家，容易吸引到更多非居民的消費和投資，有利於增強人們對該國貨幣的使用和持有意願，從而提高該國貨幣的使用程度。

日圓國際化和東盟中的日圓

　　1967年5月，日本經濟調查協議會公佈了題為《日圓的國際地位》的調查報告，認為日圓的國際地位和日本的經濟產業發展並不相稱，日圓雖不能像美元、英鎊一樣成為國際貨幣體系中的關鍵貨幣，但應該考慮逐步強化日圓的地位。[1]日本從20世紀60年代末和70年代初開始進行了日圓國際化的討論，直到20世紀90年代初日本泡沫破裂，經濟進入長期的蕭條之中。

　　在日圓國際化的這個時期，日本的經濟發展迅速，平均GDP增長率為9.5%，20年間日本的經濟總量增長了549%；日本國家的風險水準在日圓國際化初期整體較低，中央政府和地方政府的長期債券餘額占比不到GDP的10%，處於十分低的水準。但是在日圓國際化的後期，尤其是自1980年以來，在美國的壓力下日圓開始大幅度地升值，日本中央政府和地方政府的長期債券餘額也逐漸攀升到50%以上。總體來說，在日圓國際化的整個時期，日本國家的風險水準還是比較低的（見圖4—6）。飛速發展的日本經濟和國家良好的風險水準為日圓的國際化提供了良好的內部經濟及政治環境，是這個時期日圓國際化發展的重要原因。

1　參見付麗穎：《日圓國際化與東亞貨幣合作》，39頁，北京，商務印書館，2010。

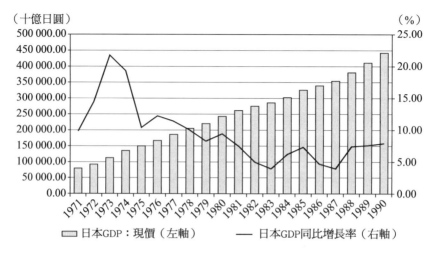

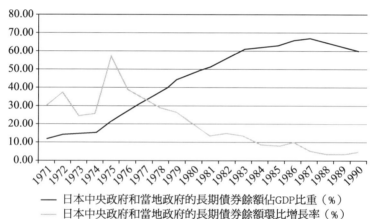

圖4—6　日圓國際化期間日本經濟與貿易的發展

　　從貿易發展的角度來看，在日圓國際化的過程中，日本的貿易開放度一直在150%以上，持續向國外輸出商品和服務。由於日本經濟的不斷發展，日本在國際貿易中計價貨幣的選擇上擁有越來越大的主動權。在日本的出口貿易中，以日圓計價的比例不斷提高，從1971年的2%提高到1990年的37.5%，真正實現了日圓貿易計價的國際貨幣職能（見圖4—7）。

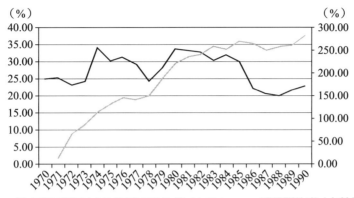

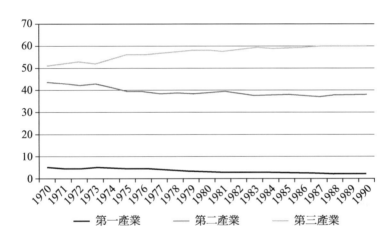

圖4—7 日圓國際化期間的貿易開放度、日圓貿易計價程度和產業結構

從金融發展的角度來看，日本第二次世界大戰後資金奇缺、急於發展經濟，政府對金融業採取了非常嚴格的監管，並在政策層面實施了有助於發展經濟的金融政策。這些監管和政策實際上侵蝕了日本金融市場化的發展，在一定程度上阻礙了金融市場的發展，從而直接導致了日本間接金融為主、資本市場不發達的金融結構。在日圓國際化期間，日本國內金融市場迅猛發展，對亞洲的直接投資直線增加，日圓在世界市場中的地位不斷提高。

日圓的國際化促進了日本的經濟結構轉型升級和產業結構轉移。自1970年以來，日本的勞動力成本不斷上升、貿易條件漸進惡化，迫使日本進行經濟結構的轉型升級，並將勞動密集型產業、發展潛力較低的產業轉移到亞洲其他國家，形成了亞洲獨有的「雁陣模式」，直接帶動了「亞洲四小龍」的崛起，促進了包括中國、東南亞在內的亞洲的大發展。因此，亞洲的很多國家對日本的資本擴張表現出積極和歡迎的態度，高層和民間的交流也日益頻繁。這是日本即使經歷了「消失的十年」後，日圓仍然在東亞範圍內保持強勢的重要原因。

4.3.2 擴大「一帶一路」上的人民幣使用

以下討論「一帶一路」建設過程中人民幣是否有機會成長為區域主要貨幣。我們將中國與「一帶一路」沿線國家進行了多種排列組合，作為類比建立的區域經濟合作組織。利用前面的區域主要貨幣決定因素的分析模型，對類比建立的不同區域經濟合作組織估算其中人民幣的使用比例，同時也估算區域內其他主要國家貨幣的使用比例。受資料可獲得性的影響，假定估算期是2013年，所有用於類比的資料均為2013年資料。

表4—7揭示了具體的估算結果。從中不難發現，在類比建立的各個區域中，人民幣的使用比例都超過40%，處於非常高的水準。這充分說明，人民幣完全有條件成為「一帶一路」沿線的區域主要貨幣。

與中國一樣，俄羅斯和印度也在金磚國家行列，並且都是「一帶一路」沿線大國，在歐亞大陸複雜的地緣政治中扮演重要角色。那麼，人民幣在競爭區域主要貨幣時，會不會遭遇俄羅斯盧布和印度盧比這兩個「攔路虎」呢？根據我們估算的結果，答案顯然是否定的。在模擬建立的中國—中亞五國框架下，人民幣的使用比例最高可達到75.30%。對於中亞地區的區域經濟合作來說，俄羅斯盧布是人民幣的主要競爭對手。在模擬建立的中國—中亞五國—俄羅斯框架下，俄羅斯盧布將分走原屬於人民幣的一部分份額，使人民幣的使用比例下降到60.74%，但人民幣仍然是區域的最主要貨幣。對於南亞、東南亞直

到中東的海上絲綢之路的區域經濟合作來說，印度盧比（11.17%）、新加坡元（9.77%）具有一定的區域內影響力，但仍不足以動搖人民幣（46.66%）的區域主要貨幣地位。

表4─7 模擬合作區域的主要貨幣使用比例

區域內其他國家	人民幣	俄羅斯盧布	印度盧比	其他
中亞五國[a]	75.30%			
中亞五國，俄羅斯	60.74%	16.42%		
中亞五國，印度，阿富汗，巴基斯坦，俄羅斯	56.18%	17.31%	13.59%	
中亞五國，印度，阿富汗，巴基斯坦，俄羅斯，蒙古，東歐高加索五國[b]，中東七國[c]	52.55%	20.02%	18.53%	
中亞五國，蒙古，俄羅斯，東歐高加索五國，土耳其	65.15%	27.72%		
印度，巴基斯坦，阿富汗，中東七國	51.79%		8.29%	
中國，菲律賓，馬來西亞，印尼，越南，緬甸，新加坡，泰國，緬甸，印度，孟加拉，寮國	46.66%		11.17%	9.77%（新加坡元），5.26%（印尼盾）
中國，印度，巴基斯坦，伊朗，沙烏地阿拉伯	67.16%		15.73%	

注：a.中亞五國：塔吉克斯坦、吉爾吉斯、哈薩克、土庫曼和烏茲別克。
b.東歐高加索五國：亞塞拜然、亞美尼亞、格魯吉亞、烏克蘭和白俄羅斯。
c.中東七國：伊朗、伊拉克、敘利亞、沙烏地阿拉伯、科威特、約旦和土耳其。

　　然而，上述估算結果是在最樂觀假設情景下得出的。按照同樣的方法，估算得到東盟10＋3和上海合作組織中的人民幣使用比例分別為30.98%和60.61%，可見與人民幣實際使用比例6.72%和31.95%相去甚遠（見表4─8）。這固然反映了人民幣國際化進程剛剛起步、人民幣的區域貨幣地位尚未鞏固的現實情況，表明人民幣國際化的未來發展潛力巨大，但還是有必要認真思考人民幣區域使用的實際值遠遠低於估算值背後的原因。

表4—8　人民幣區域使用比例的估算值和實際值

區域合作組織	人民幣使用比例實際值	人民幣使用比例估算值
東盟10＋3	6.72%	30.98%
上海合作組織	31.95%	60.61%
APEC	4.28%	6.29%

　　簡單而言，可能有以下幾個方面的原因。一是中國的資本帳戶還沒有完全開放，抑制了一部分人民幣區域使用的需求。隨著資本帳戶改革的進一步推進，可以預期人民幣的區域使用比例會大幅度提升。二是區域內使用的最主要貨幣已經確立，人民幣國際化必然要與這些具有先行者優勢的貨幣展開競爭，而區域內的貨幣使用轉換具有「滯後效應」，人民幣區域使用比例將會經歷一個緩慢上升的過程。三是人民幣計價結算的主動權較弱。中國有巨額的進出口貿易，但是其中以人民幣計價結算的比例相對較低。《中國銀行跨境人民幣業務白皮書》顯示，在匯率變動不利時，完全接受外商報價而承擔匯率風險的企業仍占受訪境內企業的26%。四是歷史文化和地緣政治的原因。中國與一部分國家存在歷史和領土問題上的糾紛，而且中國現行的政治制度和市場體制與眾不同。比如，菲律賓是美國的戰略盟友，在很多問題上與中國針鋒相對；中國同印度存在領土問題上的爭端；中日之間也存在領土爭端以及歷史問題；等等。一些國家的政府或民眾對於中國的崛起存在著戒備心理或對立情緒，這也導致人民幣的區域使用比例比較低。

　　由此可見，人民幣要成為成熟的國際貨幣還有一段路要走。首先要逐步放開資本管制，實現人民幣的利率市場化和匯率市場化，滿足現有的人民幣使用的需求。其次是要努力爭取擴大人民幣的使用規模，具體包括：拓寬人民幣儲備貨幣規模，簽署雙邊本幣互換協定，使人民幣成為更多國家的儲備貨幣；爭取人民幣貿易計價的主動權，發展遠期、互換、期權等外匯衍生工具服務進出口貿易，維持人民幣幣值穩定；加強人民幣在金融交易中的使用規模，發展人民幣離岸市場，加大人民幣離岸市場的業務規模和交易比重。最後，需要在文化領域多做溝通，強化非居民對人民幣的持有和使用意願。積極發展孔子學院，加強民間文化交流，傳播中華文化，增強外國人民對中國文化的認同感。

大湄公河次區域經濟合作與中國—東盟自由貿易區的建設

　　大湄公河次區域經濟合作組織（GMS）是由亞洲開發銀行在1992年牽頭設立的，其中包括中國、越南、緬甸、柬埔寨、寮國、泰國六個湄公河（瀾滄江）流域的國家。大湄公河次區域經濟合作組織成立以來，推動了一系列基礎設施項目的實施，中國同中南半島國家的經濟貿易往來也日益頻繁。自1992年大湄公河次區域經濟合作組織建立以來，中國同中南半島五國的貿易平穩較快發展，其貿易額占中國進出口總額的比重已經由1992年的1.15%提高到2013年的3.61%，中南半島五國顯然已經成為中國進出口貿易的重要合作夥伴（見圖4—8）。2014年12月20日，中國國家總理李克強出席在泰國曼谷舉行的大湄公河次區域經濟合作組織第五次領導人會議時，在會議上發表了重要演講，提出了深化基礎設施領域合作、創新產業合作模式、加強對貿易投資合作的金融支持、推進民生與社會事業發展、提高地區發展的開放聯動水準共五點深化大湄公河次區域經濟合作的建議。

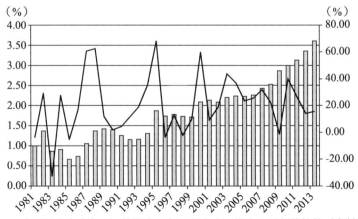

圖4—8　中國同中南半島五國的進出口貿易

中南半島五國與中國同處湄公河兩岸，是中國歷史上的友好鄰邦。中國一貫奉行「以鄰為善、以鄰為伴」的周邊外交方針，同中南半島五國深化各領域的互利合作，可以促進區域經濟發展和民生改善，維護區域內長期穩定及繁榮發展。除此之外，通過大湄公河次區域經濟合作，中國對消除與東南亞各國進行區域經濟合作的制度性障礙做了重要的嘗試，積累了一定經驗，也推動了相關人才的發展，為中國同東盟自由貿易區的建設提供了一定的基礎（王敏正，2004）。可以說，中南半島五國是中國同東盟循序漸進發展自由貿易區中重要的一環，它對推動中國—東盟自由貿易區的建立起到了以下三個方面的作用：第一，自由貿易區的建設一方面是稅收等制度的建設，另一方面是貿易相關的基礎設施建設，大湄公河次區域合作中進行了鐵路、電力、通信等基礎設施建設，為中國—東盟自由貿易區的建設提供了設施基礎。第二，中國同中南半島五國的貿易隨著稅收、結算等制度壁壘逐漸消失而迅猛發展，並沒有阻礙當地的企業發展，反而推動了當地經濟的發展。中南半島五國是東盟中必不可少的成員，中國同它們的發展起到了示範作用，為中國—東盟自由貿易區的談判奠定了良好的現實基礎。第三，大湄公河次區域經濟合作是中國—東盟經濟合作的第一步，中國同中南半島五國進行了廣泛的交流合作，積累了豐富的經驗，對消除制度性障礙進行了嘗試。

循序漸進地推動區域一體化進程是中國同周邊國家進行區域經濟合作的重要方式，從大湄公河次區域經濟合作到中國—東盟自由貿易區的建立，從中體現的是區域經濟合作的思路和途徑。

「一帶一路」建設為人民幣國際化帶來了難得的歷史機遇。重要的是在眾多沿線國家中選擇合適的對象率先開展區域經濟合作，及時收穫「五通」目標和人民幣國際化的早期成果。根據對類比區域內人民幣使用比例的估算結果，中亞五國是現階段最好的選擇。首先，從實現的困難程度來說，以中亞五國作為「絲綢之路經濟帶」建設的切入點最為實際，可以直接在上海合作組織的框

架下具體推進。其次，在中國—中亞五國模擬框架下人民幣使用比例的估算值最高，而且主要競爭對手俄羅斯正處於經濟下行壓力，一段時間內恐怕難以兼顧區域內主要貨幣競爭的目標。此外，中亞五國長期受俄羅斯的勢力干預，急迫地尋求協力廠商勢力介入，為中國進入該地區打開了有利的時間視窗。

但是不可否認，以中亞五國作為推廣人民幣使用的區域還存在很多風險。最主要的是金融監管問題。中亞五國的金融服務業發展水準較為落後，金融機構的抗風險水準低，匯率不穩定，這都將加大人民幣在中亞五國使用的難度。此外，世界政治的影響也對人民幣在中亞五國的使用提出了挑戰。中亞五國內部存在經濟發展的不確定性，同時也有一定的政治風險——除了俄羅斯外，美國、日本也都在中亞地區有自己的利益。

「一帶一路」可以拓寬人民幣的使用範圍，增加人民幣的國際使用規模，推動人民幣國際化進程。人民幣國際化也對實現「五通」目標、深化區域經濟合作起到了關鍵作用。理論分析和實證分析都說明，提高區域內最頻繁使用的本幣比例，能夠有效防範區域內金融風險，降低交易成本，提升區域經濟的整體競爭力，加快區域內貿易一體化和經濟一體化進程。

「一帶一路」建設造福沿線各國人民。「互聯互通」既可帶動區域經濟增長，又能密切沿線國家的經濟聯繫，進而形成橫跨歐亞大陸的區域合作新格局。根據以往的經驗，國家總體經濟實力、國家總體風險水準、貿易發展水準、金融發展水準、經濟發展水準等因素是決定一種貨幣能否成為區域內最主要貨幣的關鍵。中國是全球第二大經濟體、全球貿易和直接投資最重要的國家之一，是「一帶一路」沿線各國的重要交易夥伴，經濟發展和金融發展居於區域領先水準，國內政治穩定，文化繁榮，已經為人民幣在「一帶一路」上的擴大使用做好了充分準備。人民幣的國際使用只要在增強便利性和降低交易成本方面繼續努力，則隨著「一帶一路」建設過程的推進，沿線國家必將逐步提高貿易、投融資、金融交易和外匯儲備中的人民幣份額，為人民幣躋身主要國際貨幣行列提供充足動力。根據測算，可以考慮將中國—中亞五國框架打造成為「絲綢之路經濟帶」建設中大力推動人民幣國際化的示範區域。

第五章

「一帶一路」主要貿易品計價貨幣選擇

首先，本章分析了「一帶一路」沿線國家的貿易資料，明確了貿易對區域內各個國家經濟發展的重要意義。其次，本章通過實證分析證明了人民幣計價結算是深化中國與「一帶一路」沿線國家貿易合作的必由之路，並討論了人民幣期貨市場發展的戰略意義。最後，本章對「一帶一路」大宗商品貿易的人民幣計價結算前景進行了測算，並提出了合理建議。

5.1 「一帶一路」貿易對中國有重要意義

「一帶一路」涉及的沿線國家眾多。為了了解沿線國家對中國的貿易貢獻，我們根據地理分佈和實際貿易情況，選取部分沿線國家進行分析（見表5—1）。

表5—1 「一帶一路」沿線國家（部分）

地理分區	主要國家
東南亞及南亞地區	印尼、馬來西亞、菲律賓、新加坡、泰國、汶萊、越南、寮國、緬甸、柬埔寨、東帝汶、尼泊爾、不丹、印度、巴基斯坦、孟加拉等

續前表

地理分區	主要國家
中亞及中東地區	蒙古、哈薩克、吉爾吉斯、塔吉克斯坦、烏茲別克、土庫曼、巴基斯坦、阿富汗、伊朗、亞塞拜然、格魯吉亞、土耳其、敘利亞、伊拉克、葉門、阿曼、沙烏地阿拉伯等
東歐及南歐地區	羅馬尼亞、烏克蘭、保加利亞、希臘、白俄羅斯、波蘭、立陶宛、拉脫維亞、愛沙尼亞、俄羅斯等
北非地區	索馬里、衣索比亞、蘇丹、埃及、利比亞、阿爾及利亞、尼日爾、肯亞、烏干達等
大洋洲地區	澳洲等

由圖5—1可知，中國出口總額的增長速度與對部分沿線國家出口額的增長速度大體相當。2001—2009年期間，中國對部分沿線國家出口的增速超過了出口總額，並且在2010年以後，對部分沿線國家的出口增速仍然保持著一定優勢。可以認為，「一帶一路」沿線國家對於拉動中國的出口增長有所貢獻。中國對不同地區的出口占比見圖5—2。[1]

中國對「一帶一路」沿線國家的貿易呈現出明顯的上升趨勢。統計資料表明，中國對部分沿線國家的出口占比從1992年的9.36%上升至2013年的18.55%，並且依然保持強勁的增長勢頭。我們認為，未來中國對沿線國家的出口仍將維持在較高水準且保持較快增速。而「一帶一路」更加深入的合作將會進一步開發對我國產品的需求，從而為我國產業轉型與升級、優化內外經濟均衡鋪平道路。

目前，中國對「一帶一路」沿線國家的商品出口主要集中在各類機械和電器、鐵路和鐵路用機車車輛以及配套設施、船舶、鋼鐵製品（如天然氣管道）、衣物、塑膠製品等國內有效需求不足的行業。在中國面臨鋼鐵、煤炭、船舶、光伏、石化等行業有效需求不足的大背景下，加強此類國際貿易合作必將有助於我國更好地適應經濟新常態，實現更高品質的經濟增長。

1　如無特別說明，以下貿易資料全部來源於UN Comtrade資料庫。

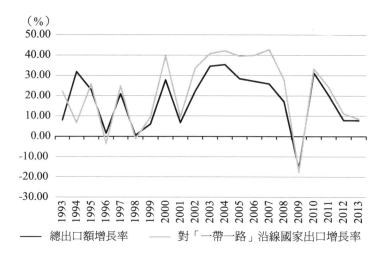

圖5—1　中國出口總額及對部分沿線國家出口的增長率

資料來源：國家統計局。

圖5—2　中國對部分沿線國家出口占比

5.2　「一帶一路」貿易對沿線國家有重要意義

5.2.1　對華出口的經濟貢獻大

　　我們分析了近20年來「一帶一路」沿線國家對中國的出口情況，從中可以

得到以下幾個共同規律：第一，中國的進口需求強勁，雖有波動，但上升趨勢非常明顯。第二，沿線國家對中國出口的增長速度在相當長的時間範圍內超過其對外總出口額的增速，顯示出對華出口的重要性。圖5—3和圖5—4分別顯示了泰國、澳洲對中國出口的變動趨勢。顯然，中國經濟騰飛所產生的強大需求給沿線國家的對外出口以及經濟成長帶來了切實的好處。

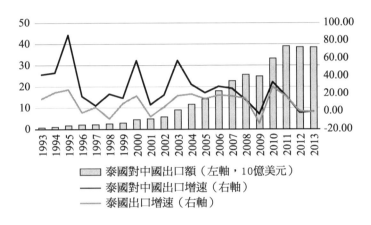

圖5—3　泰國對華出口情況

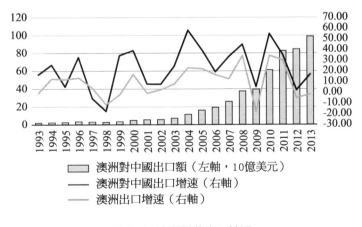

圖5—4　澳洲對華出口情況

在北美葉岩氣革命的背景下，2014年國際市場上原油、天然氣和動力煤三

大能源的價格走勢出現了分化。原油、動力煤價格下行，天然氣則供需兩旺，價格依然堅挺。這表明國際大宗能源商品市場正面臨結構調整。「一帶一路」沿線有許多能源商品出口國。由於中國能源消費中天然氣占比非常低，原油和煤炭占比高達80%，這意味著在中國技術進步、產業轉型的過程中短期內不會出現明顯的原油、煤炭需求斷裂。這實際上為中東能源輸出國提供了雙贏的契機。另外，由於中國市場上天然氣對外依存度較高，對此類能源產品的需求也會產生一定影響力。中國對能源商品持續的巨大需求，毫無疑問對穩定貿易價格、穩定生產與費用支出等創造了良好的條件，因此，中國與「一帶一路」沿線國家存在著巨大的貿易合作空間。

5.2.2　大宗商品出口的經濟影響

歷史資料顯示，大宗商品出口占「一帶一路」沿線國家對華出口的比重較大，我們對此進行了統計分析。參考IMF的分類，我們將大宗商品歸為食品類（food & beverages）、能源類（energy）、農業原材料類（agricultural raw materials）和金屬類（metals）等四大類別。將沿線各國2011—2013年期間每類大宗商品對華出口額加總，得到「一帶一路」沿線國家對華大宗商品出口國的分佈情況（見圖5—5、圖5—6、圖5—7和圖5—8）。

如圖所示，儘管各類大宗商品的來源地非常廣泛，涉及的國家眾多，但從主要來源地來看實際上是比較集中的，地理位置大都分佈在太平洋地區、西亞以及歐洲（主要是俄羅斯）。舉例來說，食品類大宗商品對華出口前五名的國家依次為馬來西亞（占比21%）、印尼（占比19%）、泰國（占比17%）、紐西蘭（占比16%）和澳洲（占比14%），份額合計高達87%。金屬類大宗商品進口來源同樣存在「集中」的特點：排名前五的國家依次為澳洲（占比25%）、印度（占比13%）、哈薩克（占比13%）、俄羅斯（占比12%）、馬來西亞（占比11%），份額合計達到74%。

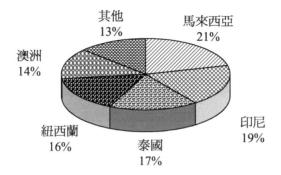

圖5—5　食品類大宗商品對華出口國分佈

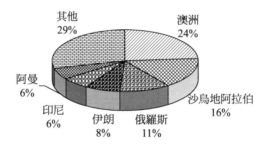

圖5—6　能源類大宗商品對華出口國分佈

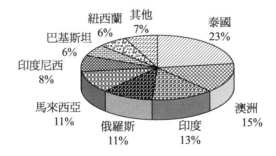

圖5—7　農業原材料類大宗商品對華出口國分佈

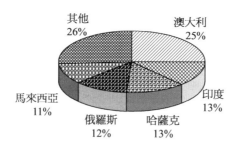

圖5—8　金屬類大宗商品對華出口國分佈

　　那麼，對華大宗商品出口究竟對沿線國家的經濟產生了怎樣的影響呢？通過分析歷史資料，我們認為大宗商品對華出口增速趨勢基本上與各國對華總出口增速趨勢是一致的。具體而言，食品、農業原材料以及金屬這三類大宗商品的對華出口增速趨勢基本上是圍繞各個國家對華出口總額增速曲線上下浮動的，且二者的算術平均值大致持平。圖5—9給出了哈薩克對華出口增長速度與其金屬類大宗商品對華出口增長速度的對比情況，從中可以清楚地看到上述特點。

　　能源類大宗商品對華出口有兩種不同情況。一種是類似沙烏地阿拉伯這種較為特殊的情況：該國能源類大宗商品對華出口（主要包括各類石油產品、原油等）增速曲線幾乎與其對中國出口總額增速完全吻合。這說明該國對中國出口的主要商品即為此類能源產品，能源產品的出口情況也基本上決定了該國對中國當年的出口總額。另一種是像俄羅斯、澳洲這些國家的情況。圖5—10展示了俄羅斯對華能源類大宗商品出口增速與其對華出口總額增速的對比情況，澳洲與此非常相似。這兩個國家的能源類大宗商品對華出口的增速曲線幾乎總是在對中國出口總額增速曲線的上方，這意味著能源類大宗商品是這類國家對華出口的決定性因素。

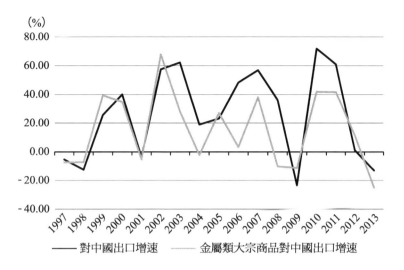

圖5—9 哈薩克金屬類大宗商品對華出口

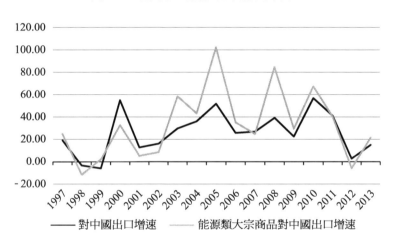

圖5—10 俄羅斯能源類大宗商品對華出口

　　綜合以上分析可知，四類大宗商品中能源類大宗商品的出口增長可以有效帶動「一帶一路」沿線國家對中國的出口，從而為拉動其國內經濟增長帶來積極的影響。另外三類大宗商品對華出口增長率波動較大，但總體上仍然是圍繞總出口額增長率上下波動。這表明這三類大宗商品出口與其總出口趨勢聯繫緊

密，應該得到應有的重視。甚至更進一步地，我們認為人民幣一旦被納入沿線國家貿易計價結算體系，將會有效地抑制對中國大宗商品交易活動的波動性，甚至可能由此帶動「一帶一路」沿線國家貿易活動的進一步繁榮。

5.2.3　對華進口需求與發展新機遇

中國與「一帶一路」沿線國家可以實現優勢互補，建立起合作共贏的貿易關係。「一帶一路」的貿易合作將為沿線國家帶來新的發展機遇。

中國在從沿線國家進口能源、礦產以及棉花、皮革等原材料產品的同時，也向這些國家出口服裝和工業零配件，包括各類鋼鐵製品以及機車車輛等，為其基礎設施建設與工業的發展注入了新鮮的血液，有利於當地第二產業的發展。中國對農產品（包括水果與堅果在內）以及動物毛髮或肉類的需求將會帶動當地農業的發展，有助於推動該國的農業現代化建設。

此外，貿易規模的不斷擴大毫無疑問會為當地帶來大量新的就業機會。這有利於當地的政治局勢穩定與社會和諧，從側面對其經濟增長與發展起到了推動作用。

在「五通」目標的指導下，首先加強政府間合作，然後推進高鐵專案實現道路暢通，改善當地交通條件，進一步促進貿易的增長，提振當地經濟發展。同時，推廣人民幣作為區域內貿易計價結算貨幣，減少使用協力廠商貨幣所產生的匯率風險，強化「一帶一路」區域經濟合作模式，實現共同繁榮。

5.2.4　人民幣投資管道正在拓寬

2011年12月，我國的RQFII（人民幣合格境外機構投資者）業務正式開始，且RQFII的投資額度和範圍有望進一步擴大。這無疑對推動跨境人民幣業務、加速人民幣國際化進程具有重要的積極影響。此外，滬港通的落實以及個股期權從胎動到正式開閘均對完善我國資本市場、增加人民幣投資管道具有重大意義。最後，離岸金融市場的建設、自貿區的新嘗試均為多樣化人民幣投資途徑起到了輔助作用。

人民幣投資管道的拓寬，為人民幣國際化提供了現實的可能性。這可以增強非居民持有和使用人民幣的意願，有利於「一帶一路」沿線國家接受對華貿易以人民幣計價結算，從而快速提升人民幣在區域內的使用規模和使用頻率，為人民幣成為區域主要貨幣奠定基礎。

5.3　人民幣計價結算有利於深化貿易合作

5.3.1　計價貨幣選擇理論

一國主權貨幣如何成為一種商品的國際計價貨幣，在國際經濟理論中存在著多種解釋。有學者認為貨幣作為交易媒介的角色在計價貨幣選擇時起到了至關重要的作用。一般而言，在外匯市場交易時具有較低交易成本的貨幣更應受到青睞，因為低交易成本往往是流動性較好的表現。更有學者建立模型證明這種貨幣可以有效降低商品市場的交易成本並提高市場效率。而低交易成本往往與主權國家成熟的金融市場與市場監管及其可以高效率地配置大規模資金是不能割裂開來的。

另外一派理論則將焦點放在了行業特徵上。這一理論認為充斥著大量同質化商品並且在細分市場開展交易的行業更傾向於使用低交易成本的單一貨幣進行計價。在這種情況下多種貨幣均有可能成為計價貨幣，而哪種貨幣勝出則取決於哪種貨幣取得了歷史先發優勢，並依靠「慣性」保持其地位。從微觀角度而言，一旦某一貨幣在該市場計價權的爭奪上取得了優勢地位，企業沒有動機重新選擇計價貨幣，一方面是因為可能面臨較高的交易成本，另一方面則是因為在競爭行業中價格波動將給企業的營收帶來不確定性。正因如此，即使某種貨幣的交易成本足夠有競爭力，也不一定能撼動占據統治地位的計價貨幣。

第三種理論則認為計價貨幣的選擇與不同國家的宏觀經濟變數波動情況息息相關。舉例來說，若一國貨幣供給較為平滑，在其他條件不變時其貨幣匯率將更為平穩，那麼企業會更願意選擇該貨幣來為其商品交易進行計價。實證研

究表明，出口方計價貨幣的選擇與計價貨幣匯率的波動息息相關，並且在理想條件下出口方願意選擇貨幣衝擊波動最小的主權貨幣進行計價。更進一步地，有學者認為商品的需求價格彈性和生產成本曲線的凸性將影響廠商計價貨幣的選擇：若商品需求彈性較大，價格的波動將會導致邊際平均成本上升，並且凸性越大，廠商的潛在損失也就越大。這實際上更深入地分析了宏觀經濟變數的波動對計價貨幣選擇的影響。

我們吸納這裡提到的理論，嘗試確定人民幣匯率及其波動情況會對中國對外貿易產生怎樣的影響。以下將通過實證方法來驗證：「一帶一路」貿易使用人民幣計價結算能否促進沿線國家經貿合作？能否給各方主體帶來一定程度的互利互惠？能否為沿線各國經濟增長與發展作出貢獻？

5.3.2　基於沿線國家對華出口的實證研究

在這一小節，我們將站在「一帶一路」沿線國家的角度上，探討對華出口以人民幣計價結算能否為其出口帶來潛在的好處，從而為其經濟增長帶來正向效用。為此建立模型如下：

$$\ln EX_{i,t} = \alpha_i + \beta_i \ln Y_{CHN,t} + \gamma_i \ln EXR_t + \delta_i \ln VOL_t + \varepsilon_{i,t}$$
$$\sigma_{i,t}^2 = \theta_1 + \theta_2 u_{i,t-1}^2 + \theta_3 \sigma_{i,t-1}^2 + \theta_4 \ln VOL_t + v_{i,t}$$

式中，$EX_{i,t}$表示國家i在時期t對中國的出口額（用美元表示），$Y_{CHN,t}$表示中國在該期的國內總產值，選用剔除通貨膨脹影響的國內生產總值（GDP）資料進行計算。我們認為，進口國的國內總產值增加，即總收入的增加對拉動進口是有利的，故預期β_i為正值。EXR_t表示該期人民幣對國家i貨幣的匯率。我們預期人民幣相對於國家i貨幣升值有利於提升中國對該國的進口額，也就是說，有助於提升該國的出口額，γ_i應為正值。$\ln VOL_t$衡量人民幣對國家i貨幣匯率的波動情況。我們預期匯率波動有可能會加劇「一帶一路」沿線國家出口的人民幣價格波動，增加貿易風險，從而對其出口額產生抑制作用，即δ_i為負。

更進一步地，我們引入廣義自回歸條件異方差（generalized autoregressive

conditional heteroskedasticity, GARCH）模型。即，「一帶一路」沿線國家對華當期出口所面臨的不確定性$\sigma_{i,t}^2$受到上一期不確定性$\sigma_{i,t-1}^2$、未預期到的出口變化$u_{i,t-1}^2$以及當期該國貨幣兌人民幣的匯率波動$\ln VOL_t$的影響。

我們選取了1994—2013年的資料進行實證研究。[1]在「一帶一路」沿線國家的基礎上，選取貿易額比較大而且在各區域有代表性的國家，對其實證研究結果進行彙報。在表5—2中，可以看到這些國家的實證結果，包括均值等式及方差等式中波動項（$\ln VOL_t$）的參數估計結果及其顯著程度。最後一列彙報了模型對每個國家對華出口額的擬合優度，也就是經調整的R^2(Adjusted R-Squared)。其中，均值等式（mean equation）中$\ln VOL_t$的估計參數，表示出口國貨幣兌人民幣匯率波動變動一個百分點之後，這個國家對華出口額的預期變化。方差等式（variance equation）中$\ln VOL_t$的估計參數，表示出口國貨幣兌人民幣匯率波動變動一個百分點之後，該國對華出口風險變動的百分比。表中的數值0.000 0表示參數估計值在統計上和零沒有顯著的差別，這說明人民幣匯率波動對該國出口的預期水準或出口風險沒有顯著的影響。經調整的R^2表示我們的模型對於一國對華出口總額的解釋力。以保加利亞為例，經調整的R^2為0.906 8，其含義是90.68%的保加利亞對華出口可以用我們的模型來解釋。

表5—2　模型參數估計結果（部分）

國家	$\ln VOL_t$ 均值等式	$\ln VOL_t$ 方差等式	經調整的R^2
保加利亞	0.000 0	0.000 0	0.906 8
菲律賓	−0.186 5***	0.028 2*	0.893 8
	（0.039 0）	（0.014 8）	
羅馬尼亞	−0.178 2***	0.003 5***	0.931 5
	（0.044 0）	（0.000 0）	

1　進出口資料取自UN Comtrade資料庫，剔除通貨膨脹影響的國內生產總值（GDP）資料取自世界銀行資料庫（World Development Indicators），匯率資料來源為Datastream資料庫。

續前表

國家	$\ln VOL_t$ 均值等式	$\ln VOL_t$ 方差等式	經調整的 R^2
巴基斯坦	−0.169 0*** (0.042 4)	0.000 0	0.697 1
印度	−0.155 4*** (0.046 7)	0.000 0	0.949 2
哈薩克	−0.044 7*** (0.012 2)	0.000 0	0.979 1
俄羅斯	−0.043 6*** (0.010 2)	0.000 0	0.953 3
馬來西亞	−0.034 7*** (0.007 6)	0.000 7*** (0.000 0)	0.980 2
新加坡	0.030 1*** (0.009 5)	0.000 0	0.947 6
尼日爾	−0.402 7** (0.166 8)	0.000 0	0.926 3
泰國	−0.065 3** (0.027 8)	0.005 1*** (0.000 0)	0.978 8
澳洲	0.042 5** (0.020 3)	0.000 0	0.989 8
埃及	−0.166 5* (0.099 7)	0.000 0	0.649 8
土耳其	0.058 4* (0.034 8)	0.001 3*** (0.000 0)	0.627 4
烏干達	0.0000	−0.405 2*** (0.084 1)	0.600 3
希臘	0.000 0	−0.055 4*** (0.020 1)	0.909 6
阿曼	0.000 0	−0.036 3*** (0.012 3)	0.907 5
白俄羅斯	0.000 0	−0.026 0*** (0.008 6)	0.459 0

續前表

國家	lnVOL_t 均值等式	lnVOL_t 方差等式	經調整的R^2
波蘭	0.000 0	0.013 4*** （0.000 4）	0.916 9
立陶宛	0.000 0	0.008 7*** （0.000 1）	0.964 5
印尼	0.000 0	−0.003 0*** （0.000 0）	0.988 0
烏克蘭	0.000 0	0.020 3** （0.010 2）	0.071 9
尼泊爾	0.000 0	0.000 0	0.521 6
沙烏地阿拉伯	0.000 0	0.000 0	0.970 6

注：*表示在10%的水準上顯著，**表示在5%的水準上顯著，***表示在1%的水準上顯著。括弧中為估計的標準差。

可以看到，對於絕大多數國家而言，匯率波動對其對華出口額的影響是顯著的，並且人民幣匯率波動導致這些國家對華出口水準下降。舉例來說，泰國對中國出口的係數估計值為−0.065 3，這表明泰銖兌人民幣匯率波動增加一個百分點，會導致泰國對華出口平均下降0.065 3個百分點，也就是說，人民幣兌泰銖的匯率波動對泰國對華出口額產生了實實在在的抑制作用。類似地，哈薩克常年對中國出口各類礦物燃料、各類金屬（鐵、錳、銅、鋅等）礦石及精礦，人民幣匯率波動同樣對其對華出口產生了強烈的抑制作用，此項係數的估計值為−0.044 7，這表明人民幣兌哈薩克貨幣匯率的變動增長一個百分點，將導致哈薩克對華出口平均下降0.044 7個百分點。該模型經調整的R^2為97.91%，這說明我們的模型很好地解釋了哈薩克對中國出口額的變動。

不僅如此，可以看到人民幣匯率波動加劇還會增加相當數量的「一帶一路」沿線國家出口的波動性。這表明在對華出口不以人民幣計價結算的情況下，人民幣匯率波動加劇了這些國家對華出口商品的價格波動。這種不確定性引起出口的非預期波動，即意味著更高的出口風險。以菲律賓為例，其貨幣兌人民幣匯率波動增加一個百分點，導致其對華出口波動上升0.028 2個百分點。

綜合起來，表5—2中經調整的R^2普遍較高，說明我們的模型可以比較好地解釋「一帶一路」沿線國家對華出口額的變動，並且對於其中大部分國家而言，人民幣匯率的波動對其本身對華出口額存在顯著的負面作用。換言之，現實的貿易結算及支付習慣實際上對貿易活動的活躍程度產生了抑制作用。這為人民幣成為「一帶一路」貿易支付結算主要貨幣提供了堅實的理論基礎：第一，採用人民幣進行貿易結算可以有效地規避匯率變動對商業活動造成的不利影響，對於穩定出口商的營業收入以及淨利潤具有明顯的積極意義。第二，規避匯率變動可能會有效地促進貿易活動的進一步大繁榮從而對沿線國家的經濟發展帶來利好。正如之前我們所分析的，對中國的貿易出口對於諸多沿線國家的出口增長存在正向的帶動作用，而遏制匯率波動可能釋放的貿易空間毫無疑問會進一步拉動對華出口增速，從而促進沿線國家的經濟增長。

隨著中國資本市場對外開放程度的進一步擴大、中國利率市場化改革的推進以及人民幣匯率形成機制的不斷完善，人民幣成為「一帶一路」貿易支付結算主要貨幣日漸成為一種可能的現實選擇。這對於提升中華文化的國際認同感和影響力具有推動作用，對於提振雙邊經濟並最終實現互利互惠具有重要意義，對於人民幣國際化、國際貨幣多元化進程具有深遠影響。

5.3.3　基於中國大宗商品進口的實證研究

在這一小節我們進一步探究大宗商品貿易是否受到匯率波動的影響。這一小節的模型、資料來源及時間區間與之前完全相同。表5—3至表5—6依次為部分具有代表性的食品類、能源類、農業原材料類以及金屬類大宗商品對華出口國的實證研究結果。

表5—3　基於大宗商品（食品類）的模型參數估計結果

國家	$\ln VOL_t$ 均值等式	$\ln VOL_t$ 方差等式	經調整的R^2
泰國	−0.119 0**	0.011 3*	0.951 4
	（0.052 3）	（0.006 6）	

續前表

國家	$\ln VOL_t$ 均值等式	$\ln VOL_t$ 方差等式	經調整的R^2
澳洲	0.000 0	0.001 5***	0.819 6
		(0.000 1)	

注：*表示在10%的水準上顯著，**表示在5%的水準上顯著，***表示在1%的水準上顯著。下同。

表5—4　基於大宗商品（能源類）的模型參數估計結果

國家	$\ln VOL_t$ 均值等式	$\ln VOL_t$ 方差等式	經調整的R^2
沙烏地阿拉伯	0.000 0	0.003 5***	0.981 3
		(0.000 0)	
俄羅斯	−0.237 6***	0.000 0	0.948 1
	(0.033 8)		

表5—5　基於大宗商品（農業原材料類）的模型參數估計結果

國家	$\ln VOL_t$ 均值等式	$\ln VOL_t$ 方差等式	經調整的R^2
澳洲	−0.076 8***	0.004 9*	0.912 3
	(0.021 1)	(0.002 6)	
俄羅斯	−0.279 9***	0.000 0	0.914 2
	(0.026 6)		

表5—6　基於大宗商品（金屬類）的模型參數估計結果

國家	$\ln VOL_t$ 均值等式	$\ln VOL_t$ 方差等式	經調整的R^2
印度	−0.732 6***	0.000 0	0.793 1
	(0.271 5)		
馬來西亞	−0.043 7***	0.003 9***	0.924 2
	(0.008 1)	(0.000 0)	

　　第一，我們的模型與估計結果是具有說服力的。它非常好地解釋了這些國家四類大宗商品對華出口額的變動，這體現為非常高的R^2值。

　　第二，在大宗商品貿易不以人民幣計價結算的情況下，人民幣匯率波動對

部分沿線國家對華出口的增長產生了抑制作用。同時，人民幣匯率波動還增加了一些國家對華大宗商品出口的風險。例如，表5—3表明，泰銖兌人民幣匯率波動增加一個百分點導致泰國對華食品出口下降0.119 0個百分點。而泰國和澳洲貨幣兌人民幣匯率波動增加一個百分點分別導致這兩個國家的食品對華出口波動分別增加0.011 3和0.001 5個百分點。類似地，表5—4表明，俄羅斯盧布兌人民幣匯率波動增加一個百分點，其對華能源出口下降0.237 6個百分點。沙烏地對華能源出口額雖然對人民幣匯率波動不敏感，其出口的波動則與人民幣匯率波動顯著正相關。從表5—5中我們可以看到，對於澳洲與俄羅斯而言，其對華農業原材料出口對人民幣匯率波動的彈性分別為－0.076 8與－0.279 9，這表明人民幣兌澳元與人民幣兌盧布的匯率波動對中國此類商品從這兩個國家的進口活動產生了抑制作用。澳元兌人民幣匯率的波動加劇還會增加澳洲對華農業原材料出口的風險。類似地，金屬類大宗商品主要對華出口國中印度與馬來西亞的出口匯率彈性估計值顯著為負，這表明人民幣匯率的波動會抑制這兩個國家對華金屬出口的增長。此外，馬來西亞對華出口風險也隨著人民幣匯率波動的增加而增加。

　　綜上所述，人民幣成為「一帶一路」沿線國家對華貿易結算主要貨幣具備堅實的理論基礎。這將有利於釋放巨大的貿易空間，同時對促進絲綢之路沿線國家經濟快速增長、達到互利互惠的雙贏局面具有重要意義。

5.4　大宗商品人民幣計價的金融支持機制

5.4.1　「一帶一路」沿線的人民幣金融服務

　　面向貿易和投資的跨境人民幣金融服務，為實現「一帶一路」貿易以人民幣計價結算提供了重要的支持力量。雖然由於政府審查與設立海外分支機構的種種限制，整體上我國銀行業境外機構數量有限，但是在「一帶一路」這一特定經濟帶中，中資銀行卻已經設立了不少海外機構。

表5—7列示了我國主要國有銀行在「一帶一路」沿線國家設立的境外機構。這些境外機構的發展有利於提高與貿易相關的跨境人民幣服務的品質。

在資本帳戶仍然存在人民幣資金流動管制的情況下，這些海外分支機構可以通過國內外業務的聯動，保證境外貿易企業便利地獲取人民幣資金支持，並有效利用人民幣貿易收入，為該地區跨境人民幣貿易結算的發展奠定了堅實的金融基礎。

表5—7 國有銀行在沿線國家設立的境外機構

銀行	境外機構
工行	河內分行（越南）、卡拉奇分行（巴基斯坦）、孟買分行（印度）、金邊分行（柬埔寨）、萬象分行（寮國）、華沙分行（波蘭）、雪梨分行（澳洲）、工銀阿拉木圖（哈薩克）、工銀印尼、工銀馬來西亞、工銀泰國、工銀莫斯科（俄羅斯）
農行	雪梨分行（澳洲）、河內代表處（越南）
中行	亞聯分行（哈薩克）、雪梨分行（澳洲）、中國城分行（澳洲）、伯斯分行（澳洲）、博士山分行（澳洲）、布里斯班分行（澳洲）、羅勇分行（泰國）、胡志明市分行（越南）、金邊分行（柬埔寨）、五洲支行（柬埔寨）、麻坡分行（馬來西亞）、檳城分行（馬來西亞）、巴生分行（馬來西亞）、柔佛巴魯分行（馬來西亞）、蒲種分行（馬來西亞）、古晉分行（馬來西亞）、雅加達分行（印尼）、泗水分行（印尼）、棉蘭分行（印尼）、哈巴羅夫斯克分行（俄羅斯）、濱海分行（俄羅斯）、俄羅斯中國銀行、哈薩克中國銀行、馬來西亞中國銀行、中銀澳洲、中銀泰國、烏蘭巴托代表處（蒙古）、奈洛比代表處（肯亞）
建行	胡志明市分行（越南）、雪梨分行（澳洲）、建行俄羅斯有限責任公司
交行	雪梨分行（澳洲）、胡志明市分行（越南）

在設立海外機構的同時，中資銀行不斷推出種類豐富的跨境人民幣產品，以充分滿足企業結算、融資需求。在人民幣結算方面，主要產品包括貿易項下人民幣開立信用證、匯款、托收以及NRA 帳戶結算等。在跨境人民幣融資方面，不同於《人民幣國際化報告2013》指出的「傳統貿易融資產品為主，新型融資產品較少」的情況，目前以國際保理、保函、備用信用證、福費廷等為代表的新型融資產品已經十分普及（見表5—8）。

表5—8 我國主要國有銀行的貿易融資產品

工行	進口預付款融資、進口押匯、進口代付、提貨擔保/提單背書、信用證保兌業務、進口T/T融資、進口保理、出口訂單融資、出口發票融資、打包貸款、福費廷、出口押匯/貼現、出口保理、短期出口信用保險項下融資（信保融資）、運輸費用和保險費用融資
農行	減免保證金開證、打包貸款、出口票據貼現、出口押匯、進口押匯、提單背書、福費廷、假遠期信用證、保付加簽、國際貿易訂單融資、國際保理、出口信用保險項下融資、出口單據質押貸款、出口商業發票融資、收付通、貿易項下風險參與、進口項下保付加簽
中行	融付達、授信開證、雜幣進口匯利達、進口押匯、付款匯利達、海外代付、提貨擔保、買入票據、打包貸款、出口貼現、出口押匯、出口全益達、出口匯利達、出口退稅託管帳戶質押融資、福費廷、國際組織擔保項下貿易金融、出口商業發票貼現、進口雙保理、出口雙保理、匯出匯款融資、風險參與、應收賬款收購
建行	進口信用證、出口信用證、進口代收、出口托收、出口信用保險項下貸款、出口國際保理、出口商業發票融資、出口退稅池融資、出口議付、打包貸款、出口托收貸款、非信用證項下信託收據貸款、海外代付、開立信用證、提貨擔保和提單背書、信用證項下信託收據貸款、遠期信用證項下匯票貼現及應收款買入、跨境貿易人民幣結算業務、福費廷、融貨通、融賬通、融鏈通
交行	TSU（貿易服務設施）、出口貿易融資、短期出口信保融資、國內信用證買方融資、進口保付、進口貿易融資、賣方國內信用證、出口保理、出口信用證、對外擔保、國際托收、國內信用證賣方融資、進口保理、進口信用證、出口風險參與、大客戶服務平臺、福費廷、國際業務網銀、結構性貿易融資、進口代付、買方國內信用證

5.4.2 中國期貨市場快速發展

　　成熟的期貨市場能夠從兩方面促進大宗商品貿易的發展。一方面，成熟的期貨市場有價格發現的功能，能夠引導大宗商品現貨市場的定價。另一方面，成熟的期貨市場能夠提供有效的避險工具，幫助大宗商品貿易雙方對沖現貨交易的風險。在雙邊貿易人民幣計價結算的情況下，中國期貨市場的快速健康發

展可以為大宗商品貿易提供無匯率風險的貿易風險對沖工具。在無須煩瑣的匯率兌換的情況下，期貨市場的價格發現功能也能得到充分利用。

近年來，中國期貨市場迅速發展，為充分利用大宗商品期貨來為以人民幣計價結算的現貨貿易服務鋪平了道路。目前，中國期貨市場由三家商品期貨交易所和一家金融期貨交易所構成，共有46個交易品種，其中上海期貨交易所有12個期貨品種，大連商品交易所有16個期貨品種，鄭州商品交易所有16個期貨品種，中國金融期貨交易所有2個期貨品種，覆蓋了能源化工、農林牧漁、金屬礦產、稀貴金屬和金融產品五大類型（見表5—9）。

表5—9 中國主要期貨品種分類

化工	燃料油、天然橡膠、石油瀝青、動力煤、甲醇、精對苯二甲酸、玻璃、錳矽、線性低密度聚乙烯、聚氯乙烯、聚丙烯、焦炭、焦煤
農林牧漁	普通小麥、優質強筋小麥、早秈稻、晚秈稻、粳稻、棉花、油菜籽、菜籽油、菜籽粕、白糖、玉米、玉米澱粉、黃大豆1號、黃大豆2號、豆粕、豆油、棕櫚油、雞蛋、纖維板、膠合板
金屬礦產	銅、鋁、鋅、鉛、螺紋鋼、線材、熱軋卷板、矽鐵、鐵礦石
稀貴金屬	黃金、白銀
金融產品	5年期國債期貨、滬深300股指期貨

2014年，中國首部《期貨法》的制定進程加快。《國務院關於進一步促進資本市場健康發展的若干意見》、《期貨公司監督管理辦法》、《期貨公司資產管理業務管理規則（試行）》等陸續發佈實施。隨著中國證監會下發《關於進一步推進期貨及衍生品行業創新發展的意見》和《公開募集證券投資基金運作指引第1號——商品期貨交易型開放式基金指引》，期貨市場及其交易的制度化、規範化程度日益提高。2014年12月31日，中國證監會將《境外交易者和境外經紀機構從事境內特定品種期貨交易管理暫行辦法（徵求意見稿）》向社會公開徵求意見。這一系列法規的出臺為中國期貨市場的長遠發展提供了堅實的制度保障。

2014年，上海期貨交易所、大連商品交易所、鄭州商品交易所再次陸續

推出21個品種開展連續交易。加上2013年首批推出的黃金、白銀期貨，目前中國期貨市場已經有23個品種開啟了夜盤交易，占全部期貨品種的一半。交易最活躍的16個期貨品種，包括螺紋鋼、鐵礦石、PTA、豆粕、菜粕、焦炭、焦煤等。2014年12月12日，中國證監會正式批准上海期貨交易所在上海國際能源交易中心開展原油期貨交易。這表明，原油期貨已進入上市前的倒計時。

中國期貨業協會最新統計資料表明，2014年全國期貨市場累計成交量為25.05億手，累計成交額為291.98萬億元，同比分別增長21.54%和9.16%。兩項指標雙雙創下了中國期貨市場有史以來的新高，說明中國期貨市場的交易規模再創歷史紀錄。其中，全年全國商品期貨市場累計成交量為22.88億手，累計成交額為127.96萬億元，同比分別增長22.48%和1.18%； 全年全國金融期貨市場累計成交量為2.17億手，累計成交額為164.01萬億元，同比分別增長12.41%和16.31%。另外，根據國內相關機構的統計，中國期貨市場客戶權益超過2 600億元，也創出歷史紀錄。

我國期貨市場發展將開啟新的里程碑。在期貨經紀業務、投資諮詢業務、資產管理業務、風險子公司業務等推動下，在期貨新品種、期權即將推出的背景下，我國期貨公司大發展的時代即將來臨。現有研究表明，豆油、玉米、小麥、豆粕、鋁、銅、棉花、大豆、雞蛋、燃料油和天然橡膠等商品期貨已經具備了對現貨市場價格的引導功能。

5.5 測算大宗商品貿易計價的人民幣份額

2013年中國進口的主要大宗商品價值約為3 414億美元。相較2012年的3 322億美元，增加了92億美元，增長率約為2.77%。中國大宗商品進口中有很大的比例來自「一帶一路」沿線國家，排名前十的主要交易夥伴基本上都集中在這一區域。表5—10給出了2013年中國進口主要能源類和工業原材料類產品的分類匯總資訊，從中可以明顯地看出中國與「一帶一路」沿線國家貿易合作的

重要性。

　　根據各國的季度統計資料，結合人民幣國際化指數（RII）的三級指標「世界貿易總額中人民幣結算比重」，以年度作為資料平滑視窗，利用滾動中位數計算本幣貿易結算的年度對數增長率。在此基礎上，我們推測，如果2015年中國經濟運行整體平穩，實現7%左右的經濟增長，則估計2015年全球貿易的人民幣結算份額有望達到3.4%，較前一年份額的增長幅度將超過30%。

　　以下測算使用2013年全年新增92億美元的主要大宗商品進口額作為基準。若考慮2014年和2015年主要大宗商品進口增長維持相似速度，則樂觀估計2015年或有新增價值2.53億美元的大宗商品進口以人民幣作為計價結算貨幣，預計2015年全年進口的主要能源類和工業原材料類大宗商品以人民幣計價結算的總價值約折合95.08億美元。

　　中國是「一帶一路」沿線國家大宗商品貿易的重要夥伴。如果中國從「一帶一路」沿線國家進口大宗商品以人民幣計價結算的比重達到25%（最保守情形）、50%（保守情形）、75%（樂觀情形）和100%（最樂觀情形），那麼對應地，世界貿易總額中人民幣結算比重將分別提升到3.53%、7.05%、10.58%和14.11%（見表5—11）。中國鋁礦石、鐵礦石和煤的進口，主要來自阿爾巴尼亞、亞塞拜然、印尼、澳洲和俄羅斯等國，可以以此作為大宗商品人民幣計價的重點突破口。

表5—10 中國的主要能源和原材料進口（2013）

大宗商品種類	全球貿易額（億美元）	「一帶一路」進口額（億美元）	占中國進口額比重（%）	「一帶一路」主要貿易夥伴	進口額（億美元）	占中國進口額的比重（%）
木材	1 318.75	94.02	50.09	俄羅斯	28.27	15.06
				紐西蘭	18.57	9.89
				泰國	11.68	6.22
				越南	10.06	5.36
				印尼	7.81	4.16
				巴布亞紐幾內亞	6.35	3.38
				緬甸	6.21	3.31
				澳洲	5.07	2.70
鐵礦石及精礦	1 609.92	856.29	80.64	阿爾巴尼亞	551.53	51.94
				亞塞拜然	216.09	20.35
				澳洲	23.78	2.24
				巴林	23.36	2.20
				保加利亞	14.12	1.33
				緬甸	13.91	1.31
				柬埔寨	13.59	1.28
銅礦石及精礦	563.23	38.28	19.63	澳洲	16.52	8.47
				蒙古	9.56	4.90
				土耳其	4.33	2.22
				茅利塔尼亞	4.25	2.18
				哈薩克	3.61	1.85
鋁礦石及精礦	57.88	36.84	97.77	印尼	24.05	63.83
				澳洲	8.27	21.94
				印度	3.08	8.18
				幾內亞	0.61	1.63
				迦納	0.51	1.35
				斐濟	0.26	0.69
				馬來西亞	0.06	0.17
鋅礦石及精礦	76.71	9.11	67.08	澳洲	5.73	42.18
				蒙古	0.82	6.05
				土耳其	0.65	4.79
				印度	0.63	4.65
				愛爾蘭	0.45	3.31
				哈薩克	0.32	2.32
				伊朗	0.27	1.98
				沙烏地阿拉伯	0.25	1.82

續前表

大宗商品種類	全球貿易額（億美元）	「一帶一路」進口額（億美元）	占中國進口額比重（%）	「一帶一路」主要貿易夥伴	進口額（億美元）	占中國進口額的比重（%）
煤	1 279.59	227.58	87.75	澳洲	101.20	39.02
				印尼	52.50	20.24
				俄羅斯	27.87	10.75
				朝鮮	13.94	5.37
				蒙古	11.87	4.58
				南非	10.99	4.24
				越南	8.44	3.25
				紐西蘭	0.78	0.30
原油	16 165.45	1 736.59	79.07	沙烏地阿拉伯	423.68	19.29
				安哥拉	318.09	14.48
				阿曼	199.32	9.08
				俄羅斯	197.43	8.99
				伊拉克	179.00	8.15
				伊朗	168.88	7.69
				哈薩克	93.75	4.27
				阿拉伯聯合大公國	83.67	3.81
				科威特	72.77	3.31
螺紋鋼	184.07	0.82	94.25	日本	0.59	67.82
				盧森堡	0.07	8.05
				德國	0.06	6.90
				韓國	0.05	5.75
				土耳其	0.02	2.30
				比利時	0.01	1.15
白銀	16.16	0.96	14.50	俄羅斯	0.40	6.04
				澳洲	0.25	3.84
				比利時	0.21	3.17
				馬來西亞	0.05	0.76
				朝鮮	0.05	0.76

表5—11　對「一帶一路」大宗商品貿易人民幣計價的估算

中國從「一帶一路」沿線國家進口大宗商品	最保守情形 25%人民幣計價		保守情形 50%人民幣計價		樂觀情形 75%人民幣計價		最樂觀情形 100%人民幣計價	
	貿易金額（億美元）	占全球總貿易額的比重（%）	貿易金額（億美元）	占全球總貿易額的比重（%）	貿易金額（億美元）	占全球總貿易額的比重（%）	貿易金額（億美元）	占全球總貿易額的比重（%）
木材	23.50	1.78	47.01	3.56	70.51	5.35	94.02	7.13
鐵礦石及精礦	214.07	13.30	428.14	26.60	642.22	39.90	856.29	53.20
銅礦石及精礦	9.57	1.70	19.14	3.40	28.71	5.10	38.28	6.80
鋁礦石及精礦	9.21	15.91	18.42	31.82	27.63	47.73	36.84	63.64
鋅礦石及精礦	2.28	2.97	4.56	5.94	6.84	8.91	9.11	11.87
煤	56.90	4.45	113.79	8.90	170.69	13.35	227.58	17.80
原油	434.15	2.69	868.29	5.38	1 302.44	8.07	1 736.59	10.76
螺紋鋼	0.20	0.11	0.41	0.23	0.61	0.34	0.82	0.45
白銀	0.24	1.49	0.48	2.97	0.72	4.47	0.96	5.96
合計	750.12	3.53	1 500.24	7.06	2 250.37	10.59	3 000.49	14.12

　　本章的分析表明，人民幣國際化有利於降低中國與「一帶一路」沿線國家的貿易風險，促進「一帶一路」沿線國家對華貿易發展，為雙邊的經濟增長提供持久的動力。與此同時，中資銀行提供的跨境人民幣金融服務，特別是貿易融資業務，可為「一帶一路」貿易合作提供重要的金融支援。大宗商品貿易是「一帶一路」沿線國家對華貿易的主要組成部分，對於雙邊的經濟發展都有著重要的推動作用。而人民幣國際化進程的不斷深化可以降低匯率風險，促進雙邊貿易的穩定和高速發展。在這個過程中，中國期貨市場的加速發展為大宗商品現貨市場避險和定價提供了金融支援。

　　然而，問題和挑戰仍然存在。在貿易融資方面，人民幣與美元利率存在利

差，導致人民幣貿易融資成本相對較高，這阻礙了人民幣貿易融資的推廣，限制了其對中國與「一帶一路」沿線國家貿易合作的促進作用。在國內期貨市場發展方面，由於中國資本帳戶開放進程尚未完成，「一帶一路」沿線國家利用中國期貨市場為大宗商品貿易避險和定價的管道不夠暢通，為此，需要繼續推動中國資本帳戶改革。在這一進程尚未完成的情況下，應該充分發揮人民幣離岸金融中心的作用，拓寬非居民通過人民幣離岸金融中心參與中國金融市場交易的管道。這不僅有利於充分發揮中國期貨市場在「一帶一路」沿線國家對華大宗商品貿易中的避險和定價功能，也拓寬了「一帶一路」沿線國家對華貿易人民幣收入的回流機制，為人民幣貿易結算企業提供了更多的保值增值管道。

第六章

「一帶一路」基礎設施
融資中的人民幣

6.1　「一帶一路」基礎設施融資的必要性

6.1.1　基礎設施發展滯後嚴重制約沿線國家經濟增長

　　「一帶一路」沿線大多是新興經濟體和發展中國家，處於工業化、城市化快速推進時期，但大多數國家基礎設施發展滯後。基礎設施與經濟增速不匹配，已成為這些國家經濟發展的主要制約因素之一。例如，中亞五國中只有哈薩克情況稍好一點，其餘四國的基礎設施發展緩慢，交通、能源、通信等基礎設施幾乎停留在獨立前蘇聯的水準上，嚴重阻礙了它們的經濟發展和地區經濟合作。經濟增速居全球第二位、經濟總量居全球第八位的印度，基礎設施的全球排名僅為第87位。[1] 據麥肯錫公司2009年發佈的報告，基礎設施不足可能導致印度年經濟增速下降1.1%，造成的經濟損失高達2 000億美元。[2] 經濟總量居

1　World Economic Forum, 2014, The Global Competitiveness Report 2014—2015, September 2014.

2　http://world.huanqiu.com/hot/2012-05/2762436.html.

東南亞第一、全球第16位的印尼，基礎設施狀況僅排名第56位[1]，營商便利度僅排名第120位[2]，其落後的港口、頻繁的停電以及糟糕的道路，讓許多跨國公司望而卻步。[3]大力發展基礎設施，是打破長期制約「一帶一路」沿線國家經濟發展瓶頸的必由之路，對此各國已經形成了共識。

6.1.2 基礎設施建設對經濟增長有明顯的拉動作用

目前，全球經濟復甦遲緩，總需求不足，總體上仍呈現低增長、低通脹的特徵。IMF在2015年1月發佈的《世界經濟展望》中預測2015年全球經濟增長率為3.5%，較2014年10月的預測降低了0.3個百分點。[4]受外需不振、大宗商品價格下跌、美國退出量化寬鬆政策等影響，新興經濟體近期增長率也有所放緩，IMF將新興市場與發展中經濟體2015年的增長率調降0.6個百分點至4.3%，其中，對亞洲發展中國家的預測從6.6%降至6.4%。[5]外需不足使出口導向的經濟發展模式難以為繼，增長率下降使「一帶一路」沿線國家須找新的經濟增長點。

基礎設施投資對經濟增長有明顯的拉動作用：在投資建設階段，只要存在閒置資源，基礎設施投資增加就會導致總需求成倍增加，獲得投資乘數效應；在建成使用階段，不僅能夠直接降低各經濟主體的生產成本和交易成本，還能夠提高其他要素（比如勞動、其他資本）的效率，提升該地區的綜合競爭力，進而吸引更多資本進入，形成良性循環。

6.1.3 亟須拓展「一帶一路」沿線國家的基礎設施融資管道

基礎設施建設需要大量的資金保障。據亞洲開發銀行估計，2010—2020年，亞洲發展中經濟體每年基礎設施投資需求約為7 760億美元，包括內部基

1　World Economic Forum, 2014, The Global Competitiveness Report 2014—2015, September 2014.
2　World Bank, 2014, Doing Business 2014, November 2013.
3　http://www.mofcom.gov.cn/aarticle/i/jyjl/j/201206/20120608193636.html.
4　International Monetary Fund, 2015, "World Economic Outlook", January 2015.
5　International Monetary Fund, 2015, "World Economic Outlook", January 2015.

礎設施投資7 470億美元和區域性基礎設施投資290億美元。[1]據民生證券研究，就「絲綢之路經濟帶」來說，區內僅鐵路建設規劃就已達到1萬公里左右，按照目前每公里建設需要3 000萬～5 000萬元人民幣的投資額估算，預計總投資為3 000億～5 000億元人民幣。若分3～5年建成，每年投入資金規模將達1 000億元人民幣。據興業證券測算，從亞太區域來看，未來10年內基礎設施建設需要近8萬億美元建設資金。資本當先行，不解決這個巨額資金缺口，「一帶一路」建設就無從談起。亞洲開發銀行、世界銀行等多邊機構，無論出於機構設立宗旨的考慮，還是基於資本金對其出資能力的限制，都不可能為基礎設施投資提供如此巨額的資金。而且，基礎設施建設投入大、期限長、風險高、回報低、見效慢等特徵使得私人投資難以承受，也不願介入。因此，資金已成為制約「一帶一路」基礎設施建設的瓶頸，必須積極拓展融資管道，動員更多的公共資金、私人資金共同參與「一帶一路」基礎設施建設。

専欄6—1

交通基礎設施融資管道分析

大湄公河次區域（GMS）是指湄公河流域的6個國家和地區，包括柬埔寨、越南、寮國、緬甸、泰國和我國雲南省。《GMS區域投資框架（2013—2022）》梳理了2013—2022年GMS優先推進的共計515億美元的210個項目。交通基礎設施專案共有96個，其中84個專案投資總額預計為441億美元，另外12個項目尚無法估算投資額（見表6—1）。

根據計算，除中國外，交通基礎設施專案投資金額為274億美元，

---

1 Asian Development Bank Institute, 2010, "Estimating Demand for Infrastructure in Energy, Transport, Telecommunications, Water and Sanitation in Asia and the Pacific: 2010-2020", September 2010.

表6—1 2013—2022年GMS交通基礎設施建設計畫投資項目

國家	柬埔寨	中國	寮國	緬甸	泰國	越南	技術支持	合計
項目個數	8	6	33	13	13	11	12	96
項目金額（億美元）	23.52	166.90	131.70	20.36	48.73	49.59	0.15	441

資料來源：GMS.

平均每年投資額為27.4億美元。柬埔寨、越南、寮國、緬甸、泰國五國每年GDP總計6 400億美元，財政收入總計1 300億美元，年項目投資額占GDP的比例約為0.4%，占財政收入的比例約為2.1%。與GDP和財政收入相比，年項目投資額並非難以承受。但是，為了緩解財政壓力，降低財政赤字， GMS仍然計畫努力拓展融資管道。目前，96個專案中近30個專案已基本擬定融資來源，外部資金主要來源有：

（1）國外優惠貸款。共涉及商務金額約78.5億美元，如中國進出口銀行擬為寮國NR1A公路改進項目（Lantui-Bounneau路段，145公里）提供優惠貸款9 100萬美元，擬為Vientiane-Boten鐵路專案提供優惠貸款72億美元。

（2）亞洲開發銀行貸款。擬提供資金約23億美元，包括為中國龍陵——瑞麗高速路（總投資額為17.5億美元）提供貸款2.5億美元，為GMS Ha Noi-Lang Son高速路（總投資額為14億美元）提供資金8億美元等。

（3）政府間援助。共涉及近1億美元投資額，包括中國政府擬為寮國NR13公路改進項目（Oudomxay-Pakmong路段，82公里）提供援助資金8 200萬美元。

（4）私人投資。共涉及投資金額4億美元，包括寮國Luang Namtha-Xiengkok-Lao-Myanmar 友誼大橋建設項目中私人投資約1.5億美元。

在大湄公河次區域的基礎設施融資中，中國是目前的主要投資者。

6.2 「一帶一路」基礎設施融資的主要模式

資金局限性是「一帶一路」沿線國家基礎設施投資面臨的共同難題，融資模式的適宜度直接決定「一帶一路」基礎設施工程的建設效率。中國作為全世界最大的發展中國家，克服了基礎差、領域廣、資金缺口大等多方面的制約因素，短短幾十年間在基礎設施建設領域創造了有目共睹的優異成績，其成功經驗可與各國分享、由各國借鑒。中國模式的精髓如能有效地運用到「一帶一路」建設中去，將為各國基礎設施建設提供嶄新思路，解決關鍵問題，極大地推動「一帶一路」基礎設施建設的發展。

6.2.1 由專案性質決定的融資模式

（1）純公共物品性質的項目，如環境保護、監測、綠化、防災抗災設施等。這類項目在研究期、施工期、維護期全程不具備收費機制，而且公益性較強，因此投資決策權和項目審批權集中在本國中央或地方政府，由各級政府進行規劃和決策。建設資金的籌集主要依靠政府財政預算撥款，專案建成後的管理與運營也由政府主導。此外，國際援助、贈與、「一帶一路」相關專項基金等，也是純公共物品性質的專案的重要資金來源。

（2）准經營性質的項目，如道路、橋樑、環衛、供電、供水、供氣等設施。這類專案具備外在性、規模性、非排他性特徵，收費機制難以彌補所有的建設成本，不能完全依靠市場化運作。政府可通過創新投融資機制，注入一定的啟動資金，提供政策優惠引導民間或外來資本，尤其是國際優惠貸款的介入。在這方面中國具有眾多成功案例，中國國內90%以上的高速公路、70%的一級公路和40%以上的二級公路都是以「貸款修路、收費償還」模式建設的，在一定程度上彌補政府財政支出不足，政府在其中不再承擔主要投資人的角色。

（3）經營性質的項目，如城際和區際高速公路、市內外公共交通、集中供熱、閉路電視等。這類專案具有資本進入規模較小、排他成本較低的特徵，收費機制完善且可覆蓋建設成本，私人及外資扮演主要投資人和經營者

的角色。這種由私人資本、外資注入承擔主要建設任務的模式，是發展中國家基礎設施建設投融資體制創新的基本路徑，也是在諸如「一帶一路」基礎設施這種大型戰略性建設任務面臨巨額資金需求的情況下，比較符合現實需求的創新方式。

6.2.2 由籌資管道決定的融資模式

1.直接融資

（1）政府發行市政債券。發達國家大多使用這一管道進行基礎設施融資。例如，美國基礎設施建設資金的90%～95%來自市政債券，市政債券餘額占GDP的比重基本保持在15%～20%，而日本的這一比重更是高達40%。

（2）企業發行城投債券。從債券立項到設計、審批到發行、流通到清償完全套用企業債的運行模式，募集資金投向基礎設施項目。在市政債券發行條件不成熟的國家，可由地方政府向企業「借殼」，通過發行城投企業債券籌集市政建設資金，政府在企業發行債的過程中給予政策傾斜，如提供擔保、土地或資源許可、稅收優惠等政策。

（3）發行基礎設施資產支持證券。以基礎設施收費或收益產生的現金流為償還基礎，將基礎設施資產證券化，如將資產組合打包成轉付證券、抵押貸款債券等，投入資本市場以盤活資產。2006年6月中國首支以城市基礎設施收費收益權進行資產證券化的產品——「南京城建汙水處理收費資產支持收益專項資產管理計畫」開始面向合格機構投資者發售，僅僅一個月，7.21億元受益憑證認購完畢，在優化債務結構的同時調動社會資金盤活了資產，實現了基礎設施建設與投融資的可持續發展。

（4）發行固定收益權益證券。將那些成長性好、具有收益預期的基礎設施建設項目，面向銀行、社會廣泛籌集股權資金。

2.間接融資

（1）政策性銀行貸款。基礎設施專案建設週期和資金回收期較長，產品和服務的價格與收費體系市場化程度不高，其經營受政策性因素影響較大，基

礎設施領域的這些特性決定了社會資金需要政策性資金的調動。政策性銀行相較商業銀行具有自身獨特的優勢。出於基礎設施項目的建設難點考慮，政策性銀行有條件也應該在項目建設早期承擔主導作用，成為關鍵的引領者。政策性銀行作為政府彌補市場機制缺陷的重要手段，其運行機制主要是通過面向商業銀行或其他金融機構發行金融債券籌得資金，轉而向基礎設施建設項目發放政策性長期貸款。這種機制有效地將短期、零散商業資金整合成符合基礎設施建設特徵的長期、巨額融資支援。更重要的是，該機制對社會資金有良好的引導效應，尤其在基礎設施項目建設中後期，對商業資金形成了巨大的吸引力，加速了專案建設的良性循環。

（2）商業銀行貸款。作為社會融資主管道的商業銀行，在基礎設施融資市場上應該發揮主要作用。通過創新融資模式，商業銀行可為商業資金支持基礎設施建設牽線搭橋。例如，通過銀團貸款、聯合貸款等方式，彌補單家商業銀行資金實力的有限性，避免資金過度集中投放引發的風險集中，整合資金、共擔風險，放大對基礎設施建設的支援力量。或者通過健全擔保機制，便利商業資金對基礎設施建設的介入。此外，通過推動捆綁開發，將低收益專案與高收益專案綁定成資產組合，平衡收益，激發社會資金投資基礎設施的動機。

（3）政府財政支持。鑒於基礎設施建設的公共性和公益性，政府應該對投資者提供一定財政支持，促進專案社會效益朝經濟效益轉化，以激發社會資金的積極性。例如，政府為商業銀行或民間投資者、國際投資者提供貸款貼息；針對經濟效益不佳的項目，政府與投資者簽訂購買協定，約定當市場消費量低於某一水準時，由政府購買不足部分；政府提供補貼或轉移支付等。通過這些模式，政府可以以少量的財政支出換取大量銀行貸款和民間、外來資金的注入，達到四兩撥千斤的效果，相較政府直接投資建設專案更加科學合理。

3.直接融資和間接融資相結合

直接融資和間接融資各有優勢也各有風險，如能通過創新加以整合，取長補短，可為「一帶一路」基礎設施建設發揮更多更好的作用。目前中國正在探索「投貸結合」模式，運作機制為「股權＋債權」，即商業銀行和相關投資機

構達成戰略合作，投資機構負責對企業進行評估，並完成股權投資，商業銀行以貸款形式提供信貸支持，完成債權投資，二者共同為基礎設施建設專案提供融資服務。這種模式的優勢在於，銀行可以通過與專業從事股權投資的相關機構達成利益共用、風險共擔的聯盟，獲取更多有效投資資訊，有利於對基礎設施項目建設週期長、資金需求大、經濟效益低所形成的融資風險的管理。

6.2.3 公私合營的基礎設施融資模式

（1）BOT。即「建設—經營—轉讓」，是政府與投資人建立的基礎設施項目公司簽訂特許權協議，授予投資人來承擔該基礎設施項目的投資、融資、建設、經營與維護，在協議規定的特許期限內，該企業向設施使用者收取適當的費用，由此來回收項目的投融資、建造、經營和維護成本並獲取合理回報。政府擁有對該基礎設施專案的監督權和調控權。

（2）TOT。即「移交—經營—移交」，是政府或國有企業將已建成項目的一定期限的產權或經營權，有償轉讓給投資人，由其進行運營管理。投資人在約定的期限內，通過經營收回全部投資，並得到合理的回報。雙方合約期滿之後，投資人再將該專案交還政府部門或原企業。

（3）PPP。即「政府—私營—合作」，是政府與投資人為合作基礎設施建設專案，或為提供某種公共物品和服務，以特許權協定為基礎，將部分政府責任以特許經營權方式轉移給投資人經營的企業，政府與其建立起「利益共用、風險共擔、全程合作」的共同體關係，政府的財政負擔減輕，投資人的投資風險減小。

（4）RCP。即「資源—補償—項目」，是政府通過特許權協議，授權投資人進行基礎設施項目的融資、設計、建造、經營和維護，並補償給投資人一定的資源，如土地、礦產、旅遊開發等。在約定的特許期內投資人可向該項目的使用者收取一定費用，以收回部分投資、經營、維護成本。特許期滿後投資人將項目無償移交給政府。

（5）PFI。即「民間主動融資」，是政府根據社會對基礎設施的需求，提

出需要建設的專案，通過招投標，由獲得特許權的私人資本進行公共基礎設施項目的建設與運營。私人資本經營的專案公司從政府或接受服務方收取費用以回收成本；在特許期結束時，將專案歸還政府。

表6—2 給出了上述各種融資方式的特點和適用條件。

表6—2 幾種公私合營融資方式的特點和適用條件

	特點				適用條件			
	資金規模	風險程度	項目週期	項目回報	政府擔保程度	國家是否優先鼓勵	運營商技術管理水準	市場健全度和政府操作能力
BOT	大	較高	長	高	高	一般	高	一般
TOT	較大	高	長	高	高	高	高	高
PPP	大	較高	長	高	高	一般	高	一般
RCP	大	一般	長	一般	高	一般	高	一般
PFI	大	較高	長	高	高	一般	高	一般

資料來源：何文虎、楊雲龍、豆小強：《我國城市基礎設施建設融資模式創新研究》，載《西部金融》，2013（11）。

總體上說，基礎設施建設投融資模式並不存在一個放之四海而皆準的統一模式，各區域、各國家甚至各國的不同省份地區，都具有千差萬別的實際情況，需要因地制宜、與時俱進的資金支援方式。具體而言，「一帶一路」上一些一直重視基礎設施建設的發展中國家和絕大多數發達國家，基礎較好，市場化條件更好，適合採用市場主導、政府管理、國際合作錦上添花的融資模式；而對於那些一直缺乏建設資金的發展中國家來說，其基礎薄弱、市場化條件尚未建立，則更需要通過國際資金、技術援助及其他形式的合作，助以構建市場化條件，進而完善基礎設施建設走向市場化的基礎和條件。在「一帶一路」基礎設施建設這一宏偉工程中，區域經濟合作是遏制水桶效應至關重要的一環，各國需要統一認識，促進市場相互開放、政策相互協調，推動資源、資金、人員往來，共同探討符合各自實際情況的融資模式。

6.3 「一帶一路」基礎設施融資面臨的挑戰及對策

「一帶一路」沿線各國眾多，各國的制度、文化、習慣、市場發育程度差異較大，給基礎設施建設項目融資帶來了許多障礙。推進基礎設施建設，需要各國增進共識，採取給力的措施，應對這些挑戰。

6.3.1 抵觸市場化運作的觀念

「一帶一路」沿線國家尤其是發展中國家，基礎設施的投資、建設和維護長期依靠國家財政撥款，政府壟斷經營，經濟效益極少。建設進程常常因此受到不利的影響，相應地社會效益也就較差。該種融資和建設模式為沿線國家政府、企業和社會公眾所習以為常，甚至根深蒂固，導致基礎設施建設的市場運作或引進外資很難被公眾接受。觀念不通直接導致行為不通，不僅社會資金完全不願投入到基礎設施建設中，對企業和外資廣泛存在的不信任感，還沉重打擊了私人資本和國際資本的積極性。

冰凍三尺非一日之寒，要融化人們心中阻礙市場融資的這塊堅冰，不僅需要一定的時間，還需要政府、銀行和企業堅持不懈的努力。政府本身要更新自身觀念，同時要對社會公眾加強宣傳，形成廣泛共識；銀行要密切關注基礎設施建設領域的高成長性企業，包括一些中小微企業，盡可能地幫助它們進入基礎設施建設市場門檻；企業要從「一帶一路」互聯互通建設中努力把握商機，爭取多做、做好一批經濟和社會效益俱佳的項目。事實勝於雄辯，關鍵是要共同儘快推動若干龍頭專案，形成示範效應，讓全社會看到實實在在的好處，促進社會各界形成對基礎設施建設市場化機制的贊同和推動。

6.3.2 缺乏必要的配套政策

「一帶一路」沿線國家政府和相關部門在基礎設施建設領域普遍缺少有效的配套政策，尤其是在投資規劃、融資管道、收費價格、准入資質、操作辦法

等方面缺乏明確可行的操作流程規定和符合建設需要的優惠促進政策。這一方面導致政策指導性和監管性降低，另一方面也打擊了社會資金的參與積極性。相關規定的模糊性導致私人和國際資本的操作空間大，市場定位不准，結果是經營和投資風險上升。此外，在政策支援力度不夠的情況下，企業只能儘量從方方面面挖掘盈利空間，在某種程度上也加劇了公眾的誠信危機。

基礎設施投融資市場化不代表政府可以置身事外，而是對相關部門政策的制定和執行提出了更高的要求和考驗。在監管措施方面，不能管得過死，影響市場配置作用的發揮，也不能放得過開，還是要保證基礎設施建設的公共性和公益性；在促進措施方面，不能不給優惠，否則社會資金無以調動，但優惠度太高又會加重財政負擔，不利於國家、區域經濟的可持續發展。具體地，可採取如下措施來完善基礎設施政策：首先，政府要提高相關政策的可操作性，明確界定私人資本及國際資本在基礎設施建設中的權利和義務，令行禁止。其次，政府要在合理規劃的基礎上盡可能讓利於市場，給企業、銀行、國際投資者實實在在的優惠政策，例如，土地開發優先權，稅收減免優惠，降低銀行在存貸比、風險拔備等方面的要求。最後，政府應承諾在客觀經濟條件發生重大變化、民營和外來投資者不能回收成本的情況下，通過調整服務收費價格、給予風險補償、減免稅收等措施來穩定投資回報率。

6.3.3　相關法律不健全

基礎設施建設市場化運作涉及政府、私人、外商及公眾各方利益，明確各方權利義務的法律是必不可少的重要保障。然而，「一帶一路」沿線國家在相關法律法規體制建設方面大多乏善可陳。一方面，許多涉及公私合作、對外合作的項目存在法律盲區。例如，由於產權關係不明確，在TOT模式下資產轉讓無法在公、私、外三方順利進行。許多國家對特許權協議形式、專案中的風險管理沒有明確的規定，致使PPP模式的可操作性大打折扣。另一方面，各國廣泛存在法律限制過多的情況。例如，基礎設施建設項目一般有對外商出資最大份額的限定，使得有些必須由項目簽約方全權出資建設的模式

無法應用在國際資本身上。有些國家法律不允許政府以任何形式作出擔保，使得需要政府出面簽約的BOT模式無法實行；再如，有些國家對私人經營的限制導致PPP無法操作。

沿線國家要建立有利於基礎設施投融資的法律體系，推動不同類別、不同層次、結構合理有序、既有一定分工又相互協調統一的、專門適用於私人資本和國際資本投資基礎設施領域的法律法規建設。一是規範有關市場主體的法律，如公司法、商業銀行法、政策性銀行法等；二是規範有關市場基本關係的法律，如合同法、信託法、擔保法、證券法等；三是規範有關市場競爭秩序的法律，如反壟斷法、反不正當競爭法、反傾銷法等；四是明確細化有關私有財產保護的法律條款。

6.3.4 財政支持力度薄弱

健全的基礎設施投融資機制不代表可以擺脫對財政的依賴，仍然需要雄厚的財政實力作為後盾。在當前經濟形勢錯綜複雜、下行壓力較大的背景下，銀行惜貸情緒高漲，推高了社會融資成本，投資回報相對較低的基礎設施建設專案更多地需要財政資金主導。尤其是，「一帶一路」基礎設施項目絕大多數涉及大額對外投資，容易受到外交政策變化的影響，不可控制及不可預測的因素較多，國家風險在一定程度上必須由財政資金來補償。此外，一些基礎設施企業債券本身就是應財政收入不敷建設需要而生，操作中實際上需要政府提供擔保，一旦發生兌付風險，還本付息的責任最終將要落到財政身上。然而，如前所述，「一帶一路」基礎設施建設資金需求巨大，不少國家政府囊中羞澀，存在較大的資金缺口，無法發揮兜底作用，在基礎設施建設中常常缺位。

「一帶一路」基礎設施建設並非一朝一夕之事，政府在這個過程中首先要加強科學規劃，規範投資行為，無論是在經濟上行期還是下行期，都要確保每一分錢花到實處。其次要加強區內各國的溝通協作，通過積極外交做好頂層設計，形成全面系統的政策引導和制度規範，維持政策的穩定性。再次要確保各融資平臺設立規範，升級管理制度，促進資訊披露完全，控制好融資槓桿，平

衡償債能力與融資能力，不但要保證借得來，還要用得好、管得住、還得起。最後要進行融資模式創新，以便減輕政府的財政壓力。例如，選擇擁有高信用評級的金融機構，發行利率相對較低的「一帶一路」基礎設施建設債券，籌集資本後轉借給「一帶一路」沿線國家進行基礎設施建設。

6.4 「一帶一路」基礎設施融資如何成為人民幣國際化的突破口

6.4.1 「一帶一路」建設是人民幣國際化的強力引擎

習近平主席2013年秋在哈薩克演講時指出，共同建設「絲綢之路經濟帶」，需要加強資金融通。資金融通的核心就是廣泛使用本幣進行兌換和結算，以降低流通成本，提高地區的國際競爭力。而「一帶一路」沿線國家多數為發展中國家，貨幣可接受程度普遍不高，人民幣作為區域內幣值最堅挺、使用最廣泛的幣種，可以成為沿線國家貿易投資合作的首選。

基礎設施建設是「一帶一路」建設的核心優先領域。由於基礎設施專案通常投資大、期限長、風險高，必須得到長期資本的服務支撐，這將為人民幣的資本項下流出帶來機遇。從歷史經驗來看，沒有任何一個國家在大規模對外投資時是使用外幣的。據估計，在「一帶一路」倡議的引領下，未來10年中國對外投資總額將達10萬億元人民幣。如果使用美元進行如此大規模的資本投資項目，投資者就很難承受其中蘊含的貨幣錯配風險。落實「一帶一路」基礎設施建設，首先要避免經濟往來規模巨大但在貨幣上受制於美元的錯配現象。可見，人民幣的國際化在「一帶一路」建設中起著至關重要的保駕護航作用。

基礎設施建設項目對人民幣國際化的作用機制如下：以油氣輸送管道建設專案為例，如果該專案以人民幣貸款形式進行融資，那麼，工程項下可以用人民幣採購來自中國的機器設備、支付中國勞務輸出；管道建成後，隨之而來的源源不斷的油氣貿易也可以使用人民幣進行結算；油氣貿易創造的大量利潤可

以被項目所在國的投資人以人民幣資產的形式持有，投資人或利用這部分利潤在當地進行再投資，或形成閒餘資金，產生金融配置需求。為了滿足當地投資人的存貸款、保值增值等需求，就會形成人民幣離岸金融市場。而所在國的央行為應對投資人的兌換需求，也會儲備越來越多的人民幣。這樣，人民幣的結算、儲備、計價功能會在上述路徑中得以逐步實現。

因此，當前的關鍵就是將人民幣國際化與「一帶一路」的基礎設施建設從戰略高度上統籌結合起來，用「一帶一路」建設帶動人民幣國際化進程，用人民幣國際化推動「一帶一路」建設的落實。

6.4.2　人民幣在推動「一帶一路」基礎設施建設中面臨的困難

境外人民幣資金存量不足、可接受度仍不高，這不僅是當前制約人民幣在跨境基礎設施投融資項目中使用的最大困難，也是人民幣國際化推進過程中面臨的階段性問題和主要障礙。目前，人民幣在全球可交易貨幣離岸資金存量中的占比較小，在地域分佈上過於集中在香港一地，同時，由於中國資本項目尚未實現完全自由兌換，在大部分國家境外企業和個人無法在所在國直接開立人民幣帳戶，導致交易便利化水準不高，影響了人民幣的可接受度。

人民幣循環流動管道不夠通暢。受制於中國國內金融市場發育的深度和廣度，目前境外人民幣僅可通過人民幣跨境結算、RQFII制度、三類金融機構參與大陸銀行間債券市場、境內機構發行離岸人民幣債券、滬港通等管道回流境內，削弱了境外企業和個人接受、使用、持有人民幣的意願。從離岸市場的建設情況來看，除香港外的其他離岸人民幣市場建設時間尚短，能夠提供的具有保值增值、風險對沖和較強流動性的產品種類與數量仍較為有限，投資收益吸引力不足，規模仍然偏小。

境內外融資成本差異較大，人民幣貸款缺乏價格優勢。由於人民幣境內外市場尚未完全打通，境外人民幣投融資價格遠低於境內，且近年美、歐、日等主要發達國家競相實施量化寬鬆和超低利率的貨幣政策，境外各幣種整體融資成本較低，使得境內金融機構發放的境外人民幣貸款利率優勢不明顯，一些資

信較好、風險較低的境外項目選擇人民幣貸款的積極性降低。目前國內一年期人民幣貸款基準利率為5.6%，而美國、日本、歐元區的基準利率則均在接近零利率的水準，價格上的差距顯而易見。

金融機構的服務能力有待提升，難以滿足企業的需要。其一，境內金融機構海外分支機構建設滯後。尤其在中東歐、中亞、北非等「一帶一路」沿線區域的經營網點較少，金融服務效率和品質不高，制約了人民幣投融資業務在上述地區的廣泛開展。其二，商業銀行辦理境外專案人民幣貸款動力不足。由於境外專案貸款包含在銀行總體信貸規模管理之內，受存貸比考核的制約，加之大多數境外項目風險大、期限長、見效慢，多數商業銀行不願為此類項目融資。其三，投融資模式有待創新。同國外企業專案相比，中國企業參與境外基礎設施項目時融資管道相對單一，高度依賴國內銀行貸款，債券、投資等方式的應用並不廣泛。

6.4.3　在「一帶一路」基礎設施建設中擴大人民幣的使用

1.利用國內資金優勢，以人民幣支持「一帶一路」建設

（1）擴大人民幣對外援助規模，更好地滿足沿線國家的資金需求。將在「一帶一路」基礎設施建設中擴大人民幣的使用上升到戰略高度統籌考慮，加強人民幣國際化與對外基礎設施援助項目結合的頂層設計。尤其對一些在當地影響力大、社會效益高但經濟效益有限，需要借助政府貸款和國際援助等方式解決資金來源的基礎設施項目，可通過政府間協定的方式協商優先使用人民幣。也可以以此類項目作為突破口，引導在當地的其他建設項目中使用人民幣投融資。

（2）發揮銀行資金融通優勢，增加境外人民幣貸款。不僅鼓勵國內銀行通過買方信貸、境外投資貸款、併購貸款、內保外貸等多種形式發放商業性人民幣貸款，還要鼓勵中國企業在承攬海外基礎設施專案時以人民幣為計價單位簽署合同，在海外運營中使用人民幣進行交易。進一步發揮政策性銀行的引導和帶動作用。無論基礎設施專案建設採用PPP模式還是BOT、BOOT（建設一

擁有—經營—轉讓）模式，都可以使用我國提供的資金利率較低、期限較長的具有優惠性質的人民幣資金貸款。在一些人民幣接受程度尚待提高、完全使用人民幣貸款有一定困難的國家或者地區，可考慮使用人民幣與其他幣種的混合貸款，如在與當地金融機構開展的聯合融資或銀團貸款項目中，由中方金融機構提供部分人民幣資金，由當地金融機構以當地貨幣或其他國際貨幣提供融資，以此種方式循序漸進地擴大人民幣的使用。

（3）用好投資合作基金，積極擴大人民幣投資。近年來，中國政府發起設立了中國—東盟、中國—歐亞、中國—中東歐等多隻政府性投資基金，有的基金已成功運作了數年，積累了相對豐富的海外投資基礎設施項目經驗。如中國—東盟股權投資合作基金已成功在東盟國家投資了航運、港口、通信等領域的多個基礎設施專案，緩解了部分東盟國家基礎設施領域資金緊張的局面，促進了當地經濟發展。今後，應與沿線國家共同完善相關配套措施，適當擴大此類基金的規模，提高其人民幣投資比重，並支持其開展金融創新，通過「投貸結合、以投帶貸」等方式帶動社會各方使用人民幣進行基礎設施對外投資。

2.提高人民幣在多邊金融機構中的使用率

加強與世界銀行、亞洲開發銀行、非洲開發銀行、歐洲復興開發銀行等協力廠商國際開發機構的業務聯繫與務實合作，擴大人民幣在現有多邊金融組織中的使用。例如，在大型跨境互聯互通基礎設施項目中開展以人民幣為幣種的聯合融資、銀團貸款，或者降低國際多邊金融機構在華髮行人民幣債券的門檻，增加其人民幣資金存量。

亞洲基礎設施投資銀行、金磚國家開發銀行以及上海合作組織開發銀行等正在組建或者籌備的區域性多邊金融平臺，是「一帶一路」基礎設施建設的主要輸血機制，也是擴大人民幣使用的主要通路。具體地，可以通過專案貸款方式（包括聯合融資、銀團貸款等）帶動亞洲國家與基礎設施相關的產品和服務出口使用人民幣結算。通過人民幣股權融資支持，形成共同出資、共同受益的資本運作模式，動員持有人民幣資產的私人部門投資者投資於基礎設施PPP項目。加強與沿線國家國內金融機構的務實合作，通過向項目實施國的銀行提供

人民幣轉貸款等方式支援交通、通信、電力、油氣管網基礎設施建設項目。

3.發展直接融資，鼓勵發行「絲綢之路債券」

債券是國際上廣泛應用的基礎設施融資方式，但其在「一帶一路」沿線大多數國家的基礎設施融資中占比較低，具有很大的發展空間。如果能夠成功發行面向「一帶一路」基礎設施的、以人民幣計值的「絲綢之路債券」，不僅有助於彌補基礎設施融資缺口，強化區域內債券融資合作，填補「一帶一路」沿線國家缺乏統一債券工具的空白，也將是人民幣離岸債券發展的重大突破。

「絲綢之路債券」的發行主體既可以是境內投資者、外國政府、境外金融機構、外資企業，也可以是它們聯合組建的專案投資主體；發行地點既可以是中國境內銀行間債券市場，也可以是香港、倫敦、新加坡等離岸人民幣市場；在期限上，應符合基礎設施項目的特點，偏向於中長期。當然，為滿足「絲綢之路債券」的市場需求，擴大其發行範圍，需要中國政府在境內進一步降低熊貓債券的發行門檻、簡化其審批程序，在境外放寬境內企業、金融機構發行人民幣債券的相關限制，讓發行主體能夠更加便利地得到人民幣和使用人民幣。「絲綢之路債券」的發行規模越大，使用範圍越廣，就越有利於培養非居民使用人民幣的習慣，越有利於人民幣的國際化使用。[1]

對於大型互聯互通基礎設施項目主體所發行的「絲綢之路債券」，還涉及信用評級、產品設計、跨國監管等一系列問題。在信用評級上，建議採用基礎設施所在國的聯合信用評級，亦可由亞投行等區域金融組織提供信用擔保，以提高債券的信用等級，更好地降低籌資成本。在產品設計上，可採用非標準化的合約和更加靈活的本息償還結構，廣泛吸引各類投資者；對於「絲綢之路債券」的監管，宜建立監管資訊共用和磋商機制，對融資主體與資金使用進行統一的跨國監管。[2]

4.深化貨幣互換，增加海外人民幣的流動性

1　參見高偉：《發行絲綢之路債券助力「一帶一路」》，鳳凰財經網，2015-01-09，http://finance.ifeng.com/a/20150109/13416929_0.shtml。

2　參見竺彩華、郭宏宇、馮興豔、李鋒：《東亞基礎設施互聯互通融資：問題與對策》，載《國際經濟合作》，2013(10)。

可以考慮將貨幣互換由提供短期流動性應對匯率波動的應急性融資安排轉化為一種經常性的安排，使其成為人民幣境外融資的新通道。逐步將貨幣互換擴展至「一帶一路」沿線的60多個國家，並根據雙邊、區域合作需要，實質性動用這部分資金。可由境外央行或中國央行發起協調，通過再貸款或者再貼現的方式以優惠利率借給當地銀行，使互換的人民幣能夠進入其銀行授信體系，為本國、本區域的基礎設施建設專案提供融資支援。

5.拓寬人民幣回流管道，讓人民幣在境內外流轉起來

拓寬海外人民幣回流管道，構建強大的、高效的人民幣循環機制將是人民幣國際化的重要保障，否則，即使通過貸款、投資、債券等方式促進了人民幣的對外輸出，也會因無處使用、無法循環、無法保值增值而前功盡棄。一是鼓勵出口使用人民幣結算，既可促進建立貿易回流管道，亦能規避使用外幣的風險；鼓勵外商使用人民幣來華進行直接投資，可給予開闢綠色通道等優惠政策。二是擴大RQFII規模，減少投資限制，有條件地放開國內銀行間債券市場，為有需要的合作國家相關機構進入國內金融市場提供便利。三是促進「一帶一路」沿線人民幣離岸市場的發展，延長人民幣在外流轉的鏈條和時間；提高離岸中心的貨幣派生能力，支持各個離岸中心間開展金融合作，針對國際投資者開發更多以人民幣計價的金融工具。

6.4.4 在「一帶一路」基礎設施建設中重視保險的作用

1.保險對「一帶一路」基礎設施建設的重要性

在「一帶一路」基礎設施建設中，促進企業「走出去」及資本輸出的保險包括海外投資保險、多邊投資擔保制度、出口信用保險、國際貨物運輸保險等多種內容，其中，海外投資保險與出口信用保險是最為重要的兩種形式。完善的保險制度不僅能夠幫助企業解決融資問題，還能夠極大地降低「一帶一路」基礎設施建設中企業與個人的風險成本，提升中國企業的海外競爭力。具體來看，包括：

（1）降低企業風險成本。跨國保險為海上運輸風險、買方商業信用風險

和投資東道國政治風險等多種風險提供了保障，使得對外貿易商和投資者能夠提前鎖定投資成本，一旦發生損失可以及時獲得補償；這也降低了企業所需的風險準備金，提高了其資金使用率。同時，在損失發生後，保險機構還能夠使用多元化的方式協助投資者處理與東道國之間的糾紛，最大限度地防範相關政治風險。

（2）解決企業融資問題。風險高、融資難是跨國貿易與海外投資中普遍存在的問題。投保能夠大幅提升企業信用，緩解融資方對企業海外項目所含風險的擔憂，有利於企業獲得較為優惠的信貸支持。此外，保險機構與銀行等金融機構的合作，進一步拓寬了企業的融資管道，保單融資也為企業提供了重要的融資便利。

（3）提升企業海外競爭力。出口商及投資者在資金回收安全得到保障的情況下，就有能力在對外貿易或項目競標中提供賒銷等更為優惠的條件。此外，保險機構的參與還能夠幫助企業獲得外國政府、企業、業主和銀行的信任，進一步增強我國企業的海外競爭力。專業的保險機構還能夠為對外貿易及海外專案運作中的風險分析、風險防範和危機處理提供有力的幫助。

2.完善「一帶一路」基礎設施建設的保險支援機制

（1）政府政策層面。

一方面應完善出口和海外投資保險的專項立法；另一方面還應適度引入競爭機制，促進政策性與商業化經營的結合。此外，還需適當加大國家財政的支持力度，推動保險更好地服務於「一帶一路」基礎設施建設。

第一，完善出口和海外投資保險的專項立法。針對對外貿易及海外投資項目，發達國家通常都設有專門的法律法規對相關保險運作進行規範和引導，如英國的《出口和投資擔保法》、日本的《貿易和投資保險法》以及韓國的《出口保險法》等。然而，我國的出口信用保險和海外投資保險，均主要參照《保險法》和《中華人民共和國對外貿易法》進行，尚缺乏專門的法律規範。因此，要結合我國國情，借鑒發達國家的經驗教訓，儘快出臺專門針對出口與海外投資保險的、與國際相接軌的法律法規，明確各方權責和操作規範，為保險

穩健支援「一帶一路」基礎設施建設保駕護航。

第二，促進政策性與商業化經營相結合。目前，我國出口信用保險及海外投資保險主要由中國出口信用保險公司獨家運營，儘管2013年以來先後有4家商業性保險公司獲得了短期出口信用保險業務的經營資格，中國出口信用保險公司依然占據著90%以上的市場份額。對此，應該借鑒法國、荷蘭、德國等發達國家信用保險機構的運營經驗，制定商業性和政策性相結合的發展戰略，並適度引入競爭機制，逐漸放開對商業保險公司對相關業務尤其是風險較小且週期較短的業務的准入資格。這不僅有助於減輕財政壓力、擴大出口及海外投資保險的規模，還有助於通過市場競爭提升相關服務的品質與效率。

第三，適度加大國家財政支持力度。伴隨著激烈的商品與資本輸出競爭，各國政府逐步加強了對相關保險的支援力度，為本國企業「走出去」提供助力。特別是鑒於信用保險與海外投資保險明顯的正外部性，應當加大財政支持力度，並在稅收層面實行有針對性的優惠政策，為保險服務的穩定擴張提供助力。

第四，鼓勵在政策性保險交易中使用人民幣。如果能在相關保險交易中使用人民幣作為計價結算貨幣，可以推動人民幣在「一帶一路」相關國家的影響力，與人民幣國際化的其他舉措形成合力。目前，我國對保險業支持「一帶一路」戰略實施的主體是政策性保險，投保人大多是有對外出口或海外投資業務的國內企業，因此，在政策性保險交易中推動使用人民幣進行計價結算具有較為便利的條件。

（2）保險機構層面。

就保險機構自身來講，首先應加強企業資訊資料庫的建設工作，為自身穩健運營奠定基礎。此外，還有必要針對「一帶一路」戰略進行結構性的費率下調，以提升保險對企業的支持作用。而且，保險公司還應通過豐富服務種類、增設海外分支等途徑綜合提升自身服務能力，在「一帶一路」基礎設施建設中發揮更大的作用。

第一，加強企業資訊資料庫建設工作。資訊是保險業務審批的基礎，也是

保險公司風險控制的重要依託。截至2011年末，全球三大信用保險集團德國裕利安怡、法國科法斯和荷蘭安卓分別擁有4 000萬、5 000萬和6 000萬家企業的資訊資料，相比之下，中國出口信用保險公司近1 000萬家企業資訊的資料量則遠遠落後於世界先進水準。因此，要加大在企業資訊資料庫建設方面的投入，並與國外同行加強資訊交流與合作，拓寬現有資訊來源，為保險公司及企業的風險控制奠定堅實的基礎。

第二，研究進行結構性的費率下調。相對偏高的保險費率，是我國出口與海外投資保險覆蓋率較低的一個重要原因。為促進我國企業與資本走出國門，有必要對現行的保險費率進行結構性調整，針對不同市場、不同行業、不同產品及風險級別適用不同的費率標準，並根據政策導向對「一帶一路」重點地區及重點行業實行適度的費率優惠政策，鼓勵企業積極參與到「一帶一路」基礎設施建設中。這一方面需要政府給予一定的財政支持，另一方面也有賴於保險公司提高運作效率、降低服務成本方能實現。

第三，綜合提升自身服務能力。全球三大信用保險集團德國裕利安怡、法國科法斯和荷蘭安卓均在全球數十個國家設有分支機構，用以強化對當地市場的了解與服務。相比之下，中國出口信用保險公司僅在英國倫敦設有代表處，並向俄羅斯、巴西、南非和杜拜派駐了工作組，與國際先進信用保險集團的建設形成了較大的反差。在「一帶一路」的建設中，應當加入到「走出去」的行列中，加快海外服務網點的建設，增強自己資訊獲取及客戶服務的能力。此外，在產品設計方面，要參考國際先進保險機構，對企業實行分類、分級管理，並根據需求的不同相應地進行產品的設計開發，豐富現有的產品種類，以滿足不同類型企業及專案的差異化需求。

第七章

以產業園區推動人民幣國際化

　　經過三十多年改革開放的不斷探索以及近十年來海外投資的迅猛發展，中國在國內產業園區建設以及國際合作共建產業園區方面都積累了相當豐富的經驗，發揮著效率提升、技術創新、企業孵化、示範帶動和外部輻射的基本功能。在「一帶一路」戰略帶來的時代機遇中，產業園區將成為實現「一帶一路」互聯互通的重要承接點，為「一帶一路」戰略的全面實施發揮巨大的推動作用。產業園區也將成為人民幣國際化的重要突破口。

7.1　產業園區及其類型

　　聯合國環境規劃署（UNEP）對產業園區的界定為：在一大片土地上聚集著若干企業的區域，其基本特徵包括：對較大面積的特定區位土地進行開發，其上建有多座建築物、廠房、基礎設施及公共服務設施，擁有詳細的區域規劃，並對園區環境、常駐公司、土地利用和建築建造等設定一定標準及限制條件，此外還提供與園區進駐、履行協定、區域長期發展計畫相關的管理機制。

　　根據產業園區形成和運營模式的不同，大致可將其劃分為兩種類型：一是特色產業園區，多是地方企業集群發展到一定階段的自然產物，其核心產業相對單一，且頗具地域文化和資源特色，往往由企業自發形成；二是產業開發

區模式，即在沒有固有或深厚產業基礎的地區，「先築巢、後引鳳」，以先行規劃建設的基礎設施、運營模式和政策優惠招商引資，吸引企業入駐，往往由政府規劃主導形成。伴隨產業園區的轉型升級，產業園區的發展一般依次歷經「聚核（核心企業和主導產業）、聚鏈（橫向服務鏈和縱向產業鏈）和聚網（內部和外部合作網路）」三個階段，發展要素也將逐步由「政策、行政化、硬環境」轉向「制度、融合化、軟環境」。[1]

中國國內產業園區的發展已積累了一定經驗，具體形態包括經濟技術開發區、高新技術產業開發區、經濟開發區、技術示範區等創新示範園區，物流、工業、農業、旅遊和商業園區等特色產業園區，以及經濟特區、邊境自由貿易區、出口加工區和保稅港區等特殊政策性區域。總體來看，各類產業園區基於規模經濟和集群經濟的基本理論，通過資源分享和集聚效應，發揮著效率提升、技術創新、企業孵化、示範帶動和外部輻射的基本功能。

7.2 產業園區在「一帶一路」建設中的作用

據商務部統計，截至2014年年底，我國在「一帶一路」沿線國家已建設77個經貿合作區，占我國海外經貿合作區半數以上。[2]中國走出國門興建產業園區，將國內產業園區的發展經驗應用於「一帶一路」沿線地區，有助於「一帶一路」戰略的順利實施，形成以點帶線、以線帶面、全方位合作的格局。

7.2.1 構建以投資促出口的新外貿格局

自金融危機以來，世界經濟復甦緩慢，大國博弈和地緣政治風險升級，國

1　參見同濟大學發展研究院所發佈的《2014中國產業園區持續發展藍皮書》。
2　《中國境外經貿合作區已達118個「一帶一路」沿線77個》，國際線上，
　　http://gb.cri.cn/42071/2014/12/30/2225s4824563.htmhttp://gb.cri.cn/42071/2014/12/30/2225s4824563.htm。

際市場需求不振，加之國內經濟增速降檔和人口紅利消退，「中國製造」的廉價優勢減弱，我國外貿正在並將長期面臨國際國內的雙重不利環境。根據海關總署的資料，2014年中國進出口金額同比僅增長2.3%，未達成當年7.5%的既定目標，較全球金融危機前的黃金期超過20%的增速更是相去甚遠。在這種情況下，在傳統美歐日市場外，重點開發具備一定市場容量的新型交易夥伴，對於中國外貿的可持續發展就顯得尤為重要。

「一帶一路」沿線國家普遍具備人口規模較大，工業經濟欠發達，社會生產生活對於輕工、重工業基礎產品的需求潛力較大的特徵，是中國未來外貿發展的一個重要方向。事實上，2014年，在整體外貿增速放緩的情況下，中國與「一帶一路」沿線國家的貿易同比增長高達7%，總值更是占同期中國外貿進出口總值的四分之一。

然而，僅僅依賴現有的貨物出口等經常項目途徑，同「一帶一路」沿線國家進行商品交易，並不能從長遠角度破解中國當前的外貿困局。原因在於兩點：第一，「一帶一路」沿線邊境貿易管理機制尚不成熟，且地緣形勢複雜，利益衝突多發，政策協調難度大，中國對其單向出口面臨的貿易壁壘較高；第二，「一帶一路」沿線居民收入水準仍較低，商品需求的價格彈性顯著，而中國製造業企業面臨的人工成本在2010年人口拐點[1]後已出現趨勢性上升，單向輸出產成品並不能充分利用「一帶一路」區域的廉價勞動力成本優勢，相應地產品價格難以形成市場競爭力。

借助「一帶一路」沿線國家戰略，在「一帶一路」沿線建設產業園區，推動中國企業在當地批量投資建廠，無疑是在國際收支的資本和金融項目層面尋求對外貿易發展的突破口。這不僅可以有效地降低政治摩擦，消除運輸、通關等環節的關稅壁壘，而且伴隨中國企業的發展壯大，還可實現通過對外直接投資帶動雙邊的經常帳戶交易，優化貿易結構，進而促進中國與「一帶一路」沿

1　社會學者一般將2010年作為中國人口拐點。國家統計局資料顯示，我國適齡勞動力人口占總人口的比重於2010年達到峰值74.5%。截至2013年末，該比例已降至73.8%，年均降幅為0.2%。

線國家的多層面互聯互通，形成商品、資本和金融共榮的新外貿格局。

7.2.2 打造中國富餘優勢產能的轉移承接基地

經歷21世紀前十年的黃金增長期後，中國在全球金融危機後進入了「週期性產能過剩」階段。過剩產能主要集中於鋼鐵、煤炭、運輸設備製造以及皮革紡織等週期性行業。據中金公司測算，2013年富餘優勢產能行業的總資產占中國製造業總資產的比重高達27%。然而，值得注意的是，這種富餘優勢產能僅是相對於中國現階段的國內需求而出現的富餘，在全球市場尤其是許多「一帶一路」沿線國家市場仍然是具有競爭力的優勢產能。產業園區不僅是實現中國優勢富餘產能迅速、批量轉移的最佳途徑，也是消除國內產業升級和經濟發展長期障礙的突破口。

第一，產業園區有利於中資企業迅速形成規模，搶占市場先機。「一帶一路」沿線多為經濟欠發達地區，這意味著某些在中國已進入生命週期中成熟和衰退階段的產業，在「一帶一路」沿線國家可能仍處於初創和成長期。這裡行業進入壁壘較低，市場需求尚未完全開發，客戶掌握的資訊、技術仍不健全，因此企業在產品、市場和服務等策略選擇上有較大的主動權。一些歐美傳統企業已經嗅到了商機，開始將市場重心向「一帶一路」沿線國家的相關地區轉移。在這種背景下，如果中國企業能夠通過產業園區批量進駐當地市場，在國內已積累的相對較成熟的技術和市場經驗的基礎上，抓住有利的時機，更容易搶灘當地市場，形成先發優勢。

第二，搭建中國企業批量「走出去」的理想平臺。由於眾多經濟主體和組織在地理上的集中，產業園區具有綜合性、多元性特徵，由此形成顯著的產業集群優勢。在產業園區內，不僅發展工業、農業、商業等領域的一個或幾個主導產業類型，還發展金融、商貿、教育、衛生、環保和居住等各種服務或輔助性關聯產業；不僅擁有主導產業鏈上的一家或幾家龍頭企業，還吸引一定數量的跟隨型企業入駐，並向產業鏈上下游做合理延伸。這些不同類型和規模等級的關聯企業以及相關機構、組織等經營和管理主體，通過交錯縱橫的關係網絡

結合在一起，形成介於市場和企業之間的新型空間經濟組織類型，即產業集群的特有組織形式。通過產業園區形成的內在競合機制，能夠更有效地克服以往中國企業走出國門後在境外市場進行無序競爭產生的負外部效應，有助於企業具備較高的資源配置效率和整體競爭實力，同時保有作為市場主體的積極性、靈活性和自主性。

7.2.3　帶動「一帶一路」沿線國家升級和經濟發展

最近幾年，「一帶一路」沿線國家對中國產業園區建設經驗產生了濃厚的興趣，許多國家已派出相關政府官員和企業家隊伍赴中國參觀學習，希望仿照中國模式興建產業園區，以此推動本國工業化和產業化進程。同出口貿易相比，中國企業以產業園區形式進行的對外直接投資和落地式發展，能夠從基建、就業、生產及科技等方面實現多元化投資，推進「產城融合」，從而對「一帶一路」沿線國家產生更多元與持久的利益。因此，產業園區建設符合中國與「一帶一路」沿線各國的共同利益，能夠很好地體現互利共贏的「一帶一路」建設宗旨。

「一帶一路」沿線區域基礎設施多不完備，出於「一帶一路」建設持久實施和「破局」的考慮，建築、物流、運輸以及輸配電等基礎設施建設產業將是產業園區規劃設置的優先選擇。毫無疑問，基礎設施建設產業對當地資源能源開發和城市建設具有重要的輻射效應，能夠帶動區內外工業和社會的發展。相較單個企業，產業園區的建設和運營週期更為長久，能夠為當地經濟建設與工業發展提供持續的、低成本的生產資源、現代化裝備及生產服務，進而為「一帶一路」互聯互通的推進發揮基礎性作用和示範效應。

產業園區在有限的地理空間內集聚了眾多企業，通過雇用大量當地員工，可幫助化解長期就業問題，增加居民收入，維護社會安定。尤其是，產業園區通過引入生產技術和經營理念相對成熟的先進企業，可為當地批量培育技術及管理人員，提升勞動力素質與生產能力。隨著收入的提升，居民的需求結構也會升級，並刺激產業升級需求，從而進一步帶動園區內外的工業化發展和城市

化進程，形成良性循環，為產業園區所在國注入經濟持續增長的新動力。

交通銀行積極參加新「絲綢之路」戰略

當前的中國經濟步入了「新常態」，經濟增長進入了可控、相對平衡的運行區間。在外需疲軟、內需回落、房地產調整及深層次結構變動力量的綜合作用下，經濟下行壓力有所加劇。然而，「新常態」並不是只有困難、挑戰和風險，新常態沒有改變我國發展仍處於可以大有作為的重要戰略機遇期的判斷，改變的是重要戰略機遇期的內涵和條件；沒有改變我國經濟發展總體向好的基本面，改變的是經濟發展方式和經濟結構。因此，中國經濟「新常態」孕育著一個正在崛起的國家擁抱新經濟體系的宏大發展機遇。

寧夏回族自治區因其文化和地理優勢，在「一帶一路」建設中是中國與阿拉伯國家實現互聯互通的重要節點和支撐。然而，寧夏的金融發展比較落後，金融機構較少，交通銀行在寧夏具有比較優勢，成為寧夏參與「一帶一路」建設、進行中國—阿拉伯金融合作的主力軍。具體做法包括：

第一，充分利用交通銀行現有金融產品和金融牌照，支援中阿金融合作。交行發揮跨境人民幣業務、離岸金融業務優勢，將「走出去」企業及境外公司通過交行境內外、離在岸聯動統一納入交行帳戶管理，通過交行全球現金管理平臺進行NRA（境外機構境內外匯帳戶）、OSA（離岸帳戶）等各類帳戶形式下的資金整合管理。通過交行多幣種清算、結算系統，支援包括中東各國自有貨幣在內的120個幣種的國際結

算，支持自治區企業拓展對阿貿易，並利用離岸及海外分行網點實現覆蓋歐美亞太的快速匯款業務。

第二，加強對銀川綜合保稅區開發建設的信貸合作。交行通過核定專項信貸額度，以銀團貸款方式對保稅區園區建設進行信貸支援。充分利用交銀集團國際化、綜合化的優勢，寧夏區分行與投行、交銀租賃、交銀信託等部門和子公司積極聯動，開發短期融資券、中期票據、資產證券化、信託、融資租賃等多種融資方式，努力解決園區的融資需求，為園區前期招商引資做好配套金融服務。

第三，加強對外向型企業的信貸支援。交行一方面通過傳統的跨境貿易融資業務幫助企業提高資金周轉效率，降低財務成本，另一方面通過與中國出口信用保險公司合作，憑企業應收賬款為其提供短期出口信保融資業務和出口保理融資業務，並根據保稅區內企業「兩頭在外」的特點，採用背對背信用證方式，對保稅區內企業進行融資支援。

第四，為自治區企業辦理融資租賃提供支持。2014年10月，交行寧夏區分行辦理了寧夏地區首筆跨境融資租賃業務。針對保稅區內免征關稅的業務特點，結合國內其他保稅區辦理飛機融資的成熟經驗，寧夏區分行聯動交銀租賃公司在保稅區內設立SPV項目公司，向製造商或境外租賃公司或其他機構獲得高關稅商品，租賃給境內公司使用。

7.2.4 培育民間互惠互利基礎並增進民心相通

「一帶一路」沿線政治經濟環境複雜，相關經濟合作走廊直連中國經濟腹地，如何在「一帶一路」戰略實施過程中確保政治穩定和邊疆安全，是中國在構建「一帶一路」互聯互通關係時必須考慮的首要問題，而產業園區的興建，為化解這一問題提供了新的經濟和文化途徑。

一是加強經濟紐帶。伴隨產業園區在當地「落地生根」，各級各類龍頭企業通過資本、勞動力和技術紐帶同當地政府、企業和居民形成穩固聯繫，逐漸成為支撐當地經濟發展的脊樑，並借助園區的綜合型、多元化特徵，將經濟觸

角深入當地金融、教育、醫療、建材、食品、能源開發等各個領域，形成良好的營商環境。

二是構建文化紐帶。由於產業園區將雇用大批當地員工，各國人民在園區內共同生產生活、和諧共處，同時產業園區的產品、服務和社會經濟關係輻射園外廣闊區域，中國的國家價值觀和文化影響力將由此潛移默化地傳遞至「一帶一路」沿線區域。居民生活和基礎經濟層面的交流與交融，也有助於增進全方位的相互了解和民心相通，消除習俗、傳統與文化方面的誤解，進而為雙邊長期合作關係的構建創造良好的基礎。

7.2.5 為中國政府推進「一帶一路」建設提供新的抓手

在「一帶一路」沿線地區選擇產業園區模式，有利於中國政府通過行政或市場手段更好地踐行服務職能，從三個方面推進「一帶一路」互聯互通的進程及深度。

第一，營造良好的商業環境。經濟欠發達地區的政府出於吸引外資、引進先進技術和生產力的考慮，通常有較強的意向給予外資企業土地、稅收等政策優惠，以促進外資企業落地發展。然而，外資企業「單槍匹馬」或以鬆散組合形式同東道國當地政府開展談判，往往處於相對弱勢地位，很難獲得預期的優惠條件。相反，中國與「一帶一路」沿線國家共同建設的產業園區具有規模較大和特定的區域輻射效應，事實上擁有天然的話語權優勢。中國各級政府更容易從戰略性合作角度出發，組織專業談判團隊，同當地政府進行直接磋商，深入合作並探索互利機制創新。增強服務意識，為中國企業落戶當地「牽線搭橋」，簽訂「一攬子」或系統性合作協定，促進當地政府在土地租金、融資貸款、企業稅收、物業補貼、產學研合作以及勞資關係等多方面加大對產業園區的扶植力度。

第二，以「築巢引鳳」模式推動基礎設施配套建設。作為中國政府宣導的「一帶一路」建設，沿線國家的產業園區建設必然也要由中國各級政府來規劃和主導。中國各級政府可以借鑒中國本土的產業園區建設經驗，特別是「築

巢引鳳」模式，進行高品質的前期基礎設施建設。組建專業的管理服務支援團隊，吸引綜合實力和輻射帶動效應較強的龍頭企業進駐，提升產業園區的基礎配件水準與招商引資吸引力，為產業園區的可持續發展及互聯互通的不斷深入打好基礎。

第三，為產業園區提供針對性政務服務。「一帶一路」沿線地區的產業園區具有鮮明的產業特色，集約化程度較高，產業集群優勢顯著。為了方便這些產業園區與中國加強經貿往來，中國海關、稅收、商務、金融等各類管理部門需要提升服務功能，在便捷化方面改善服務。針對不同的產業園區特徵，依據國家產業轉移規劃和整體戰略導向，調整政策組合與優惠力度。借助電子政務、聯合監管和執法合作等方式，在通關服務、跨境聯運、產權保護和資金融通等方面提升效率、節約成本，更好地為中國企業「走出去」服務。

7.3 產業園區的佈局

7.3.1 堅持與基礎設施配套佈局的原則

由於產業園區與基礎設施建設之間是相輔相成、相互促進的關係，因此，產業園區與基礎設施配套，有利於二者產生合力，共同促進「一帶一路」大戰略的有序推進。從具體策略講，產業園區可以依託經濟合作走廊建設，根據不同走廊的建設重點，以及沿線國家的資源稟賦和區位優勢，在經濟合作走廊的重要節點城市、沿線港口、邊境口岸等地區興建工業園區、科技園區、物流園區、自貿區等各色園區，促進政治、經貿合作及人員交流，發揮園區對周邊地區的帶動作用，最終形成以點帶線、以線帶面的全方位合作格局，實現區域共贏共榮。確定這樣的園區佈局原則，有以下兩方面的考慮：

第一，快速取得經濟效益。產業園區與基礎設施相輔相成，有利於促進「一帶一路」戰略早開花、早收益。一方面，由於沿線國家多為新興經濟體和發展中國家，經濟處於上升期，交通、電力等基礎設施不完善不僅是制約產業

園區發展的主要瓶頸，還是制約中國與沿線各國開展貿易的主要障礙。隨著基礎設施互聯互通的大力推進，沿線國家基礎設施落後問題將得到顯著改善。當然，基礎設施建成後，將對周圍地區產生巨大的輻射效應，並為園區發展帶來巨大潛力。將產業園區佈局與基礎設施互聯互通相結合，基礎設施建設企業就可以自然而然地直接承接園區內的建設工程，縮減建設成本。園區依託鐵路網、公路網佈局，大大地方便了產品進出口、生活保障及人員往來。另一方面，絲綢之路沿線國家經濟規模比較小，基礎設施建成後可能遭到閒置。產業園區是中國與沿線國家經貿合作的平臺，有利於帶動絲綢之路沿線各國產業鏈的整合，促進周邊地區的經濟發展，由此極大地提高基礎設施的利用率。我國經濟發展的實踐證明，如何實現從交通通道到物流通道到經濟帶的發展，產業園區是其中的關鍵一環。

第二，降低投資風險。「一帶一路」沿線政治經濟環境複雜，國際恐怖主義、宗教極端主義、民族分離主義「三股勢力」再度抬頭。石油等我國重要的戰略資源大都部署在「一帶一路」範圍內，例如，東北方向的中俄油氣管道、西北方向的中哈油氣管道以及西南方向的中緬油氣管道（見圖7—1）。這就令中國在海外利益安全保障上一直存在的「短板」變得更加突出，安保能力與安保需求之間的差距有擴大的趨勢。通過在沿線國家興建產業園區，有利於中國消除這一短板。因為在產業園區內，各國人民共同生活、共同生產，通過其產品、服務以及在社會生活中的存在和表現，無所不在地傳遞著中國的價值觀和文化影響力，促進了兩國之間的交流和理解，可消除誤解和摩擦，增強政治互信，進而為基礎設施互聯互通創造良好的民間基礎。

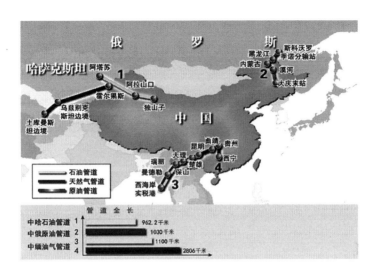

圖7—1 中國的石油戰略資源

7.3.2 沿著經濟合作走廊建設產業園區

在2015年3月博鰲亞洲論壇召開期間，中國國家發展改革委、外交部、商務部聯合發佈了《推動共建絲綢之路經濟帶和21世紀海上絲綢之路的願景與行動》。檔提出，要以重點經貿產業園區為合作平臺，共同打造新亞歐大陸橋、中蒙俄、中國—中亞—西亞、中國—中南半島等國際經濟合作走廊。由此可見，產業園區是我國「一帶一路」戰略的重要抓手，產業園區要打破原有點狀、塊狀的分散化佈局模式，在經濟合作走廊框架內統一規劃、協調和管理。下面，我們將對目前已初步成形的經濟合作走廊進行梳理，進一步探索不同走廊的比較優勢與產業合作前景。

1.中巴經濟合作走廊

「中巴經濟合作走廊」是李克強總理於2013年5月訪問巴基斯坦期間提出的，北起新疆喀什，南至巴基斯坦境內的印度洋出海口瓜達爾港，走廊涉及公路、鐵路、油氣和光纜通道等建設（見圖7—2）。2014年2月巴基斯坦總統侯賽因在訪華期間表示，中巴兩國同意加快推進中巴經濟合作走廊建設，標誌著

中巴經濟合作走廊建設駛入「快車道」。

　　中巴關係向來友好，但兩國經濟合作不多，雙邊貿易額較低，中國在巴基斯坦的投資也落後於美國、歐洲。建設中巴經濟合作走廊將改變這一局面，中國或將成為巴基斯坦的最大投資國，並為當地創造大量就業機會。中巴經濟合作走廊將不僅包括「通道」的建設，更重要的是以此帶動中巴兩國在經濟合作走廊沿線展開一系列有關基礎設施、能源電力、紡織業及工程業等多方面合作，在走廊沿線還將設有經濟特區，為兩國企業帶來巨大發展機遇。巴基斯坦新任總理穆罕默德・納瓦茲・謝里夫認為，「中巴經濟合作走廊建成之後將不僅有利於中巴兩國人民，同時惠及南亞地區包括中國人民在內的30億人民」。[1]從戰略上看，中巴經濟合作走廊是「一帶一路」中的旗艦專案，也是關鍵樞紐。2006年11月，中國與巴基斯坦簽署了自貿協定，2009年2月，雙方又簽署了自貿區服務貿易協定。迄今為止，該協定是兩國各自內容最全面、開放程度最高的自貿區服務貿易協定。目前，中巴兩國已簽署20多項合作協定，中巴經濟合作走廊已經從規劃進入實際建設階段。中建、中交等國有骨幹企業承擔起瓜達爾港、喀喇崑崙公路升級改造等項目，為走廊打通了大動脈。除此以外，在民營資本方面，也有越來越多的華人華僑赴巴基斯坦投資開工廠，涉及金融、教育、醫療、建材、食品、能源開發等各個領域，成為拉動中巴經貿往來的生力軍。

1　《訪巴基斯坦總理：中巴經濟合作走廊將使30億人受益》，搜狐新聞，http://news.sohu.com/20130630/n380268576.shtml。

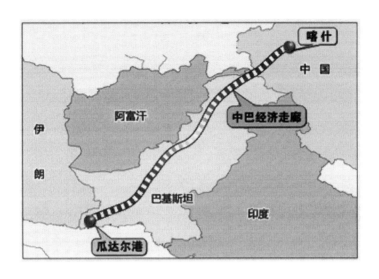

圖7—2　中巴經濟走廊示意圖

2.孟中印緬經濟合作走廊

2013年5月，李克強總理訪問印度期間，中印兩國共同倡議建設孟中印緬經濟合作走廊，並得到了孟加拉、緬甸兩國的積極回應。2013年12月，孟中印緬經濟合作走廊聯合工作第一次會議在昆明舉行，四國簽署了聯合研究計畫並正式建立了政府間合作機制。2015年1月第二次會議在孟加拉庫科斯巴扎召開，會議討論了四國提交的國別報告，並重點討論了在互聯互通、能源、投融資、貿易便利化等領域展開合作的設想和推進機制，進一步推動孟中印緬走廊制度化建設。孟中印緬走廊對深化四國友好關係、建立東亞與南亞互聯互通、加強區域互利共贏和可持續發展具有重要意義。孟中印緬經濟合作走廊建成後，將帶動沿線地區成為亞洲乃至世界上最具活力的地區（見圖7—3）。

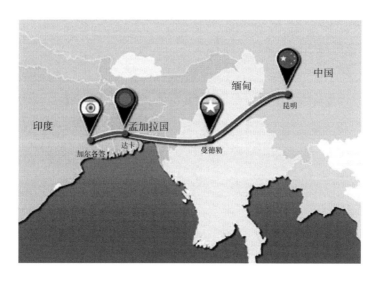

图7—3　孟中印緬經濟合作走廊示意圖

　　孟中印緬四國強勁的經貿往來是建設經濟合作走廊的不竭動力，其中，印度與孟加拉分別是中國在南亞的第一大和第三大交易夥伴。據印度PHD商會報告顯示，2013—2014年度中印貿易額達到495億美元，占印度對外貿易總額的8.7%，中國已超越阿聯酋成為印度首位交易夥伴；自2009年以來，中國與孟加拉的雙邊貿易一直保持兩位數增長，2014年兩國貿易額達到125.47億美元，同比增長21.98%。中國與緬甸的貿易也增長迅速，2013—2014年中國與緬甸的進出口額達到75.3億美元，占緬甸進出口總額的30.3%（進出口總額為248.68億美元）。

　　此外，孟中印緬在基礎設施、能源電力、製造業、服務業等領域的合作也不斷加深。中國與孟印緬三國都處於經濟發展的關鍵時期，中國正大力推進產業升級，鼓勵企業對外投資和產業轉移，孟印緬國家謀求提升製造業水準、引進外資、加強基礎設施建設。正如20世紀90年代以來，製造業中心逐漸由日本、韓國向中國內地轉移一樣，廉價的勞動力成本、土地資源以及寬鬆的貿易環境也吸引了越來越多中國製造企業向東南亞轉移。孟加拉總理哈西娜在出席中國—南亞商務論壇時也表示：「中國對於路橋、交通、電力等基建專案的支持，有利於孟加拉經濟更進一步發展。同時，孟加拉將邀請中

國企業投資醫藥、石化、船舶製造、通信、農業、紡織品、皮革、旅遊等高附加值領域。」[1]

3.中蒙俄經濟合作走廊

2014年9月，習近平總書記在上海合作組織峰會期間提出將絲綢之路經濟帶建設與俄羅斯跨歐亞大鐵路及蒙古國草原之路戰略進行對接，共同打造中蒙俄經濟合作走廊，加強鐵路、公路等互聯互通建設，推進通關和運輸便利化，促進過境運輸合作，研究三方跨境輸電網建設，開展旅遊、智庫、媒體、環保、減災救災等領域的務實合作。[2]中蒙俄經濟合作走廊的建設將有利於打破三國地理限制，促進資源流動和優化配置，有助於推動東北亞區域合作，實現優勢互補、互利共贏，倡議得到了俄羅斯和蒙古的積極回應。

中蒙俄經濟合作走廊將東北經濟最活躍的地區連在一起，在中國境內與「京津冀」經濟圈相接，有利於承接首都的產業轉移，境外向東可進入符拉迪沃斯托克出海口，向西可與亞歐大陸橋相連，貨物可以通過「粵滿歐」、「蘇滿歐」、「津滿歐」、「瀋滿歐」等國際貨物班列直接運抵歐洲。2015年初，中國已經組織專家對中蒙俄經濟合作走廊戰略規劃展開專題調研。預期通過彙聚政府、民間及周邊區域各層面參與者，建立一個廣闊的經濟網路，通過這個網路，中蒙俄經濟合作走廊將成為聯通亞洲與歐洲的重要平臺，區位效應日益凸顯。

4.中新經濟合作走廊

2014年9月，來自中國、東盟10國、印度共12個國家的專家學者在廣西南寧提出關於攜手共建中國—新加坡經濟合作走廊的「南寧共識」，與會專家提出了建設中新經濟合作走廊的多種方案，包括中國（昆明）—寮國—泰國—馬來西亞—新加坡、中國（南寧）—越南—寮國（或柬埔寨）—泰國—馬來西亞—新加坡等方案。至於具體路線圖的確定還需要沿線各國共同協商。中新經濟合作走廊是貫穿中南半島國家的跨國陸路經濟帶，是共建21世紀「海上絲綢之路」的重

1　《中國與南亞經濟合作迎來貿易結構升級關鍵期》，新華網，http://news.xinhuanet.com/world/2014-06/07/c_1111031848.htm。

2　《共同打造中蒙俄經濟合作走廊》，http://www.mofcom.gov.cn/article/i/jyjl/j/201409/20140900728588.shtml。

要組成部分，是中國與東盟國家海陸統籌的運輸大動脈（見圖7—4）。2010年中國一東盟自由貿易區建成，為中新經濟合作走廊注入了巨大活力。

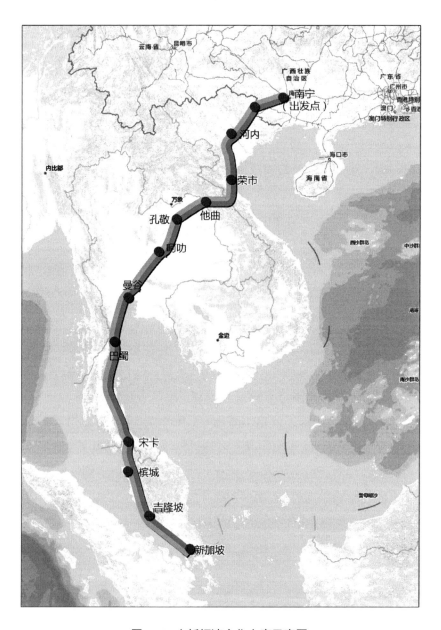

圖7—4　中新經濟合作走廊示意圖

「南寧共識」提出交通領域的*互聯互通*是中新經濟合作走廊合作的優先領域和重點方向。積極推進鐵路、公路、水運航道等通道建設，推動泛亞鐵路東線建設，加快實施客貨運輸通關便利化措施，實施道路聯通。另外，加大產業合作力度和加強人文交流，以優勢產業合作為核心，推動跨境經濟合作，不斷深化和拓展產業合作，不斷提高貿易和投資便利化水準，實現貿易暢通，使沿線各國獲得更多利益。進一步加深彼此了解，促進民心相通，夯實中新經濟合作走廊建設合作的社會基礎。

2009年1月1日，南寧至河內國際旅客列車正式開通。2014年中新經濟合作走廊雛形初現。截至2014年9月，南寧至新加坡公路基本全線貫通，南寧至友誼關高速公路已建成，防城至東興高速公路也已開工，同時獲批到越南的24條國際道路運輸線，已有10條開通。

5.新亞歐大陸橋

自1992年12月1日起，新亞歐大陸橋已正式投入國際集裝箱運輸業務。這條大陸橋是一條東起連雲港，向西經過江蘇、山東、河南、陝西、甘肅、新疆等地區，由新疆西北邊境阿拉山口出境，再經哈薩克、俄羅斯、白俄羅斯、波蘭、德國，直到荷蘭北海邊的鹿特丹港的東西鐵路大通道，全長約10 900公里，是橫跨亞歐大陸，連接太平洋和大西洋的國際大通道（見圖7—5）。新亞歐大陸橋的貫通可為中國西向利用中亞的自然資源、歐盟的資金技術提供條件，而且，中亞、西亞地區製造業、輕工業尚不發達，電器、汽車、輕工產品、日用品等需要源源不斷從國外進口。中國在資源密集型和勞動密集型產業方面在沿橋地區存在優勢。大陸橋接軌開通以來，雖然沿線地區的進出口貿易總額有了一定程度的提高，但占中國貿易總額的比重較小。雖然開通已有二十多個年頭，但陸橋依然只是一個交通運輸通道，對沿線地區的經濟帶動作用沒有發揮出來，遠未起到「商橋」的作用。

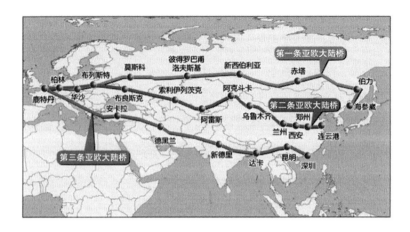

圖7—5　新亞歐大陸橋示意圖

近年來，沿「橋」國家、地區積極推進貿易投資便利化，推進區域經濟和交通領域的合作，統一標準，消除交通運輸等環節上的關稅壁壘，確保新亞歐大陸橋物流暢通無阻。同時，以陸橋運輸為主業的各重點運輸、物流企業加強了與東北亞、東南亞、中亞各國運輸領域的合作，開發了國內外新市場、新貨源、新客戶，拓寬了過境運輸管道和運輸方式，延伸了港口服務功能，建立了良好的一體化行銷、網路化經營、規範化服務等大陸橋運輸體系及平臺，營造了良好的陸橋運輸軟硬環境和綠色通道。

專欄7—2

港口：產業園區佈局的重點

經濟合作走廊沿線港口，在「一帶一路」建設中具有十分獨特的地位和作用。在近期的產業園區建設中，巴基斯坦瓜達爾港和緬甸的皎漂港無疑是重點突破口。

1.巴基斯坦瓜達爾港

作為中巴經濟合作走廊的境外起點，瓜達爾港的開發起著核心作用。中巴經濟合作走廊的建設將使瓜達爾港的作用得以充分發揮，為瓜達爾港帶來巨大機會。從烏魯木齊出發，經由海上抵達瓜達爾港的距離為15 858公里；而一旦中巴經濟合作走廊建成，這一里程可以縮減至4 712公里。[1]2002年，巴基斯坦政府與中國達成聯合開發瓜達爾港的協議，由中國資助、分兩個階段興建完成。2005年，瓜達爾港一期工程建設完成。2013年隨著建設與運營權被正式轉交給中國公司，瓜達爾港的建設也進入快速推進階段。至2015年初，瓜達爾港的基礎設施建設已經基本完成，連接卡拉奇的陸路也已經打通，下一步中巴合作的重點是推進瓜達爾港自貿區的建設。根據有關報導，自貿區徵地已經完成，面積約為9.2平方公里，自貿區產業將覆蓋基礎設施建設、商務建築、集裝箱貨運站、倉庫、集散物流中心和加工製造業等。[2]巴基斯坦政府承諾給予自貿區諸多優惠政策，包括瓜達爾港基點30公里以內為免稅區，20年內免征企業所得稅、貸款印花稅、銷售稅和當地地方稅；對用於自貿區建設所需材料或設備進口企業40年內免征進口關稅和銷售稅。瓜達爾港的建設可以擴大巴基斯坦吸引外資的規模，帶動巴基斯坦尤其是俾路支省的經濟發展，提高居民就業水準，促進巴基斯坦科教文衛事業的發展，增加收入，解決求學、就業、就醫等問題。

2.緬甸皎漂港

皎漂港位於緬甸若開邦的皎漂縣，該地處於孟加拉灣偏僻的西海岸。皎漂港的自然條件良好，非常適合進一步開發，與我國擁有狹長海溝的河北曹妃甸港非常相似。皎漂港和與之相鄰的馬德島分別是中緬油氣管道的起點，具有重要的戰略意義和經濟價值（見圖7—6）。2013年

1　《中巴共建經濟合作走廊》，21世紀網，http://jingji.21cbh.com/2013/10-15/zONjUxXzg0NDEzOA. html。
2　《瓜達爾港已具備運營能力 正式開放「只欠東風」》，載《21世紀經濟報導》，http://m.21jingji.com/article/20150404/e5755768bdc7fa65e8f58400a0a78006.html。

9月30日，歷時3年建設的中緬天然氣管道全線貫通，設計運力為120億立方米/年；2015年1月30日，中緬石油管道也已全線貫通，預計每年輸送石油2 200萬噸。[1]此外，皎漂港位於中印兩個人口大國之間，具有重要戰略價值，經濟開發潛力巨大。緬甸政府也多次到中國考察，力求借鑒中國特區的建設經驗，將皎漂港打造成集港口、加工、物流為一體的綜合性經濟特區。2014年年底經濟特區開發商招標舉行，與土瓦和迪勒瓦兩個經濟特區不同，緬甸政府此次面向全球企業公開招標。據悉，皎漂深水港一期用地為4 000英畝。經濟特區將涵蓋深水港、服裝廠、工業區、房地產等項目，並著重引進雇用當地百姓的輕工業企業。[2]

圖7—6　瓜達爾港

1　《中緬油氣管道》百度百科，http://baike.baidu.com/link?url=iMZHP4_w8RBIf1XEiAsKbN e5XsW4C44bE9qCAlMT0v8KU4-4QzOFcHkI0iL2aHpltsRRJE4SNNWCZq5h7dfJCK。
2　《緬甸即將設立皎漂經濟特區》，http://www.mofcom.gov.cn/article/i/jyjl/ j/201309/20130900311412.shtml。

7.4 產業園區將成為人民幣國際化的重要突破口

聚集了眾多「走出去」企業的產業園區，將形成規模龐大、樣式繁多和地理相對集中的跨境及境外金融服務需求，由此帶動中國的金融機構「走出去」，發展人民幣離岸市場，增加人民幣境外資本運用和批量結算使用。從某種意義來講，產業園區將成為人民幣國際化的重要突破口。

7.4.1 強化貿易管道，推動人民幣國際化

據中國經濟網報導，2013年中國與「一帶一路」沿線國家的貿易額超過1萬億美元，占中國外貿總額的1/4。過去10年，中國與沿途國家的貿易額年均增長19%。未來5年，中國將進口10萬億美元的商品，對外投資將超過5 000億美元，出境遊客數量約5億人次。[1]「一帶一路」上的產業園區，將是未來5年中國與沿線國家貿易和投資往來的重鎮，因為產業園區內部多業態、多企業和多元化投資並舉，將極大地推動中國與東道國多維合作關係的搭建。產業園區不僅勞動力成本相對較低，而且可以規避貿易摩擦。除了產業園區內部中資或合資企業對中國境內固定資產、商品、技術以及勞務輸出的需求巨大外，產業園區的輻射效應也將逐步撬動當地企業居民及東道國其他企業與中國的進出口需求。中資企業進駐產業園區這種「集體出海」的模式，必然會為企業提供全方位配套設施及服務，帶動中國與東道國進行產業鏈合作，推動中國與「一帶一路」沿線國家的貿易井噴式發展。

隨著中國企業越來越多地選擇使用人民幣進行貿易結算，雙邊貿易額的提升必然會加大人民幣計價結算的規模，擴大人民幣在「一帶一路」沿線國家跨境貿易計價結算的範圍，進一步夯實人民幣國際化的基礎。此外，伴隨產業園區內企業的國際競爭力不斷增強，重組併購等投資銀行需求將不斷湧現；而在

1　《習近平提戰略構想：「一帶一路」打開「築夢空間」》，http://www.ce.cn/xwzx/gnsz/szyw/201408/11/t20140811_3324310.shtml。

產業園區內生活的中外企業管理者、行政人員和技術工人等高淨值人士，隨著對彼此國家價值觀及經濟水準的熟悉、了解，也將產生較大的留學、旅遊、置業和跨境理財需求，這均將進一步推動人民幣在國際市場上的運用。

7.4.2 帶動國內金融機構「走出去」

「一帶一路」建設肩負著承接中國富餘優勢產能對外轉移和助力沿線國家基礎經濟設施建設的重要任務。鋼鐵等產能過剩行業和基礎設施建設行業大多具有資金密集特徵，需要大量的資金投入。然而，不少「一帶一路」沿線國家經濟比較落後，家底薄弱，無力滿足如此大的資金缺口。中國居民擁有較高的儲蓄，在人民幣升值和產業結構升級的背景下，對外投資意願強烈。2014年中國對外投資規模已經超過吸引外資的規模，種種跡象表明，中國將成為「一帶一路」建設的主要投資者。

儘管中國政府出資設立的絲綢之路基金[1]已迅速成型，將為「一帶一路」先期建設提供必要資金，籌建中的亞洲基礎設施投資銀行[2]也有望在長期內為「一帶一路」戰略的拓展和全面實施發揮重要作用，但是，目前國內除政策性銀行（國家開發銀行和中國進出口銀行）外，商業銀行對於「一帶一路」沿線境外業務的參與程度並不高，主要原因在於不少國家對外資銀行的限制性因素很多，管控較嚴。除了較高的國家風險外，較大的信用風險也令國內商業銀行顧慮重重。

產業園區的聚合性、相對封閉性和不同程度的政府信用背景，有助於打消金融機構在外設立分支機構和提供金融服務的安全顧慮。通過稅收優惠、簡化報批手續、提高辦事效率等措施，可以為國內商業銀行在產業園區設立分支機構，從事非居民存款、向居民貸款和貿易融資等業務創造良好的條件。

1　2014年11月，中國宣佈將出資400億美元成立絲綢之路基金，首期資本金100億美元。
2　亞洲基礎設施投資銀行（以下簡稱「亞投行」）總部設於北京，是中國發起成立的區域多邊開發機構，旨在為亞洲基礎設施建設提供融資支援。其法定資本為1 000億美元，初始認繳資本目標為500億美元。截至2015年4月15日，意向創始成員已達57個。亞投行有望在2015年年底前正式成立並投入運行。

此外，產業園區龍頭企業多為中國國內實力雄厚、資信較好的成熟企業，境內金融機構可充分參考國內信用評級資訊，以產業園區為單位，創新融資機制，如採用集合融資、政府增信、聯合授信、內保外貸等模式，更好地為「走出去」的企業提供必需的金融服務，與此同時加速國內金融機構國際化，壯大人民幣國際化的生力軍。

7.4.3　進一步推動離岸人民幣金融市場發展

隨著中國經濟實力的日益增強，人民幣的接受程度逐漸提高，離岸人民幣資金供給和需求規模越來越大，形成了香港、新加坡和倫敦等人民幣離岸中心。「一帶一路」產業園區與基礎設施互聯互通，人民幣離岸金融市場將出現新的發展。

產業園區的發展一般經歷起步、快速發展和高速發展三個階段。與此對應的是，在起步階段，金融機構為產業園區建設和入駐企業提供基本的金融服務。在快速發展階段，伴隨園區中產業的發展，金融機構拓寬業務範圍，從提供基本的金融服務拓展到搭建多層次、全方位的金融支援體系。在高速發展階段，金融機構則需要開展離岸市場業務，為發揮產業園區對外和對內的輻射功能提供貫通國內外的金融支援。

「一帶一路」基礎設施互聯互通，產業園區與基礎設施配套建設，將使二者形成合力，極大地促進經貿發展，並帶來巨大的投融資需求。以政府項目為基礎的境外投資和私營企業在境外直接投資，均可帶動人民幣資本輸出。一方面，園區建設初期的交通、管道、建築等基礎設施對資金有巨大需求；另一方面，企業生產經營也有貿易融資方面的巨大需求。因為在境外投資的中國企業，通常將本金全部用於廠房、機器設備等固定資產的購置，而擴大生產規模的資金需要，以及海外貿易業務中上下游企業貨款結算時差導致的資金缺口，都需要貿易融資來滿足。中資企業的海外運營，將產生外幣結售匯、跨境匯款、資金清算、國際業務單證處理、跨境金融賬務查詢、信用證等銀行擔保服務、進出口押匯等各類跨境或離岸金融服務需求，同時對業務辦理的時效性和

便捷性具有較高的要求。

　　此外，對於一些國際市場價格波動較快的商品，為了穩定市場份額，企業隨時需要打包貸款、進出口押匯等形式的貿易融資，以獲得必要的流動資金支持。尤其是，「一帶一路」沿線國家的金融市場普遍處於發展初期，存在較多的金融管制，市場脆弱而且價格波動風險較大。為了規避風險，企業有套期保值、跨境套利的強烈需求。產業園區將各經濟主體複雜、多元的金融服務需求集聚起來，形成規模效應，有利於刺激中資金融機構在相應區域開展業務創新，豐富人民幣金融產品序列，並提供有競爭力的外匯牌價和手續費率，從而推動離岸人民幣金融市場的建設發展。在產業園區內建設人民幣支付結算等金融基礎設施，對人民幣離岸業務提供較優惠的政策和自由度，例如實行稅收優惠、對金融機構從事人民幣離岸業務免征所得稅、解除人民幣離岸業務的外匯管制、給予離岸人民幣更多進出自由等，意味著以產業園區為依託，發展離岸人民幣金融市場有更多的機會和更好的條件。

第八章

以電子商務助力人民幣國際化

8.1 電子商務促進跨境貿易新發展

8.1.1 電子商務的主要交易形式、特點及優勢

在互聯網開放的網路環境下，電子商務以電子交易方式進行交易活動和相關服務活動，實現傳統商業活動各環節的電子化、網路化。與傳統商務形式相比，電子商務交易具有以下重要特點：一是交易過程的虛擬化。即交易雙方從買賣過程的磋商到交易合同的簽訂，以及貨款的最後支付，全部過程均被虛擬化。二是「無紙貿易」。資訊流的傳遞節約了傳輸費用，溝通過程當中的廣告費避免了大量線下廣告費用的產生，大大降低了企業經營成本。三是交易效率高。電子商務實現了商業報文的瞬間傳輸，使資訊流、資金流以及原料採購、生產、銷售、需求、匯兌、保險、托運等流程得以在較短的時間內完成，實現了交易時間的極大節約。四是交易的透明化。買賣雙方從交易洽談、簽約到貨款支付均可以在網上進行，防止了資訊偽造，成本較低。

經過十幾年的發展，我國電子商務已經發展得很成熟。根據《中華人民共和國電子商務示範法》，當前主流電子商務交易形式主要有 B2B、B2C、

C2C、B2G四種（見表8—1）。[1]

表8—1　主流電子商務交易形式

交易形式	交易主體	特點	應用行業舉例
B2B	企業與企業	大額、批量交易為主	航空公司與代理商之間的交易
B2C	企業與個人	小額商務交易為主	遊戲商銷售遊戲點卡與個人使用者的交易
C2C	個人與個人	小額商務交易為主	淘寶、eBay等網購交易平臺上的交易
B2G	企業與政府	大額批量為主	如各種政府採購平臺等

　　跨境電子商務是指分屬不同關境的交易主體，通過電子商務平臺達成交易、進行支付結算，並通過跨境物流送達商品、完成交易的一種國際商業活動。跨境電子商務最大的特點就是衝破了國家間的障礙，在業務上較傳統電子商務多了國際物流、出入境清關、國際結算等環節，在貿易上使國際貿易走向無國界貿易，引起了世界經濟貿易的巨大變革。對企業來說，跨境電子商務構建的開放、多維、立體的多邊經貿合作模式，極大地拓寬了進入國際市場的路徑，大大促進了多邊資源的優化配置與企業間的互利共贏；對於消費者來說，跨境電子商務使他們能夠非常容易地獲取其他國家的資訊並買到物美價廉的商品。

　　跨境電子商務具有管道上的現代性、空間上的國際性、方式上的數位化等特徵，在「貿易暢通與貨幣流通」上可以創造更加優越的平臺，比傳統跨境貿易方式有著明顯的優勢。首先，成本較低。交易雙方通過互聯網直接進行交易，直面國際最終消費者，不但省去了很多中間環節，也在很大程度上節省了傳統跨境貿易貨物幾經周轉所帶來的附加成本。其次，貿易效率有所提高。隨著網路的不斷發展，資訊逐漸透明化，借助互聯網上的各種交易平臺，買方可以輕鬆、便捷地在全球範圍內找到物美價廉、信譽良好、貨源穩定的供應商，

1　B2B表示Business to Business，B2C表示Business to Consumer，C2C表示Consumer to Consumer，B2G表示Business to Government。

而賣方也可以在最短的時間內找到合適的買家。因而，跨境電子商務正迅速成為跨境貿易新的增長點和重要發展趨勢。

8.1.2　跨境電子商務蓬勃發展

自2008年以來，受金融危機的影響，世界經濟的發展一直處於低迷狀態，一些國家的貿易保護主義有所抬頭，傳統「集裝箱」式的外貿模式受到很大衝擊，外貿企業紛紛倒閉或另謀出路。部分海外進口商出於緩解資金鏈壓力和控制資金風險的考慮，傾向於將大額採購轉變為中小額採購、長期採購轉變為短期採購，單筆訂單的金額明顯減小，大部分不超過3萬美元，傳統「集裝箱」式的大額交易正逐漸被小批量、多批次的「碎片化」進出口貿易取代。同時，隨著互聯網、物聯網等基礎設施建設的加快和移動互聯網、大資料、雲計算等技術的推動，為了降低成本、提高效率，大量傳統外貿企業開始紛紛建立電子商務網站，通過互聯網開拓國際市場。消費者由於收入增長趨緩，也願意直接通過網路購買國外的價低質優產品。因此，以跨境小額交易為主要業務的跨境電子商務蓬勃發展。

根據歐洲權威電子商務網站yStats發佈的《2014年度全球跨境電子商務報告》，2013年，在世界範圍內，跨境電子商務出口排在前6位的國家和地區依次是美國、英國、德國、斯堪地納維亞國家、荷蘭和法國，跨境電子商務進口排在前6位的國家和地區依次是中國、美國、英國、德國、巴西和澳洲。其中，跨境電子商務交易最為頻繁的是美國和英國。

美國尼爾森公司針對美國、英國、中國、澳洲、巴西、德國等市場消費者所做的調查報告顯示，2013年來自這六大市場的9 370萬名消費者線上跨國採購金額約為1 050億美元。美國擁有全球最大的電子商務市場，優秀品牌眾多。由於通脹率較低，美國網站成為各國線上採購的最主要目的地。美國是跨境電子商務最大的受益國。以亞馬遜網站為例，在其2012年610億美元的淨銷售額中，43%來自北美以外地區。美國消費者通過跨境電子商務購買的來源國主要是英國和中國。

2013年，歐盟地區有超過1/4的消費者線上購買非歐盟國家商品，這個比例在歐元區國家更高，最高的是奧地利，比例超過70%。英國、德國、法國是歐洲地區最受國外消費者青睞的跨境電子商務進口目的國。在亞洲，新加坡跨境電子商務交易在電子商務交易中的比例最高，其次是馬來西亞。日本的網購有1/5是通過跨境電子商務的方式進行的。

聯合國貿發會議預計，2015年的跨境電子商務將占到世界貿易總額的30%～40%，之後會更高。據我國商務部發佈的統計資料，2013年全國跨境電子商務交易額3.1萬億元人民幣，占進出口總額的12.1%，而5年前只有4.6%；到2016年跨境電子商務交易額預計將達到6.5萬億元人民幣，占進出口總值達到16.9%，年均增速超過30%。[1]

8.1.3 我國跨境電子商務進入黃金發展期

相比較來說，國內電子商務經過近十幾年的發展已經很成熟，特別是傳統企業大舉進軍電子商務，競爭更加激烈，人才、物流、廣告等成本的直線走高，使得利潤空間越來越小；而跨境電子商務面對的是最為廣泛的國際市場，原來的流通環節多，價差大，跨境電子商務能夠有效地繞過貿易壁壘的限制，直接面對國外消費者，縮短了供應鏈，具有更為豐厚的利潤，在我國作為一種新興的國際貿易模式，將獲得更大的發展機遇。

近年來，跨境電子商務的發展吸引了社會各界的關注，政府部門也高度重視我國跨境電子商務的未來發展。為了營造一個有利於跨境電子商務發展的環境，各部門紛紛出臺相關措施，旨在建立和完善電子商務發展的公共基礎設施，積極引導企業參與跨境電子商務。

全國各省市也分別利用地區資源，輔以相關政策支持，大力開展跨境電子商務示範城市和示範基地的建設工作。其中，福建、廣東、重慶、上海、北京、杭州等省市的創建工作位於全國前列。

1　《跨境電子商務是把中國製造轉變為中國利潤的最佳契機》，商務部網站，2014年11月，http://www.mofcom.gov.cn/article/difang/henan/201411/20141100801686.shtml。

2015年政府工作報告中提出「互聯網＋」行動計畫，強調要大力發展電子商務，擴大跨境電子商務綜合試點。國家發展改革委、外交部、商務部3月28日聯合發佈的《推動共建絲綢之路經濟帶和21世紀海上絲綢之路的願景與行動》提出要創新貿易方式，發展跨境電子商務等新的商業業態，支援鄭州、西安等內陸城市建設航空港、國際陸港，加強內陸口岸與沿海、沿邊口岸通關合作，開展跨境貿易電子商務服務試點。

面對電子商務發展的新形勢，商務部2015年將轉變近年來以促進為主的原則，啟動一個新的電子商務專項行動計畫。計畫的重點主要是：進一步加強政策法規和標準體系的建設，完善電子商務發展環境；推動電子商務進農村，挖掘農村網路消費潛力；鼓勵電子商務進社區，拓展服務性網路消費範圍；支援電子商務進中小城市，提升網路消費的便利性；促進跨境電子商務的發展，積極拓展海外市場，助力電商企業「走出去」；推進電子商務與物流協同發展，加快建設現代物流體系；規範電子商務市場，堅決打擊網路侵權、售假行為；推進示範引導，鼓勵支援企業創新；加強電子商務人才的培養；參與和主導國際規則制定，為中國企業開拓國際市場創造良好的國際環境。跨境電子商務正迎來發展的黃金時期。

8.2　跨境電子商務加速人民幣國際化

8.2.1　跨境電子商務促進人民幣的國際計價貨幣功能

人民幣國際化的基本體現是要充當國際貿易、金融交易中的計價貨幣。目前，中國跨境貿易中以人民幣計價的比例大大落後於發達國家進出口貿易中以本幣計價的平均水準（即進口30％、出口45％）（見表8—2）。

表8—2　主要發達國家計價貨幣選擇占比情況　　　　　　　　　　　　　　　　（%）

	(a) 本國貨幣計價比率：出口				(b) 美元計價比率：出口			
	1980	1988	1992—1996	2002—2004	1980	1988	1992—1996	2002—2004
美國	97	96	98	95	97	96	98	95
德國	82.3	79.2	76.4	61.1	7.2	8	9.8	24.1
日本	28.9	34.3	35.9	40.1	66.3	53.2	53.1	47.5
英國	76	57	62	51	17	—	22	26
法國	62.5	58.5	51.7	52.7	13.2	—	18.6	33.6
義大利	36	38	40	59.7	30	—	23	—
平均	47.6	44.5	44.3	44.1	22.3	—	21.1	—
	(c) 本國貨幣計價比率：進口				(d) 美元計價比率：進口			
	1980	1988	1992—1996	2002—2004	1980	1988	1992—1996	2002—2004
美國	85	85	88.8	85	85	85	88.8	85
德國	43	52.6	53.3	52.8	32.3	21.3	18.1	35.9
日本	2.4	13.3	20.5	23.8	93.1	78.5	72.2	69.5
英國	38	40	51.7	33	29	—	22	37
法國	34.1	48.9	48.4	45.3	33.1	—	23.1	46.9
義大利	18	27	37	44.5	45	—	28	—
平均	22.6	30.3	35.2	33.2	38.7	—	27.2	—

資料來源：Takatoshi Ito et al.（2010）.

　　由於商品交易的計價具有一定慣性，一旦某些商品開始使用人民幣計價，在這一範圍內，中國的廠商就可以規避匯率風險，並可以以這一區域為基礎，推動相關商品的人民幣計價，擴大人民幣的計價範圍。因此越來越多的境內電商企業意識到人民幣計價的作用，在對外報價、交易時都採用人民幣來計價。對境外電商企業而言，由於中國消費者支撐起了全球最大的電子商務市場，為了分享中國消費者的購買力，也願意以人民幣計價結算。近年來，由於跨境電子商務的迅速發展，人民幣作為計價結算手段的比例逐漸提高。中國跨境電子商務的產品計價均使用人民幣和美元共同作為標價單位，超過90%的B2B、B2C跨境電子商務網站支援使用人民幣進行商品標價（見表8—3）。事實上，正因為跨境電子商務在批發和零售兩個管道同時推動跨境貿易人民幣計價，人民幣

的國際交易計價功能變得更加強大。

表8—3 跨境電子商務網站名稱及網店計價貨幣

跨境電商網站名稱	市場份額占有率（%）	計價貨幣	跨境電商網站名稱	市場份額占有率（%）	計價貨幣
阿里巴巴	43.90	RMB&USD	中國製造網	1.42	RMB&USD
蘭亭集勢	10.00	RMB&USD	慧聰網	3.95	RMB&USD
敦煌網	3.62	RMB&USD	環球資源	7.90	RMB&USD
金銀島	1.50	RMB&USD	ECVV	1.78	RMB&USD
我的鋼鐵網	1.10	RMB&USD	中環出口易	1.65	RMB&USD
環球市場	1.31	RMB&USD	河北商貿	1.21	RMB&USD
生意寶	1.30	RMB&USD	其他	10.00	RMB&USD

8.2.2 跨境電子支付強化人民幣的國際結算貨幣功能

　　跨境電子支付作為信用貨幣流通中的一個重要環節，對於促進人民幣國際化有非常重要的作用。協力廠商支付平臺通過跨境電子支付功能將私人部門與官方部門的「交易」、「記帳」兩大職能聯繫起來，共同構築跨境人民幣貿易結算的新平臺（見圖8—1）。

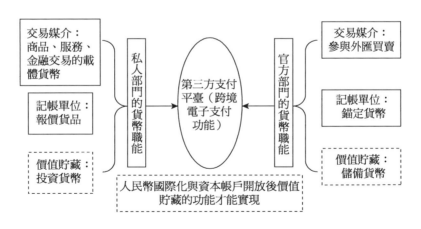

圖8—1　第三方支付平臺與國際貨幣職能的關係

跨境電子支付是跨境電子商務最基礎的活動之一，獲得了極好的發展機遇。個人用戶跨境支付場景主要分佈於跨境網路消費、跨境轉帳匯款，其中用於跨境網路消費的跨境支付線民比例最高，為65.7%，最常使用跨境支付的線民占39.5%（見圖8—2）。

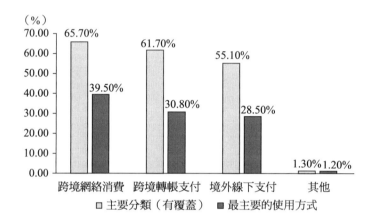

圖8—2　2012—2013年跨境電子支付結算應用的主要領域

資料來源：艾瑞諮詢與華泰證券。

　　在跨境電子支付方式中，協力廠商支付平臺因其便捷性更受線民的青睞，成為最重要的支付手段（見圖8—3）。2013年，以支付寶、財付通、銀聯、匯付天下、通融通為代表的17家國內協力廠商支付平臺首批取得了跨境電子支付的試點資格，國內協力廠商支付平臺開始廣泛介入到跨境電子商務的交易活動當中。這些協力廠商支付平臺可以收集小額電子商務交易雙方的外匯資金需求，通過銀行集中辦理結售匯。

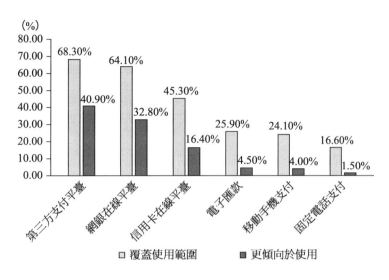

圖8—3 2012—2013年中國用戶在境外跨境電商網站使用的支付方式分佈

資料來源：艾瑞諮詢與華泰證券。

2013年，中國最大的協力廠商支付平臺支付寶，跨境支付總金額高達15億美元，但這僅占到中國跨境電子商務貿易總額的5%，其他由國外協力廠商支付平臺PayPal等支付公司所壟斷。在中國上海自貿區內，協力廠商支付機構可以直接將互聯網支付業務延伸至境外，建立跨境電子支付即時處理平臺，大大方便了居民海外購物及海淘需求。

為加快跨境電子支付的發展，中國降低了協力廠商支付平臺的准入門檻，協力廠商支付平臺從2013年試點的17家迅猛增長到2015年1月20日的269家。與此同時，在跨境電子商務通關便利、電子支付發票、信用環境、資訊真實性、風險監管等方面制定政策，進行規範（見表8—4）。

表8—4 2010—2015年中國跨境支付相關政策匯總

法律法規	發佈時間	發佈單位	主要內容
跨境電子支付牌照頒佈	2015.1	中國人民銀行	規定了具有跨境電子支付資格的協力廠商支付平臺從17家拓展至269家

續前表

法律法規	發佈時間	發佈單位	主要內容
《網路交易管理辦法》	2014.1.26	國家工商行政管理總局	該辦法明確了網路商品交易的形式和範圍，對消費者退貨行為、協力廠商交易平臺的資訊審查和登記、網路商品交易中的信用評價及推廣等行為做了明確規定
《網路發票管理辦法》	2013.3.7	國家稅務總局	為加強普通發票管理和保障國家稅收收入，規範網路發票的開具和使用
《支付機構跨境電子商務外匯支付業務試點指導意見》	2013.2.1	國家外匯管理局	為便利機構、個人通過互聯網進行電子商務交易活動，要規範支付機構在跨境電子支付活動當中的發展，防範互聯網管道的洗錢風險與跨境資金的異常流動
《跨境貿易人民幣結算試點管理辦法實施細則》	2010.9.15	中國人民銀行	為推動跨境電子商務的發展，海關總署啟動鄭州、上海、重慶、杭州、寧波5個跨境電子商務服務試點城市部署會

　　跨境電子支付有利於推動人民幣跨境結算。2013 年，國家外匯管理局和中國人民銀行等部門根據跨境電商零售業務的結售匯特點，開闢了兩大管道：一是從2013年9月起對協力廠商支付平臺開展跨境外匯支付結算業務試點，截止到2015年1月已有 269家企業取得試點資格，大部分協力廠商支付平臺利用該試點開展了貨物貿易、留學教育、航空機票和酒店住宿等服務；二是2014年2月在上海自貿區開展了跨境人民幣支付業務。中國人民銀行上海總部印發《關於上海市支付機構開展跨境人民幣支付業務的實施意見》，支付機構依託互聯網管道，為境內外的結售匯（收款人、付款人）提供外匯服務，包括對境內外的支付，不得軋差進行支付。

　　2014年5月15日的《國務院辦公廳關於支持外貿穩定增長的若干意見》及6月11日的中國人民銀行《關於貫徹落實〈國務院辦公廳關於支持外貿穩定增長

的若干意見〉的指導意見》中均提出支持推進跨境貿易人民幣結算與跨境電子商務促進外貿增長的內容。協力廠商支付平臺開展跨境貿易人民幣支付業務有三個原則：一是跨境電子商務平臺的境外商戶願意接納人民幣作為結算貨幣；二是境外銀行願意幫助協力廠商支付平臺開立人民幣帳戶；三是境外消費者願意使用人民幣。

　　總之，跨境電子支付擴大了人民幣結算範圍，特別在跨境電子商務貿易、跨境消費等領域促進了人民幣結算量的不斷上升，對加快人民幣國際化過程中的結算功能具有正向促進作用。

8.3　跨境電子商務在「一帶一路」建設中助推跨境貿易發展

8.3.1　中國與「一帶一路」沿線國家跨境貿易狀況

　　2013年，習近平主席先後提出「以創新的合作模式，共同建設絲綢之路經濟帶」和「共建21世紀海上絲綢之路」的戰略構想，受到了國際社會的高度關注和積極回應，正在逐步成為區域各國的廣泛共識和實際行動。「一帶一路」建設的核心目標是促進各國的經濟發展、區域穩定和繁榮。「一帶一路」沿線國家的跨境貿易活動具有以下突出特點：

　　一是跨境貿易明顯快於全球平均水準。根據世界銀行的資料計算，1990—2013年期間，全球貿易年均增長速度為7.8%，而「一帶一路」相關65個國家同期的年均增長速度達到13.1%；尤其是國際金融危機後的2010—2013年期間，「一帶一路」沿線國家的對外貿易、外資淨流入年均增長速度達到13.9%，比全球平均水準高出4.6個百分點，對於帶動全球貿易復甦發揮了較大作用。

　　二是「一帶一路」沿線國家對跨境貿易投資的依賴程度高於全球平均水準。據測算，上述國家平均的外貿依存度2000年為32.6%；2010年提高到33.9%；2012年達到34.5%，遠高於同期24.3%的全球平均水準。這表明這些國家

的跨境貿易具有較強的經濟增長帶動作用。

三是區域整體保持了較強的貿易競爭力和引資優勢。從區域貿易競爭力指數來看，1990年這一區域對外貿易整體實現盈餘，貿易競爭力指數達到2.1%；2000年這一指數提高到12.5%，優勢有所擴大；2010年，受國際金融危機帶來的外部經濟因素的影響，這一指數有所回落，下降到9.5%；隨後幾年保持了10%左右的水準，整體外貿盈餘持續穩定。

「一帶一路」區域貿易和投資增長促進了相關國家與地區整體經濟的增長，也對推動世界經濟增長作出了貢獻。根據世界銀行的GDP（2005年美元不變價）統計結果，1990—2013年期間，「一帶一路」區域整體GDP年均增長速度達到5.1%，相當於同期全球平均增幅的兩倍。即使在2010—2013年因受國際金融危機影響而全球經濟復甦緩慢期間，「一帶一路」沿線國家的年均增速也達到4.7%，高出全球平均2.3個百分點；對全球經濟增長的貢獻率明顯提高，2010—2013年期間高達41.2%，即這一時期的全球經濟增量中有四成以上來自「一帶一路」沿線國家。

隨著中國經濟大國地位的逐步上升，中國需要在世界經濟發展和全球治理中承擔更多與自身發展水準相適應的責任，實現與世界各國的共同發展。在「一帶一路」建設中發揮更加積極有效的作用就是這種包容式發展的重要內容之一。中國正在充分發揮自身優勢，在促進「一帶一路」貿易投資合作和基礎設施互聯互通建設方面作出貢獻。

一是促進來自「一帶一路」相關國家的進口，在滿足自身生產和消費需要的同時，為其他成員提供巨大的商品與服務市場。根據國家外匯管理局統計的2014年銀行代客涉外收入和支出資料，中國與「一帶一路」相關國家的跨境收入達到22 350億美元，占全部跨境收入的67.74%；跨境支出達到23 028億美元，占全部跨境支出的70.4%。據測算，在未來5年內，中國的累計進口將超過10萬億美元規模，如果其中一半左右來自「一帶一路」相關國家，將會為這一地區提供超過5萬億美元的出口機會。

二是加大沿邊地區跨境經濟合作區建設，為跨國貿易投資合作提供重要平

臺，與南亞、西亞、中亞和中東歐等區域的國家商簽自由貿易協定和投資協定的進程，進行中國—東盟自貿區升級版談判，促進雙邊和區域經濟一體化的深化發展。

三是鼓勵和支援中國企業到周邊國家開展跨境直接投資，並和東道國合作建立生產園區，為投資企業創造良好的經營環境，聯合地區各國通過出資設立亞洲基礎設施投資銀行及絲綢之路基金等開發開放的政策性金融機構以爭取國際資本進入等方式為互聯互通建設提供必要的資金支持。

在2014年亞太經濟合作組織工商領導人峰會上，中國國家主席習近平宣佈中國將出資400億美元成立絲綢之路基金，為「一帶一路」沿線國家的基礎設施建設、資源開發、產業合作等有關專案提供投融資支援。在亞洲龐大的基礎設施投資需求下，中國和其他20個國家聯合發起成立了亞投行，目標註冊資本為1 000億美元。亞投行主要向亞洲的發展中國家提供低息貸款、捐贈、政策建議、技術援助和股權投資。投資領域可能比較廣泛，囊括了基礎設施、教育、醫療、公共管理、環保、自然資源管理等。亞投行和絲綢之路基金的建立有助於推動亞太地區的基礎設施建設，而地區性的基礎設施投資將提高競爭力和生產率，有利於經濟復甦，實現經濟的中長期增長，通過主要的經濟中心將不同地區聯繫起來，促進區域經濟一體化。「一帶一路」專案能夠改善跨境貿易和投資自由化，促進地區間經濟合作。自2008年以來，國內企業海外承包工程經營收入保持了22.5%的穩定增長速度。2013年，海外承包專案的經營收入達到1 370億美元，其中25.1%來自亞投行成員國，21.9%來自其他亞洲經濟體，35%來自非洲，9.7%來自拉丁美洲。

8.3.2 「一帶一路」沿線國家電子商務發展潛力巨大

「電子商務」、「跨境電商」、「跨境電子支付」與「全民網購」等概念同樣也盛行於「一帶一路」沿線國家。在全球最大的線上支付提供商PayPal發佈的《2013年全球跨境電子商務報告》中，「一帶一路」沿線國家與跨境電子商務交易規模較大的中國、歐洲、南美等區域構成的「新絲綢之路」不謀而

合，線路起止幾乎一致（見圖8—4）。

「絲綢之路經濟帶」、「21世紀海上絲綢之路」沿線各國中的中亞、中歐、東歐、東盟航線、南亞及波斯灣航線、紅海灣及印度洋西岸航線中跨境電商交易量在世界跨境電商中的交易份額較小。從運輸線路來看，無論是「絲綢之路經濟帶」還是「21世紀海上絲綢之路」的地理佈局都在各跨境電商「物流運輸」的必經之地，「一帶一路」沿線國家發展跨境電子商務擁有得天獨厚的地理優勢。

在「21世紀海上絲綢之路」沿線各國中，新加坡是世界上資訊化程度最高的國家之一，跨境電子商務發展環境在東南亞排名第一。馬來西亞的電子商務立法和資訊化建設目標緊密連接，成為第一個在國家範圍內制定電子商務基本法規的亞洲國家，為進出口企業建立了統一的國際商貿電子商務平臺，跨境電子商務發展迅猛。泰國的網上交易數量增幅巨大，電子商務已成為經營者增收、擴大客戶群的新貿易工具。而且，泰國國內民眾普遍認為，電商不僅容易投資而且符合當前經濟發展趨勢。越南、柬埔寨、緬甸、寮國等國的電信設施不夠完善，互聯網使用人數相對較少，但各國電子資訊產業發展勢頭強勁，電子商務市場發展前景良好。

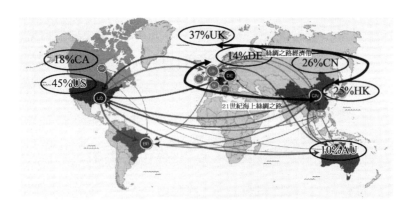

圖8—4　「一帶一路」沿線與跨境電子商務線路

資料來源：PayPal公司《2013年全球跨境電子商務報告》。

我國跨境電子商務產業的發展遠遠領先於全球其他國家和地區。據商務部發佈的統計資料，2013年全國跨境電商交易額達到3.1萬億元人民幣，占進出口總額的12.1%，比2008年提高了7.5個百分點。據權威機構預測：到「十二五」時期末，我國跨境電商交易額占進出口總值的比例將達到16.9%，2016年預計達到6.5萬億元人民幣。中國境內通過各類平臺開展跨境電商業務的外貿企業已超過20萬家，平臺企業超過5 000家。每年中國有超過3億個包裹、10億多個商品通過快遞及平郵方式出口到國外。大批內貿企業和製造企業希望通過B2C模式自主進入跨境電商領域。貿易市場由歐盟、北美向俄羅斯、印度、巴西、南非等其他地區快速擴展。經營的產品從服裝服飾、美容保健、3C電子、電腦及配件、家居園藝、珠寶、汽車配件、食品藥品等便捷運輸產品向家居、汽車等大型產品擴展。2014年，使用跨境電子商務的外貿企業可能超過1 380萬家[1]，最近5年的年均增幅大約為50%。在中國電商賣家的出口商品中，電子類產品占41.2%、服裝服飾占11.8%、戶外用品占 8.1%。這些商品幾乎都是中國的傳統優勢出口產品。而參與「一帶一路」建設的國內沿線城市和地區，尤其是廣東、江蘇、浙江、上海、福建、北京、山東、天津等沿海省（市），集中了超過85%的中國出口電商企業，跨境電子商務非常活躍。

　　互聯網及電子商務的購物者規模在歐洲、中亞等「一帶」沿線地區均在不斷擴大。2014年巴基斯坦所有電子商務平臺的交易總額為約3 500萬美元，擁有1.81億人口、1.31億名手機用戶、3 100萬名互聯網用戶。2014年韓國電子商務業務市場規模大約為470億美元；俄羅斯電子商務交易額或超過7 000億盧布（約合179億美元），預計2015年將超過1萬億盧布（約合256億美元）；通過中國電子商務平臺向俄羅斯發送的貨物總額每天不少於400萬美元，包裹數量將近30萬個。

1　資料來源：互聯網消費調研中心（ZDC）。

8.3.3 「一帶一路」沿線國家跨境電子支付發展迅猛

作為互聯網金融重要組成部分的網路支付對傳統金融機構和傳統支付方式的衝擊之大超出預期與想像。網路協力廠商支付特別是移動互聯網支付的發展速度之快，影響力、衝擊力之大都是前所未有的。「一帶一路」沿線國家跨境電子支付發展迅猛。

2014年，中國發生網上支付業務285.74億筆，金額1 376.02萬億元，同比分別增長20.70%和29.72%，特別是支付金額增速比全國2014年非現金支付業務增速快16.67個百分點。這標誌著網上支付由注重數量的增長，開始向注重實際交易金額「質」的增長轉變。網上支付已經由過去支付結算系統的補充，開始喧賓奪主了。按照這個速度發展下去，互聯網金融的網路支付將會很快替代傳統金融機構的支付方式，成為主流結算支付工具。

移動支付的潛力非常大，後勁非常足。截至2014年12月，中國線民規模達6.49億人，手機線民規模達5.57億人，手機支付使用者規模達2.17億名。與線民數相比，移動支付尚有4億多潛在客戶，與手機線民數相比則尚有3億多潛在客戶。未來移動支付客戶將會呈現乘數幾何式增長。這絕對是一塊奇大無比、無窮無盡的大蛋糕。

網上支付跨行清算系統業務繼續大幅增長。截至2014年末，共有146家機構接入網上支付跨行清算系統。2014年，網上支付跨行清算系統共處理業務16.39億筆，金額17.79萬億元，同比分別增長128.27%和87.86%。日均處理業務452.80萬筆，金額491.42億元。網上支付全覆蓋、多領域、互動式等特點已經顯現。

中國銀聯在東南亞發展得很好，而海上絲綢之路的重要一段是在東南亞。此外，2013年外國遊客在韓國的刷卡消費額中，銀聯卡占40%，已經居第一位。在日本、新加坡等國購物的中國遊客也同樣絡繹不絕。支付寶2006年開始在澳洲開展業務。2007年在香港不僅可以用支付寶購物，還可以和12種貨幣進行兌換。

泰國央行的報告透露，截至2014年12月底，泰國國內使用網上銀行、手機銀行等電子銀行管道進行支付的銀行交易操作呈跳躍式增長。在手機銀行系統中使用銀行交易的使用者的帳戶數量累計337萬個，比上一年同期的116萬個增加221萬個，增幅高達190.5%。而使用者的交易個案數量累計1 262萬項，比上一年同期增加670萬項，增幅為113.2%。手機使用者銀行的交易金額累計1 560億銖，比上一年同期的790億銖多出770億銖，增幅達97.5%。在網上銀行進行網上支付交易操作方面，使用者帳戶數量累計866萬個，比上一年同期的803萬個多63萬個，增幅為7.85%。交易個案數量累計1 719萬項，比上一年同期的1 532萬項多187萬項，增長12.2%；交易個案涉及金額累計為1.75兆銖，比上一年同期的1.73兆銖多200億銖，增長1.16%，雖然增幅不大但仍可保持繼續增長態勢。

8.4 跨境電子商務加速人民幣在「一帶一路」中的國際化進程

8.4.1 在「一帶一路」沿線國家跨境電子商務中使用人民幣的障礙

第一，部分國家電子商務接受度較低，使用人民幣計價結算很難形成規模。不少「一帶一路」沿線國家經濟比較落後，大多盛行的是傳統的進出口貿易模式，對電子商務這一跨境貿易新方式還比較陌生，社會接受度較低。尤其是吉爾吉斯等絲綢之路經濟帶沿線國家，地處內陸，地廣人稀，基礎設施發展滯後，開展電子商務的成本較高，制約了跨境電子商務的發展。沒有一定規模的跨境電子商務作為基礎，很難擴大人民幣的使用範圍。

第二，部分國家電子商務所需的基礎設施和配套服務落後。電子商務對運營環境的要求較高，不僅需要通信、網路、電腦技術的支撐，還需要交通、物流等配套硬體和服務的支撐。「一帶一路」沿線國家有的缺乏技術，有的缺乏道路交通，有的物流業不發達，有的外貿企業還處在應用電子商務平臺的探索

階段，開展跨境電子商務的環境較差，在物質條件、硬體設施方面對人民幣在電商平臺上的擴大使用形成了制約。

第三，中國在部分沿線國家的金融服務能力不足。中國金融機構「走出去」的步伐明顯慢於實體企業。金融機構的海外分支機構佈局不合理，大多集中在發達國家（地區），在「一帶一路」沿線國家設立的機構數量較少，一些國家迄今為止還未指定人民幣清算銀行，降低了中國金融在沿線國家的影響力，也增加了使用人民幣計價結算的成本（見表8—5）。

表8—5 中國商業銀行海外分支機構分佈情況

名稱	境外分支機構
國家開發銀行（3）	開羅代表處、莫斯科代表處、里約熱內盧代表處
中國進出口銀行（4）	巴黎分行、東南非代表處、西北非代表處、聖彼德堡代表處
中國工商銀行（40）	阿布達比分行、釜山分行、杜哈分行、河內分行、香港分行、工銀亞洲、工銀阿拉木圖、工銀印尼、工銀澳門、工銀馬來西亞、工銀中東、工銀泰國、工銀國際、卡拉奇分行、孟買分行、金邊分行、首爾分行、新加坡分行、東京分行、萬象分行、阿姆斯特丹分行、布魯塞爾分行、法蘭克福分行、工銀歐洲、工銀倫敦、工銀莫斯科、盧森堡分行、米蘭分行、巴黎分行、華沙分行、馬德里分行、工銀加拿大、工銀金融、工銀美國、紐約分行、工銀阿根廷、工銀祕魯、工銀巴西、雪梨分行、工銀紐西蘭
中國建設銀行（13）	大阪分行、東京分行、法蘭克福分行、胡志明市分行、紐約分行、首爾分行、臺北分行、雪梨分行、香港分行、新加坡分行、約翰尼斯堡分行、盧森堡分行、墨爾本分行
中國農業銀行（13）	新加坡分行、香港分行、首爾分行、紐約分行、杜拜分行、東京分行、法蘭克福分行、雪梨分行、中國農業銀行（英國）有限公司、農銀國際控股有限公司、農銀財務有限公司、溫哥華代表處、河內代表處

名稱	境外分支機構
中國銀行（24）	澳門分行、臺灣分行、新加坡分行、泰國分行、日本分行、越南分行、馬來西亞分行、印尼分行、柬埔寨分行、俄羅斯分行、英國分行、法國分行、盧森堡分行、比利時分行、荷蘭分行、波蘭分行、德國分行、義大利分行、匈牙利分行、尚比亞分行、美國分行、加拿大分行、巴拿馬分行、巴西分行
交通銀行（5）	臺北分行、澳門分行、首爾分行、東京分行、香港分行
中信銀行（5）	香港分行、澳門分行、紐約分行、洛杉磯分行、新加坡分行
中國光大銀行（1）	香港分行
中國民生銀行（1）	香港分行
招商銀行（5）	香港分行、紐約分行、招銀國際、永隆銀行、新加坡分行
廣發銀行（2）	澳門分行、香港代表處
平安銀行（1）	香港代表處
上海浦東發展銀行（2）	香港分行、倫敦代表處
北京銀行（1）	香港代表處

資料來源：各大銀行網站。

8.4.2 在「一帶一路」沿線國家跨境電子商務中推進人民幣計價結算的機遇

跨境電子商務是高效、廉價的新興貿易方式，正在成為人民幣計價結算的新的平臺和突破口；跨境電子支付正在發展成為日益增長的跨境人民幣結算的新管道。由於「一帶一路」沿線國家經濟發展水準不一，地理環境、商業模式、基礎設施建設水準差異較大，從跨境電子商務發展的「物流、資訊流、資金流」三要素來看，「21世紀海上絲綢之路」沿線國家與「絲綢之路經濟帶」沿線國家相比，具有更好的發展跨境電子商務的條件（見表8—6）。因此，可以有針對性地在海上絲綢之路國家推進跨境電子商務，完善銀行清算和協力廠

商支付平臺，為跨境電子商務的人民幣計價結算夯實基礎。

首先，海上絲綢之路國家有大量的華僑，華僑在當地的經濟生活中發揮著重要的影響，許多生活及消費習慣與中國類似，對中國文化和中國商品的認同度較高，談判溝通的語言障礙較小，能夠保證資訊流順暢。

其次，中國與東盟國家簽署了自由貿易協定，物流沒有障礙，而且中國對電子商務的通關給予很多便利，激發了這些國家的企業和個人與中國進行跨境電子商務的動機及願望。

再次，貿易通信設施完備，金融體系較完善，中國沿海與東盟國家商務貿易往來頻繁，中國在韓國、新加坡、馬來西亞、澳洲等國都指定了人民幣清算銀行，方便了人民幣計價結算，資金流順暢。

表8—6　在「一帶一路」沿線國家推進跨境電子商務的優劣勢對比

優劣勢	跨境電商發展「三要素」	21世紀海上絲綢之路	絲綢之路經濟帶
優勢	信息流	海外華僑眾多	貿易雙邊關係良好
		文化認同感強烈	輕工業基礎薄弱
		消費、生活習慣類似	依賴進口，提供了發展機遇
		通信、電子基礎設施完善	—
	資金流	中國沿海與東盟國家交往頻繁	—
		經濟發展水準較高，消費能力強	
	物流	交通發達便利	—
劣勢	物流	有待建立更加穩固的交易夥伴關係	地廣人稀，物流運輸不便
	資金流		金融基礎薄弱
	資訊流		通信基礎設施建設有待加強
結論		「21世紀海上絲綢之路」更適於發展B2C、B2B、C2C等全品類跨境電子商務貿易	
		「絲綢之路經濟帶」更適於發展B2B等大額跨境電子商務貿易	

在推進跨境人民幣電子支付時，重點應選擇「絲綢之路經濟帶」沿線國家（見圖8—5）。這些國家的跨境電商、電子支付體系基礎薄弱，需要中國支援，這就給中國的跨境電子支付留出了較大的發展空間，可以抓住機遇，重點大力發展跨境電子支付業務，提高人民幣計價結算的使用比例。此外，美國超級強大的協力廠商支付平臺PayPal在這些國家的份額相對較低；尤其是，阿里巴巴等國際知名的電商網站以及跨境電子支付系統支付寶、財付通等中國互聯網企業，在「絲綢之路經濟帶」沿線國家中有較高的滲透率，而且受到歷史和地緣的影響，人民幣的接受程度比較高。

當然，在推進跨境人民幣電子支付時，需要選擇條件相對成熟的國家作為突破口。例如，在中亞五國中，哈薩克的經濟實力最強，而且與中國的貿易往來較為活躍，是中國在中亞地區最大的夥伴國。哈薩克與新疆啟動跨境貿易人民幣結算試點後，已實現了人民幣對堅戈的直接兌換，具備了人民幣計價在哈薩克推廣的條件，可以以此為試點，逐步在其他中亞四國推開。

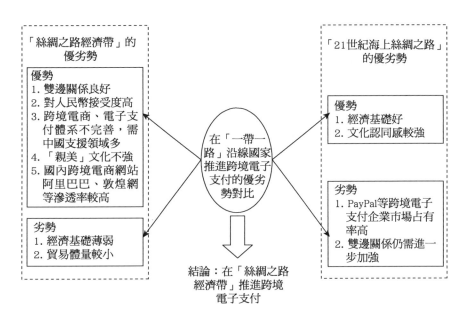

圖8—5 在「一帶一路」沿線國家推進跨境電子支付的優劣勢對比

8.4.3 營造跨境電子商務和電子支付的人民幣使用環境

如何利用好「一帶一路」沿線國家發展跨境電子商務與跨境電子支付，推進跨境人民幣結算業務的發展，進而推動人民幣國際化，需要做好以下工作：

（1）鼓勵跨境電子商務網站更多地使用人民幣標價。目前，無論是專營「一帶一路」沿線國家跨境電商網站，還是國內大的跨境電商網站，在電子商務網站上大多使用美元標價，直接使用人民幣標價的比例很小。由於商品標價環節是人民幣走向國際社會的第一個環節，跨境電子商務網站應當更多地使用人民幣標價，邁好跨境貿易計價結算的第一步。

（2）優化流程，全面升級跨境電子商務，為線上人民幣國際化創造條件。首先，鼓勵國際大型快遞企業與國內跨境電商企業、物流配送企業進行多元化的合作，促進跨境物流業的快速發展。其次，制定規範跨境電子商務的法律法規，共用電商資訊，構築電商誠信交易的機制，嚴懲跨境電商貿易中的假冒偽劣及違反行業道德的行為。最後，構建跨境電商郵件和包裹的快速檢驗及檢疫模式，以及互聯網經營者電商標誌和網路物品交易標準規範，提升跨境電子商務的便捷性和公眾信任度。

（3）加強「一帶一路」沿線國家的跨境電子商務國際合作，構築良好的人民幣計價結算環境。

一是消除各國間的貿易壁壘。建立「一帶一路」相關國家之間自由貿易的談判機制，推進跨境電子商務相關條例、規則的研究和制定，為企業開展跨境電子商務業務創造必要的條件。在建立區域全面經濟夥伴關係的雙邊、多邊自貿區談判中，充分考慮中國跨境電商企業的發展問題，利用WTO等國際組織的標準和體系，參與相關規則的制定，推動制定在國際、國內電子商務網站中使用人民幣進行計價的措施條款。

二是優化通關服務。建立跨境電商企業認定機制，確定交易主體的真實性並建立交易主體與報關服務的關聯體系。逐步完善直購進口、網購保稅等新型通關監管模式。加快電子口岸結匯、退稅系統與跨境電商平臺、物流、支付

等企業系統聯網，實現口岸監管的前推後移、分類通關管理。比如，由於在俄羅斯海關清關時間較長，經常出現貨物丟失等情況。因此，建議中國商務部與「一帶一路」沿線國家推進跨境電子商務交易規則、條款的制定與落實，包括跨境電商通關服務配套制度及規範、郵遞快件檢驗檢疫的監督管理、產品品質問題溯源機制，構建跨境電商全面國際合作的機制，為中國國內開展跨境電商活動創造必要的條件。

　　三是推進跨境物流業的發展。出臺跨境物流配送企業服務品質標準，促進跨境物流配送企業提質增效。鼓勵國內物流配送企業與大型國際快遞企業實施多元化的合作配送模式，打造高效快捷的「一帶一路」物流體系。

　　四是促進我國電商企業的發展。積極利用WTO等相關國際組織的標準和協商體系，幫助國內企業處理跨境電子商務貿易糾紛。加強與主要交易夥伴及相關國際組織的電子商務國際交流與合作，推進跨境電子商務應用專案的示範實施。此外，還要發揮僑團的組織作用。下圖為跨境電商與「一帶一路」沿線國家推動人民幣國際化的路徑。

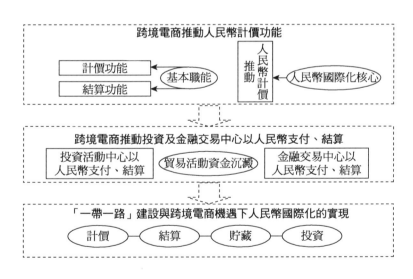

圖8—6　跨境電商與「一帶一路」沿線國家推動人民幣國際化的路徑

第九章

結論和建議

9.1　主要研究結論

9.1.1　RII出現新的突破，推動力持續增加

　　根據初步匡算，2014年人民幣國際化指數（RII）已經達到2.47[1]，同比增長45.4%，RII首次突破2，與2009年相比增長了100倍。從結構來看，儘管人民幣跨境結算規模同比仍然獲得較快增長，但推動人民幣國際化的主要力量更多來自金融交易。人民幣直接投資和人民幣債券與票據餘額在全球的占比明顯提升，離岸人民幣金融市場在英國、韓國、新加坡等全球金融中心都取得了重大進展。人民幣在官方層面得到了更多的認可，中國人民銀行已與28個國家和地區的貨幣當局簽署了貨幣互換協定，總規模超過4.07萬億元，人民幣已經被一些國家的央行作為投資或干預貨幣。

　　中國經濟進入新常態後，不斷湧現推動人民幣國際化的新動力。中國經濟從粗放型向集約型轉變，經濟增長的品質更好，進一步夯實了人民幣國際化的根基；利率市場化、股票發行註冊制、國有企業混合所有制改革和簡政放權等深化改革措施，增強了市場對人民幣幣值穩定的信心。上海自貿區在資本帳戶

1　預測值。

開放方面的先行先試及其經驗推廣，特別是滬港通傳遞出了中國加快資本帳戶開放的積極信號，增強了人民幣作為金融資產的國際吸引力。中國宣導的「一帶一路」建設得到了沿線國家的熱烈回應，亞投行和絲綢之路基金的設立，為這一宏大的、富有中國元素的區域經濟合作計畫提供了保障，實際上也為人民幣國際化開啟了新的戰略視窗。

9.1.2 以「一帶一路」建設為契機，中國增加全球公共物品的供給

以買賣中國絲綢為開端的「絲綢之路」已經享譽世界兩千多年，並成功申請為世界遺產，是東西方互通有無、文化融合的歷史見證。2013年，秉承古絲綢之路「和平合作、開放包容、互學互鑒、互利共贏」的精神內涵，中國提出了「一帶一路」戰略，就是要充分挖掘這條世界上最大的經濟走廊的增長潛力，要以貿易暢通做先導，以設施聯通做基礎，以政策溝通做保障，以資金融通做重要支撐，以民心相通做動力源泉。

「一帶一路」建設是在新常態下中國最重要的國家戰略。通過「一帶一路」建設，中國可以實現區域經濟結構的調整，加快產業結構優化升級，為出口增長提供動能，加快出口模式創新，並且進一步推動中國對外投資和中國企業「走出去」，為人民幣國際化找到新的抓手。

霸權實力下降導致美國減少了全球公共物品的供給。旨在應對全球性問題的聯合國、國際貨幣基金組織、世界銀行、世界貿易組織等機構，存在著治理結構不科學、發展中國家的作用被低估等諸多缺陷。這導致目前的全球公共物品供應總量嚴重不足，而且結構失衡，特別是發展中國家所需的全球公共物品極度匱乏。

全球公共物品的供應通常由超級大國主導，並通過主權國家以及一系列國際組織來具體落實。中國是當前世界上最需要全球公共物品的國家之一。作為崛起的新興市場國家和發展中國家的代表，中國必須而且能夠在全球經濟治理機制中發揮更大作用、體現更大影響。由中國提供全球公共物品就是一條現實途徑。

「一帶一路」將打造世界上最具魅力的合作共贏的命運共同體。以此為契機，中國將在五個方面增加全球公共物品的供給：產生國際合作新理念和新模式，實現高效的設施互聯互通，提供新的國際貨幣，建立新型國際金融組織，以及為消除局部戰爭和恐怖主義提供新的手段。

9.1.3 「一帶一路」建設與人民幣國際化相互促進

中國是「一帶一路」建設的倡議國，人民幣國際化將直接加強沿線國家之間的資金融通，對實現其他「四通」、深化區域經濟合作將起到關鍵作用。理論研究和實證研究的結果表明，提高區域內最頻繁使用的本幣比例，能夠有效防範區域內的金融風險，降低交易成本，提升區域經濟的整體競爭力，加快區域內貿易一體化和經濟一體化的進程。中國有最大規模的外匯儲備和較高的居民儲蓄率，隨著中國資本帳戶的逐步開放，人民幣離岸市場的快速發展，可以為沿線各國企業和機構提供充足的人民幣流動性，緩解貿易融資困難，促進區域各國之間的貿易發展。人民幣作為貿易計價貨幣越來越得到國際經貿活動的認可，有利於降低各國對華貿易成本，便利貿易結算，同時規避雙邊貿易使用協力廠商貨幣的風險。中國在基礎設施建設方面具有獨特的優勢，通過成立新型的多邊金融機構動員全球資源，並通過人民幣債券、貸款、直接投資等多種形式為重大支撐專案提供金融支援，可為「一帶一路」建設夯實物質基礎。若人民幣在「一帶一路」上全方位地發揮貿易計價結算、金融交易和外匯儲備職能，則表明中國為沿線國家提供了新的國際貨幣及風險管理機制，構建了經濟金融的安全錨，為維護區域經濟和金融穩定作出了重大貢獻。

「一帶一路」建設是造福沿線各國人民的巨大事業，也為人民幣國際化創造了難得的歷史機遇。「互聯互通」既可帶動區域經濟增長，又能密切沿線國家的經濟聯繫，進而形成橫跨亞歐大陸的區域合作新格局。根據國際經驗，一國總體經濟實力、國家總體風險水準、貿易發展水準、金融發展水準和經濟發展水準等，是決定該國貨幣能否成為區域重要貨幣的關鍵因素。中國是全球第二大經濟體、全球貿易和直接投資最重要的國家之一，是「一帶一路」沿線各

國的重要交易夥伴，經濟發展和金融發展居於區域領先水準，國內政治穩定，文化繁榮，已經為人民幣在「一帶一路」上的擴大使用做好了充分準備。人民幣的國際使用只要在增強便利性和降低交易成本方面繼續努力，則隨著「一帶一路」建設過程的推進，沿線國家必將逐步提高貿易、投融資、金融交易和外匯儲備中的人民幣份額，為人民幣躋身主要國際貨幣行列提供充足動力。

9.1.4 大宗商品計價結算是人民幣國際化的主攻方向

中國是「一帶一路」上的最大進口國，為沿線國家的出口提供了穩定的市場需求和收入保障。在「一帶一路」沿線國家對華出口貿易中，食品、能源、農業原材料和金屬等大宗商品占有重要地位。實證研究的結果表明，以人民幣計價結算上述大宗商品貿易可以有效規避美元計價產生的匯率風險，有利於穩定中國的進口需求，有利於穩定交易夥伴國出口企業的營業收入和淨利潤，對雙邊貿易增長與經濟發展存在正向的帶動作用。

中資金融機構在「一帶一路」沿線國家設立了近百家分支機構，不斷推出種類豐富的跨境人民幣產品，充分滿足企業結算、融資需求。目前以國際保理、保函、備用信用證、福費廷等為代表的新型融資產品已經十分普及，人民幣已成為全球第二大貿易融資貨幣。強大的人民幣貿易融資能力和不斷提高的中資金融機構服務水準，確保人民幣作為大宗商品計價結算貨幣的競爭優勢。

近年來中國期貨市場加速發展。目前有3家商品期貨交易所和1家金融期貨交易所，46個交易品種覆蓋了能源化工、農林牧漁、金屬礦產、稀貴金屬和金融產品五大類型，期貨市場已初步具有避險和價格發現功能。以國際板方式出現的期貨市場開放，可以為「一帶一路」沿線國家的出口商提供市場風險管理手段，為國際投資者提供新的人民幣交易品種，從而為人民幣成為大宗商品計價結算貨幣提供有力的金融支援。

如果中國經濟運行整體平穩，能夠實現7%左右的增長，則估計2015年全球貿易的人民幣結算份額有望達到3.4%，較前一年份額的增長幅度將超過30%。利用聯合國商品貿易統計資料庫進行的預測表明，若中國從「一帶一

路」沿線國家進口的大宗原材料和能源商品有50%使用人民幣計價結算，則人民幣在上述大宗商品進口結算中的份額可以達到7.05%。中國鋁礦石、鐵礦石和煤的進口，主要來自阿爾巴尼亞、亞塞拜然、印尼、澳洲和俄羅斯等國，可以考慮以此作為人民幣計價結算的重點突破口之一。

9.1.5 基礎設施融資機制可成為人民幣國際化的有效突破口

「一帶一路」沿線大多是新興經濟體和發展中國家，處於工業化、城市化快速推進時期，基礎設施投資規模大，回收期限長，政策風險大，私人資本通常不願介入，致使大多數國家基礎設施發展滯後，經濟穩定增長遇到了瓶頸約束。大力發展基礎設施，是沿線國家實現經濟可持續發展的必由之路，對此各國已經形成了共識。中國在基礎設施建設方面取得了世人矚目的成效，中國根據專案性質、融資方式、政府參與程度來確定不同的基礎設施融資模式，這些經驗值得在「一帶一路」沿線國家借鑒和推廣。

鑑於中國是「一帶一路」建設中金融支持的組織者、資金的重要供給者，人民幣毫無疑問應該成為基礎設施融資的關鍵貨幣。例如，在政府援助、政策性貸款、混合貸款或者基礎設施債券發行中，人民幣都應當得到更多的使用。因此，基礎設施融資將成為人民幣國際化的新的突破口。

9.1.6 產業園區建設是持續推進人民幣國際化的重要抓手

經過三十多年改革開放的不斷探索以及近十年來海外投資的迅猛發展，中國在國內產業園區建設以及國際合作共建產業園區方面都積累了相當豐富的經驗，產業園區發揮著效率提升、技術創新、企業孵化、示範帶動和外部輻射的基本功能。在「一帶一路」戰略帶來的時代機遇中，產業園區將成為實現互聯互通的重要承接點和務實合作的落腳點。

作為海外與中國經濟緊密聯繫的多功能區，產業園區可以全方位推動中國與東道國的深層次合作，並可成為人民幣國際化的重要抓手。產業園區的發展可以破解「中國製造」困局，跨越貿易壁壘，構建以投資促出口的新外貿格

局；發揮產業集聚優勢，爭取政策優惠，搭建中國企業批量「走出去」的理想平臺。在「一帶一路」沿線國家產業園區的規劃與建設中，促進、引導市場主體選擇使用人民幣，持續推動人民幣跨境資本運用和結算使用，促進人民幣離岸市場合理佈局，並形成全球範圍的人民幣交易網路。

9.1.7　電子商務是鞏固人民幣國際化的基礎力量

資訊技術革命徹底改變了人們的生產及生活方式，電子商務成為各國開展貿易的新方式。越來越多的貿易企業採用便捷、高效、廉價的電子商務開展貿易。中國消費者支撐起了全球最大的電子商務市場，為了保持市場份額，境內外電商使用人民幣報價和交易的動機越來越強烈。

在跨境電子支付方式中，協力廠商支付平臺因其便捷性更受線民青睞，成為最重要的支付手段。以支付寶、財付通、銀聯、匯付天下、通融通為代表的17家協力廠商支付平臺廣泛介入跨境電子商務的交易活動當中，收集小額電子商務交易的支付需求，再通過銀行集中辦理，將私人部門與官方部門的交易、記帳兩大職能聯繫起來，共同構築跨境人民幣貿易結算的新平臺。

「一帶一路」沿線國家正是各跨境電商物流運輸的必經之地，「一帶一路」沿線國家發展跨境電子商務擁有得天獨厚的地理優勢。海上絲綢之路沿線國家華僑較多，對中國文化有較高的認同度，語言、消費習慣方面的障礙較小，是電子商務和人民幣計價的重點推進區域。許多中國互聯網企業，如阿里巴巴等知名電商網站以及支付寶、財付通等跨境支付系統，在「絲綢之路經濟帶」沿線國家中具有較高的滲透率。而且，受到歷史和地緣的影響，人民幣在中亞五國等地區的接受程度較高。植根於電子商務這種民間草根的對人民幣的認同與接受，具有廣泛性和不可替代性，勢必夯實人民幣國際使用的根基，對形成國際貨幣新格局將產生深遠的影響。

9.2 政策建議

9.2.1 堅持實體經濟導向，促進人民幣國際化穩健發展

在過去的五年中，貿易份額持續增長為人民幣國際化贏得了廣泛的市場認同。近兩年來，由於全球範圍的人民幣離岸市場快速發展，人民幣國際化指數（RII）保持了強勁的增長勢頭。然而，對於人民幣國際化進程應當保持清醒的認識。金融交易雖然能夠在較短的時間內實現RII的較快增長，但這種增長的可持續性較差，且存在一定風險。長遠來看，支撐人民幣的更多國際使用的可靠力量，必須是也只能是全球市場對「中國製造」和「中國創造」的持續需求。我們要抓住「一帶一路」建設的歷史機遇，鞏固並提高人民幣貿易計價結算份額，進一步擴大國際市場上直接投資、貿易融資以及與實體經濟密切相關的貸款、債券發行中的人民幣使用規模，促進人民幣國際化穩健發展。

為此，建議在以下三個方面作出努力。第一，充分發揮政策性金融支持體系的示範效應。通過組建亞洲基礎設施投資銀行、金磚國家開發銀行、上海合作組織開發銀行和絲綢之路基金等政策性金融支援體系，發揮槓桿作用，帶動更多的社會資金投入「一帶一路」建設，並逐漸從美元—人民幣雙幣計價轉向以人民幣計價為主。第二，進一步完善國內金融體系。儘快建成多層次、高效率、多元化的資本市場，發揮保險、租賃、評級、法律服務等仲介機構的積極作用，特別是保險機構要為「一帶一路」基礎設施債券或絲綢之路債券提供信用保險產品，下調結構性費率，構建強有力的人民幣投融資管道支撐。商業銀行要在海外機構設置、內部流程優化、產品服務創新等方面積極作為，與亞投行、絲綢之路基金等新興多邊機構及政策性銀行廣泛合作，與保險機構共同開發風險管理工具，確保經營安全。為中國大型企業的「走出去」提供人民幣貿易融資和支付結算工具，降低企業財務成本；融合集團現金管理、跨境金融服務等優勢資源，運用雲計算、大資料等現代資訊技術，提供跨境人民幣雙向資金池、集中收付匯、資金調撥、財務管理等綜合金融服務。第三，努力提高「一帶一路」沿線國家人民幣使用的便利性和吸引力。繼續擴大與「一帶一

路」沿線國家的雙邊本幣互換安排，發揮人民幣離岸中心的作用，在投融資活躍的國家和地區建立人民幣清算機制，推動沿線國家在貿易與基建投資中使用人民幣計價及支付。

9.2.2　構建多層次合作機制，打造命運共同體

「一帶一路」是中國宣導的新型區域合作模式。中國應該有大國的擔當，積極主動地提供全球公共物品，為打造沿線國家的命運共同體作出應有的貢獻。為落實互聯互通的戰略目標，亟須構建多層次的合作機制。第一，在官方層面，積極構建適用於區域的多邊合作框架。儘快簽署貿易投資協定和全面稅收協定，共同建立法律爭端解決機制、資訊共用機制和危機處置機制，提升在重大問題上的政策協調性和監管一致性，為深化區域經濟貿易投資合作創造良好的制度及法律環境。第二，面對「一帶一路」建設中出現的新問題和新挑戰，重點打造思想交鋒、文化交流、政策溝通的國際平臺。借助博鰲亞洲論壇、中阿合作論壇、中國－東盟論壇等官方機制，鼓勵興建智庫、大學、文化團體等民間交流機制，充分交換意見，凝聚共識，確立「親、誠、惠、容」和共建共用的價值觀最大公約數，探索有效解決現實困難的方向及道路。第三，堅持開放、包容的發展理念，成立多邊合作機構。效仿亞投行的運作模式，歡迎發達國家、區域外國家以自身優勢資源廣泛參與「一帶一路」建設，充分吸收不同人類文明的優秀成果，尤其要借鑑與學習發達國家在經濟建設、風險管理、區域合作和多邊治理等方面的經驗及智慧。第四，抓緊落實各類教育和培訓計畫，幫助「一帶一路」沿線國家培養勝任國際交流的科技、商務、金融、法律等各方面的合格人才。

9.2.3　為儘快實現大宗商品人民幣計價創造有利條件

中資金融機構應當特別重視為「一帶一路」沿線國家的對華大宗商品貿易提供融資支持，在跨境貿易人民幣結算和金融交易方面提供最大便利，交易成本與交易效率努力向美元、歐元等主要貨幣看齊。與此同時，積極開發櫃檯交

易的人民幣遠期和期權等衍生產品，滿足具有不同風險偏好的經濟主體對人民幣金融產品的需求。

大力發展境內的大宗商品期貨市場，使其更好地發揮避險和價格發現功能。鼓勵國內進口商更多運用期貨交易進行風險管理；總結上海自貿區黃金國際板的經驗，逐步將外國套期保值者和投資者引入境內期貨市場，增加對外開放的大宗原材料和能源商品的期貨品種。

支持人民幣離岸市場適時推出以人民幣計價的大宗商品期貨交易，為「一帶一路」沿線國家的貿易提供穩定價格和風險管理機制。建議大連、鄭州等期交所探索與人民幣離岸金融中心的合作模式，通過戰略聯盟、併購等方式進一步擴大人民幣大宗商品期貨交易的市場規模和影響力，拓寬「一帶一路」沿線國家對華貿易人民幣收入的回流機制，為沿線各國企業提供更多人民幣資產的保值增值管道。

9.2.4　在基礎設施建設中努力推動中國標準和人民幣的使用

建設標準不統一是實現「一帶一路」設施聯通的主要障礙之一。中國的技術標準、產品與設備標準符合發展中國家的實際情況，非洲等不少國家應用中國標準已經取得了成功。應當在「一帶一路」基礎設施建設中積極推動中國標準的應用，以便中國企業和金融機構為沿線國家提供更多支援。

「一帶一路」設施聯通造福沿線各國，需要動員全球的資金資源，共建共用。儘管中國是主要資金供應者，仍然應當著力加強與各國的政策溝通和配套，共同創新投融資合作機制。與此同時，還應當著力提高人民幣在沿線國家基礎設施建設和運營中的參與程度。具體包括：一是要回應沿線各國日益增長的人民幣資金需求，在中國對外援助、對外投資和專案貸款（包括政策性與商業性貸款）中增加人民幣產品，逐步提高人民幣在世界銀行、亞洲開發銀行、亞洲基礎設施投資銀行以及金磚國家開發銀行等多邊金融機構中的使用率。二是探索境內外公私合營、銀團貸款、產業投資基金等多種方式，發行「絲綢之路債券」，鼓勵使用人民幣計價結算，擴大基礎設施建設融資安排中的人民幣

規模。三是深化貨幣互換合作，引導互換人民幣進入當地授信系統，增加東道國基礎設施建設的資金來源。四是推動東道國優化投資法律、土地稅收等政策，改善商業環境，建立政府、私營部門、行業協會、國際機構等廣泛參與的夥伴關係，在區域和國際合作框架內推進設施聯通的實現。

9.2.5　產業園區建設應當重視旗艦項目和配套人民幣使用

產業園區要依託經濟走廊的建設，重視打造「中巴經濟合作走廊」這樣的旗艦專案，將「一帶一路」戰略的早期收益落到實處。產業園區佈局應當與設施聯通目標相協調，統籌規劃，根據不同走廊的建設重點、沿線國家的資源稟賦和區位優勢，選擇在重要節點城市、沿線港口、邊境口岸等地興建各類園區。發揮園區的輻射效應，最終形成以點帶線、以線帶面的全方位合作格局，實現區域共贏。建議採用中方與東道國合作共建產業園區模式，建立政府首腦高層對話機制，成立政策協調機構，由雙方代表共同組成的園區管理委員會負責日常運營管理。

產業園區的建設與運營可以為擴大人民幣的國際使用創造有利條件。第一，在園區內可開闢特定區域從事金融業務，給予稅收、監管等方面的優惠，吸引中外金融機構到「一帶一路」產業園區提供金融服務。第二，為滿足園區早期建設和區內企業運營產生的大量投融資需求和貿易結算需求，中資金融機構要及早進駐園區，開發相應的人民幣金融產品，提高人民幣在當地的使用份額，形成人民幣流出與回流機制。第三，伴隨園區從起步到高速發展，逐步拓寬金融機構的業務範圍，從提供基本金融服務拓展到搭建多層次、全方位的金融支援體系，建立人民幣離岸市場，發揮對「一帶一路」沿線國家乃至歐亞地區的輻射功能。

9.2.6　跨境電子商務應當消除壁壘並實現人民幣計價結算

中國有能力幫助「一帶一路」沿線國家消除發展電子商務存在的現實障礙。應鼓勵國內通信、網路、電腦技術等企業進行直接投資，支援交通、物流

等硬體設施建設，逐步完善通關便利、資訊安全、金融及法律方面的配套服務。要利用WTO等國際組織的標準和體系，制定與落實跨境電子商務交易的規則與條款，建立產品品質問題溯源機制，加強對通關服務、郵遞快件檢驗檢疫的監督管理。加強與主要交易夥伴及相關國際組織的電子商務國際交流與合作，幫助國內企業處理跨境電子商務貿易糾紛。

優化流程，全面升級跨境電子商務，為線上人民幣國際化創造條件。鼓勵國際大型快遞企業與國內跨境電商企業、物流配送企業進行多元化的合作，促進跨境物流業的快速發展。共用電商資訊，構築電商誠信交易的機制，嚴懲跨境電商貿易中的假冒偽劣及違反行業道德的行為。發揮僑團的組織作用，推進跨境電子商務應用專案的示範實施。

鼓勵跨境電子商務活動使用人民幣計價結算。跨境電子商務網站應當從現在的美元標價轉向美元—人民幣雙幣標價，未來更多使用人民幣標價，使人民幣逐漸成為主要計價貨幣。國內協力廠商支付平臺要與跨境電商結成戰略聯盟，根據「一帶一路」沿線國家的文化傳統與支付習慣來研發產品、提供服務，共同推動人民幣結算，提高其安全性、效率和吸引力。

9.2.7　人民幣跨境支付系統要儘快投入使用

人民幣跨境支付系統既是人民幣國際化必需的技術支撐，也是中國提供的全球公共物品。從「一帶一路」沿線國家的情況來看，我國中央銀行支付系統不論是在技術先進性還是系統完備性上，均處於絕對的優勢地位，完全可以為「一帶一路」建設提供跨境支付業務。結合我國龐大的外匯儲備，亦可在風險可控的範圍之內承擔對外匯兌、擔保和外幣融資等業務。

在人民幣跨境支付系統建成並投入使用以前，要充分利用中央銀行間的貨幣互換協議，通過指定離岸人民幣清算行的制度安排，為沿線國家提供價格便宜、安全、高效的人民幣支付清算服務。要為當地支付清算系統與現有的跨境人民幣清算機制實現對接提供方便。

為滿足世界各國日益增長的人民幣清算需求，人民幣跨境支付系統要加

快建設，在人民幣國際化的早期階段盡快投入使用，及早養成「一帶一路」沿線各國使用和接受人民幣的習慣，避免未來發生過高的貨幣替代成本。與此同時，還要以設施聯通為契機，進一步提高人民幣跨境支付系統的安全性與效率。建議利用寧夏西部雲基地專案，以其為圓心，沿輸油管線、電信基礎設施向西鋪設人民幣跨境支付系統的陸路通道，支援銀聯等協力廠商支付平臺開展業務。

從長遠考慮，應當整合、清理與人民幣國際化有關的政策法規，提升人民幣國際化的立法層次。要制定專門的跨境人民幣清算支付法律，明確各方主體的權利與義務，為跨境人民幣支付系統的順利運行提供法律保障。

附錄1

在「一帶一路」戰略中為企業「走出去」提供金融支援

　　金融支持企業「走出去」是中國政府加快推動對外開放作出的重大決策部署。依託於「一帶一路」建設促進中外產能合作、推進外貿結構優化升級、拉動經濟新增長的大背景，各家銀行加快轉型發展和產品服務創新，不斷提升國際化經營水準，以更大的責任感和使命感全力支持企業「走出去」。下面就以交通銀行為例，介紹商業銀行在「一帶一路」上為企業提供金融支持的實踐。

A1.1　開展跨境人民幣業務，提供便利化服務

　　針對「一帶一路」相關國家、地區對人民幣接受程度相對較高的特點，交通銀行引導並助力「走出去」企業在跨境貿易、融資、基礎設施建設等領域採用本幣結算，有效規避匯率風險，降低財務成本。積極申請開展互換資金借貸業務，發揮貨幣互換協定在支援企業「走出去」和促進本幣結算方面的作用。

　　積極運用出口訂單融資、出口保理、國際信用證、履約保函和預付款保函等產品工具，解決企業「走出去」中的貿易融資需求。同時，融合集團現金管理、跨境金融服務等優勢資源，運用雲計算、大資料等現代資訊技術，為「走出去」企業提供跨境人民幣雙向資金池、集中收付匯、資金調撥、財務管理等

綜合金融服務方案。

　　交通銀行還可發揮作為首爾人民幣清算行的優勢，為「走出去」企業在中韓乃至中國與東亞之間的跨境業務提供資金結算和融資的便利，構建「首爾人民幣清算中心＋海外人民幣清算分中心」的全球人民幣清算系統，實現人民幣清算在全球主要地區的覆蓋。

A1.2　打造「境外人民幣走廊」，幫助企業跨境融資

　　「一帶一路」讓企業「走出去」開展境外投資更加頻繁，而一個個「互聯互通」的重大專案的推動落實與大量的資本輸出密不可分。交通銀行將緊密跟蹤企業跨境生產經營、投資併購和轉型創新等不同特徵需求，通過跨境貸款、境外專案貸款、國際銀團、跨境擔保等多元化結構型融資產品打造「境外人民幣走廊」，滿足「企業'走出去'＋人民幣資本輸出」的跨境金融需求。並在以下三個方面有所作為：第一，跨境併購。交通銀行積極參與有利於提升製造業競爭力、延伸產業鏈價值、協同效應明顯的跨境併購項目，創新性地提供槓桿融資、夾層融資、併購基金和併購債券等跨境併購業務。第二，境外發行債券。交通銀行發揮境外行緊貼市場、承銷經驗豐富的優勢，根據客戶需求提供發債前債券過橋、短期融資，發債後募集資金理財管理、投資併購財務顧問等配套服務產品。第三，為飛機、船舶、高鐵、高端裝備等大項目提供融資。交通銀行推出跨境融資租賃等創新性融資方式，提升跨境跨業融資服務能力。

A1.3　聚焦重點行業，提供境內外一體化的
　　　 鏈式金融服務

　　交通銀行將重點關注「一帶一路」規劃下中蒙俄經濟帶、中國—南亞—西

亞經濟帶、海上戰略堡壘等有關沿線國家基礎設施建設項目的參與主體，以及納入亞洲基礎設施投資銀行、絲綢之路基金等金融重點支援的與基礎設施、能源開發和產業合作等互聯互通有關的項目企業。為裝備製造業、核電、高鐵等「走出去」重點行業提供境內外一站式服務，制定貫穿整個專案的境內設計、製造與境外招投標、安裝、運營維護等全產業鏈金融服務。大力發展包括出口買方信貸、出口賣方信貸、混合貸款等多種中長期出口信保融資業務，把握中國出口信用保險公司對大型成套設備應保盡保的政策契機，有效降低大型成套設備的融資成本，增強風險保障能力。

A1.4 加快海外佈局，擴大全球金融服務覆蓋面

交行近年來著力推進包括金融服務平臺、財富管理平臺和全球結算中心、全球籌資中心、全球清算中心在內的「兩平臺三中心」建設，提升跨境金融服務能力。同時，交行進一步完善全球佈局。持續推進「亞太為中心，歐美為兩翼，拓展全球佈局」的海外發展戰略，逐步完善交行在全球的網路機構佈局，特別是圍繞「走出去」企業相對集中的亞太、中東、非洲、南美等地區適當增設網點，增強對「走出去」企業的近距離服務能力。交行也注重發揮代理行的網路作用。在「走出去」專案較為集中的海外地區，通過簽署支援「走出去」企業發展的戰略合作協定等方式尋求本地優質銀行作為重點合作夥伴，陪同「走出去」企業直接赴境外銀行洽談合作的方式，深化企業「走出去」專案的參與度。

附錄2

人民幣海外存貸款及點心債發行回顧與展望

A2.1 人民幣海外存款規模增速放緩

離岸人民幣資金池規模持續增長是成熟離岸人民幣市場產生的前提，是維持離岸人民幣流動性的保障和人民幣交易、資產業務拓展的基礎。隨著跨境人民幣結算業務的穩步發展，離岸人民幣資金池不斷擴容，人民幣存款也成為各離岸市場爭奪離岸人民幣中心的關鍵。

從人民幣離岸市場存款來看，香港以1萬億元離岸人民幣存款規模居首位，占所有離岸存款規模的55%（見表A2—1）。目前離岸人民幣存款規模僅占中國境內人民幣存款規模的1%～2%，主要集中於亞洲，仍有較大提升空間。歐洲等國憑藉外匯交易和央行政策推動的優勢，其離岸人民幣存款有望在2015年加速增長。

表A2—1　主要離岸市場人民幣存款餘額

國家/地區	人民幣存款	統計時間
香港	10 036	2014年12月
臺灣	3 023	2014年12月

續前表

國家/地區	人民幣存款	統計時間
新加坡	2 570	2014年9月
澳門	1 187	2014年9月
韓國	1 000	2014年7月
倫敦	251	2014年6月
盧森堡	67	2014年6月
合計	18 134	

　　截至2014年年底，香港人民幣存款較上月增長294億元，環比增量6.3%，達10 036億元，首次突破萬億元大關。2014年香港人民幣存款規模儘管曾連續多月停滯不前，但在11月、12月分別增加近300億元人民幣，最終在年底突破萬億元。2014年相關人民幣存款增速16.6%，雖然與2013年的43%和2011年的87%相比有所下降，但總體上仍保持較高增長態勢。而從存款結構看，定期存款仍然占據主要份額，至2014年年底定期存款規模達8 266億元，而活期存款僅有1 770億元，二者增速相當。在2014年之前，定期存款的增速一直顯著高於活期存款，其中2013年定期存款的增速為48%，而活期存款僅增長22%，而2012年定期存款增長16%，活期存款則下降30%。

　　預計未來港臺地區離岸人民幣存款增速仍將放緩，難有類似2011年87%的同比爆發式增長。主要原因仍是匯率波幅增大，貶值壓力增加，離岸與在岸利差收窄，使得貿易結算規模放緩，進口商減少了在香港的購匯。但長遠而言，考慮到人民幣國際化進程仍將進一步推進，同時滬港通以及2015年即將推出的深港通將增加香港對人民幣的資金需求，預計離岸人民幣的存款規模仍將有所增長。

A2.2　人民幣海外貸款餘額增長疲軟

　　從人民幣離岸市場貸款來看，截至2014年末，境外人民幣貸款餘額增至1

989億元，較2013年末的1 874億元小幅上漲6.1%，僅增長115億元。在人民幣國際化指標中少有境外人民幣貸款餘額這樣增長緩慢的：2012年年底規模達1 809億元，2年時間僅增長180億元。2011年年初，境外人民幣貸款與人民幣存款規模之比大約為38%，而到2014年年底這一比例僅為20%。與國內人民幣貸款總額81.7萬億元的規模相比，境外人民幣貸款規模顯得微不足道，僅為國內人民幣貸款規模的0.24%。

人民幣境外貸款規模增速疲軟反映出海外人民幣需求過多集中於金融交易市場。加之此前人民幣相對美元的強勢及美元低利率，內地公司更願意以美元幣種進行融資。

2015年，由於人民幣可能面臨小幅貶值壓力，我們對境外人民幣借貸市場相對看好。人民幣匯率的看空氣氛雖打壓了投資人持有人民幣資產的意願，但隨著近期美元貸款對沖成本大增，為活躍離岸人民幣貸款市場提供了契機。之前大量中國企業（尤其是房地產商）願意以美元進行借貸融資，是因為當時境外美元成本遠低於境內人民幣成本。此外，這些貸款企業多數未對匯率錯配進行對沖，當人民幣面臨貶值壓力時，這種匯率錯配將增大企業的經營風險。2014年年底一年期離岸人民幣遠期匯率已升至2 500點以上的紀錄高位，代表對沖成本超過4%，幾乎完全抹去了美元借款的成本優勢。在對沖成本升高後，以美元借貸的優勢大為減弱。

A2.3　人民幣海外債券發行創新高

自2007年7月第一隻離岸人民幣「點心債」在香港發行以來，新加坡「獅城債」、臺灣「寶島債」等多個離岸人民幣債券不斷湧現，倫敦、盧森堡、雪梨等也紛紛推出人民幣計價債券。2014年，海外「點心債」發行繼續良好發展勢頭，發行規模再創新高。具體來看，呈現以下三個特點：一是呈現「井噴式」增長。據中銀國際的統計，2014年全年離岸人民幣債券以及人民幣存款證

（CDs）發行量達到5 300億元人民幣的歷史高位，較2013年同比增長86.6%。另據香港金管局的統計，作為最主要的離岸人民幣市場，截至2014年年底香港點心債全年累計發債1 795億元人民幣，較2013年850億元的規模同比增長超過100%。累計存量規模達到3 873.37億元，其中企業債1 833億元，金融債1 112.27億元，國債805億元，可轉債123.1億元。二是發行主體多元化。海外「點心債」的發行機構不再僅以中國政府和中國內地、香港的企業為主，呈現多點開花的局面。2014年10月，中國國家開發銀行和英國財政部在倫敦發行了價值30億元的人民幣債券，這是倫敦市場發行的首支以人民幣計價的准主權債券，英國也成為第一個發行離岸人民幣債券的非中國主權國家。2014年11月，中國指定雪梨為離岸人民幣清算中心，澳洲新南威爾士州政府發行了10億元人民幣離岸債。截至2014年第三季度，臺灣人民幣債券（寶島債）的發行總額達239億元人民幣。其中國內企業發行寶島債餘額已達87億元人民幣，逼近金管會對外說明的100億元人民幣額度。三是中資發行人的發行規模不斷攀升。境內不斷上升的融資成本使得國內企業更有動力尋求海外低成本資金的機會，中國國有企業成為發行主體，它們既包括像中國電建、中化、中外運這樣的央企，也包括像北汽集團、上海浦東發展銀行和北京市基礎設施投資公司這樣的地方國企。從行業來看，金融債占據最大份額，達59%的歷年來最高水準，這種增長可能與許多中資銀行從國家發改委獲批離岸人民幣債券發行有關。而工業債的占比為17%，位列第二。

在經歷了2014年的高速增長後，我們預計2015年點心債的發行量將有所降溫，2015年點心債及人民幣存款證的發行總量將維持在5 000億元人民幣左右。增速下降的主要原因在於離岸人民幣市場的融資成本不斷攀升。根據滙豐點心債指數，高收益債券和無評級點心債的平均收益率在2014年年底達到6.4%，預計2015年還將進一步升高。利率上升的主要原因在於國內企業的境外貿易信貸及債券融資成本通常以LIBOR或同期的美國國債收益率加點形式計算，然後再通過CCS、IRS等工具鎖定利率成本，因此美元基準利率和美債市場的變動直接影響中資企業的海外融資成本。隨著美聯儲政策拐點的臨近，2015年境內外

融資成本的差異或將進一步收窄。與此同時，滬港通和人民幣合格境外機構投資者（RQFII）等具有里程碑意義的政策安排將吸引資金流回國內，資金回流通道的拓寬將加劇離岸人民幣資金的緊張局面。此外，中國國內市場的發債環境持續改善及政府降低融資成本的導向使得國內融資成本保持下行壓力，進而降低了中國企業離岸發債的融資需求。

資料來源：節選自曹彤等：《東盟人民幣接受程度季度評價（2014年上半年）》，新浪博客。

附錄3

中亞五國稅制及經濟特區
稅收優惠政策

「一帶一路」將東亞、東南亞、南亞、中亞、歐洲南部以及非洲東部的廣大地區聯繫在一起，覆蓋60多個國家。本附錄以陸上絲綢之路為例，從營商環境的角度對中亞五國稅制的基本特徵做一個簡單的評介。

中亞五國——哈薩克、烏茲別克、吉爾吉斯、塔吉克斯坦和土庫曼是我國主要的投資和交易夥伴，是我國沿絲綢之路經濟帶向西延展的首站。共建絲綢之路經濟帶的共識已納入我國同中亞五國簽署的聯合宣言和發展規劃等政治檔中。我國同塔吉克斯坦、哈薩克、吉爾吉斯先後簽署了共建絲綢之路經濟帶雙邊合作協定。哈薩克「光明之路」、塔吉克斯坦「能源交通糧食」三大興國戰略、土庫曼「強盛幸福時代」等國家發展戰略都與絲綢之路經濟帶的建設找到了契合點。在務實合作方面，雙方主動進取，創新思維，開創了貿易、能源、交通、金融等領域的合作新局面。2014年，我國和中亞五國的貿易額經受住了國際經濟形勢不景氣的考驗，已經達到450億美元。這些國家的稅制因為政治制度、宗教信仰、歷史演變、文化傳統和經濟結構及發展水準等不同有著比較大的差異。

A3.1　中國與中亞五國的稅收制度比較

中亞五國的總體特徵是稅制比較簡單，稅收負擔比較輕。作為轉型國家，為了吸引外資、防止資本外逃和提高國內的納稅遵從度，這些國家的公司所得稅的法定稅率不高，除了塔吉克斯坦為25%外，其餘四個國家都是實行20%以下的稅率。有的國家的稅率還不到10%，實行只有一個稅率的單一稅制，但是對某些特定的自然資源部門實行比較高的稅率。例如，土庫曼的一般稅率為8%，對從事石油天然氣資源勘探和開採的公司的稅率則為20%。與公司所得稅相比，中亞五國的個人所得稅稅率較低，最高的烏茲別克的稅率只有22%，還有三個國家實行單一稅制，稅率只有10%。另外，中亞五國還規定了大量的稅收優惠政策，對特定的產業、地區（尤其是經濟特區）的投資給予減免稅政策，對消極投資中的股息、利息和特許權使用費適用的預提稅稅率也比較低，對技術費、管理費或董事費適用的預提稅也比較適中。但值得注意的是，按照某些國際組織和仲介服務組織對中亞各國的稅制的評價，儘管這些國家的稅制比較簡單，但涉及的相關內容卻很複雜，給了具體負責執行的稅務官員相當大的自由裁量權，可能給我國在當地的投資者帶來潛在的稅收風險。

從對在東道國經商的影響的角度看，中國和中亞五國的主要稅種和稅率（更加詳細的內容見表A3—1）分別是：

（1）中國：公司所得稅（包括預提所得稅），25%；個人所得稅，3%～45%；增值稅，17%；營業稅，3%～20%；消費稅，3%～45%；房產稅（建築物和房屋的原值的1.2%或出租額的12%）。

（2）哈薩克：公司所得稅，20%；個人所得稅，10%；增值稅，12%；土地稅，稅率差異大；房產稅，帳面均價的1.5%。

（3）吉爾吉斯：公司所得稅，20%；增值稅，12%；不動產稅，0.8%；銷售稅，2%；土地稅（由地方當局制定），稅率依所在位置和土地用途的不同而不同。

（4）塔吉克斯坦：公司所得稅，15%；增值稅，18%；社會保險稅，

25%；銷售稅，3%；土地稅，按照土地登記地區稅率不同；房產稅，稅率差異大。

（5）土庫曼克斯坦：公司所得稅，國內公司8%，外國公司20%；增值稅，15%；

社會保險稅，20%；消費稅，10%～40%；房產稅，1%；特殊目的基金稅，1%；土地稅，稅率差異大。

（6）烏茲別克：公司所得稅，8%；增值稅，20%；個人所得稅，22%；消費稅，按照產品類別的不同而不同；淨利潤稅，9%；超額利潤稅，應納稅所得額的50%；土地稅，按照所在地區的不同而不同；房產稅，3.5%。

表A3—1　中國和中亞五國稅制概要

	中國[a]	哈薩克[b]	吉爾吉斯[c]	塔吉克斯坦[d]	土庫曼[e]	烏茲別克[f]
A.直接稅：公司所得稅						
1.居民公司						
稅基	全球所得	全球所得	全球所得	全球所得	全球所得	全球所得
稅率	25%；小微公司適用20%的稅率	20%	一般稅率10%；對採金活動實行累進的個人所得稅稅率；對租賃公司為5%（有效期是2017年1月1日到2021年12月31日）	25%；15%（製造業）	8%；20%（對國有公司或從事石油天然氣資源勘探和開採的公司）；2%（私人法律實體）	一般稅率8%（2013年為9%）；商業銀行為15%（適用10.5%～12%的差異稅率）；對特定的出口公司可以將稅率降低30%或50%

續前表

	中國[a]	哈薩克[b]	吉爾吉斯[c]	塔吉克斯坦[d]	土庫曼[e]	烏茲別克[f]
資本利得	包含在內，屬於公司所得的一部分	包含在內，屬於公司所得的一部分	屬於應納稅收入的一部分（但有些例外）	包含在內，屬於公司所得的一部分	包含在內，屬於公司所得的一部分	若非居民的活動構成常設機構，就要繳納公司所得稅；若沒有構成常設機構，則按20%的稅率繳納預提所得稅
單邊消除重複徵稅	有	有	無	有	無	無

2.非居民公司

	中國	哈薩克	吉爾吉斯	塔吉克斯坦	土庫曼	烏茲別克
稅率	25%	20%	10%	15%（不允許任何稅前扣除）	20%	一般稅率8%（2013年為9%）；商業銀行為15%（適用10.5%～12%的差異稅率）；對特定的出口公司可將稅率降低30%或50%
居民公司出售股份的資本利得	應納稅，但某些兼併和收購情況除外	包含在內，屬於公司所得的一部分	10%，但有例外情況	應納稅	應納稅，作為公司所得的一部分	應納稅，作為公司所得的一部分

最終預提稅稅率

	中國	哈薩克	吉爾吉斯	塔吉克斯坦	土庫曼	烏茲別克
分支機構利潤	無	15%	10%	15%（常設機構的稅後利潤）	15%	10%

續前表

	中國[a]	哈薩克[b]	吉爾吉斯[c]	塔吉克斯坦[d]	土庫曼[e]	烏茲別克[f]
股息	10%	15%；0%（如果同時滿足下述條件：股息是過了三年持有期後支付的；支付股息的該法律實體不是一個人為的使用者；應支付股息）	10%	12%	15%	10%
利息	10%；國債：0%	15%	10%	12%	15%	10%
特許權使用費	10%	15%	10%	15%	15%	20%
技術費	無	20%	10%	15%	15%	0%
管理費	無	20%	10%	15%	15%	20%
3.特殊問題						
參股減免稅	境內股息：無 境外股息：有	境內股息：無 境外股息：有	境內股息：無 境外股息：無	境內股息：無 境外股息：無	境內股息：無 境外股息：無	境內股息：無 境外股息：無

續前表

	中國[a]	哈薩克[b]	吉爾吉斯[c]	塔吉克斯坦[d]	土庫曼[e]	烏茲別克[f]
激勵措施	高新技術公司；國債；農、林、牧、漁業；環境保護專案；技術轉讓；國家重點鼓勵基礎設施項目；西部大開發地區	投資優惠；對非商業組織的符合條件的所得免稅；對在經濟特區從事經營的納稅人免稅；對不超過應納稅所得3%的贊助費和捐贈額可以沖減應納稅所得額	投資激勵措施；經濟特區創新技術園區簡化稅制	資本投資；碳氫能源行業公司；棉花行業；收費安排；簡化稅制；牲畜養殖；自由經濟區	無	外國投資；對特定類型的公司給予一定時期或無限期的稅收激勵措施/免稅；新技術投資；經濟特區的稅收激勵措施

B.直接稅：個人所得稅

1.居民自然人

	中國[a]	哈薩克[b]	吉爾吉斯[c]	塔吉克斯坦[d]	土庫曼[e]	烏茲別克[f]
個人所得稅稅率	工資薪金：最高45%（月收入超過80 000元部分）個體工商戶經營所得：最高35%（年收入超過100 000元部分）股息、利息、特許權使用費和資本利得：20%	10%的單一稅率	10%的單一稅率	累進稅率最高稅率13%（超過3 600塔吉克斯坦索莫尼部分）	10%的單一稅率	累進稅率最高稅率22%（對超過月最低工資10倍的收入）

續前表

	中國[a]	哈薩克[b]	吉爾吉斯[c]	塔吉克斯坦[d]	土庫曼[e]	烏茲別克[f]
資本利得	屬於應稅收入的一部分；轉讓持有國內上市公司5年以上的股份：0%	包含在內，屬於積極所得的一部分	10%（可能有某些例外）	應納稅	屬於應稅收入的一部分，除了出售與經營活動無關的私人財產的利得	對源於經營活動的資本利得作為普通所得徵稅；與經營活動無關的私人財產的出售所得不需要納稅
單邊消除重複徵稅	有	有	無	有	無	無

2.非居民自然人

	中國	哈薩克	吉爾吉斯	塔吉克斯坦	土庫曼	烏茲別克
個人所得稅稅率	工資薪金：最高45%（月收入超過80 000元部分）個體工商戶經營所得：最高35%（年收入超過100 000元部分）	20%	10%的單一稅率	累進稅率最高稅率25%（超過3 600塔吉克斯坦索莫尼部分）	10%的單一稅率	非居民自然人與烏茲別克境內的常設機構相關的所得按照自然人居民適用的稅率繳納預提稅；與常設機構無關的非居民自然人的所得要繳納10%的預提稅
出售居民公司股份的資本利得	除轉讓非居民持有的國內上市公司股份外，都要納稅	應納稅	應納稅	應納稅	應納稅	作為普通所得的一部分，應納稅

最終預提稅稅率

續前表

	中國ᵃ	哈薩克ᵇ	吉爾吉斯ᶜ	塔吉克斯坦ᵈ	土庫曼ᵉ	烏茲別克ᶠ
工資薪金所得	代扣代繳	10%	10%	25%	10%	20%
股息	20%；境內上市公司股利：5%或10%	15%；0%（如果同時滿足下述條件：股息是過了三年持有期後支付的；支付股息的該法律實體不是一個人為的使用者；應支付股息的該法律實體的使用者的參與利息不超過50%的最低額）	10%	12%	10%	10%
利息	20%；國債：0%	15%	10%	12%	10%	10%
特許權使用費	20%	15%	10%	15%	10%	20%
技術費	無	20%	10%	15%	10%	0%
董事費	按工資薪金所得徵稅或者按20%徵稅	20%	10%	15%	10%	20%
C.間接稅：增值稅/貨物與服務稅						
標準稅率	17%	12%	12%	18%和15.25%（對外服務）	15%	20%

續前表

	中國[a]	哈薩克[b]	吉爾吉斯[c]	塔吉克斯坦[d]	土庫曼[e]	烏茲別克[f]
低稅率	0%，3%， 4%，13%	0%	0%	5%	0%	0%
高稅率	無	無	無	無	無	無
其他	無	無	銷售稅的稅率分別為1%、2%、3%和5%	無	無	無

a.最後更新於2014年9月1日。
b.最後更新於2014年3月22日。
c.最後更新於2014年3月26日。
d.最後更新於2014年4月4日。
e.最後更新於2014年4月7日。
f.最後更新於2014年3月17日。
資料來源：作者依據IBFD資料整理。

　　為了吸引外國直接投資以促進本國經濟的發展，中國和中亞五國都實行了吸引外資的稅收政策。在利用外資方面，對外國所有權的持有比例、外國公司的最低投資額、與當地公司合夥或合資對外國投資者的最低持股比例、稅收優惠和是否可以擁有當地的土地等都有詳細的規定（見表A3—2）。

表A3—2　中國和中亞五國投資框架要點

	允許100%的外國所有權	外國公司的最低投資	與當地公司合夥對外國投資者的最低持股規定	免稅期（年）	土地的外國所有權
中國	是的	按照行業和組織類型不同	25%	對西部地區的特定行業兩免三減半	無
哈薩克	是的	無	無	公司所得稅和土地稅最長10年，房產稅最長5年	有限

續前表

吉爾吉斯	是的	無	無	按照行業和所在地不同	無
塔吉克斯坦	是的	無	無	最長5年	無
土庫曼	是的	最低月工資的100倍（175 500美元）	公司資產的25%	按照行業和所在地不同（增值稅和所得稅的豁免最長15年）	無
烏茲別克	是的	15萬美元（其他減半）	30%	最長3年	有限

資料來源：根據聯合國貿易和發展會議的資料整理。

A3.2　中亞五國的經濟特區及其稅收優惠政策

經濟特區通常通過其他地區並不具有的包括稅收在內的優惠條件和特殊政策達到招商引資的目的。按照中國的實踐，就像中國首先設立經濟技術開發區和經濟特區，特別是中外政府合作興建經濟特區一樣，轉型經濟國家的一個普遍的做法是，通過設立經濟特區的辦法，先在小範圍內試行自由化的貨幣、經濟和投資政策，然後再嘗試向全國範圍推廣。按照聯合國貿易和發展會議的統計資料，絲綢之路沿線的幾個中亞國家都設立了經濟特區。在過去的幾年中，這些特區中已經有比較活躍的經濟活動和投資。

1.哈薩克

哈薩克在1999年頒佈了《在哈薩克共和國的經濟特區》的命令。目前，哈薩克已經設立了10個經濟特區（見表A3—3）。在經濟特區內經營的實體可以享受豁免公司所得稅的待遇；在經濟特區內部的銷售可以豁免增值稅，享受長達五年的零地租和比較低的土地稅優惠。在經濟特區內，為投資者提供管制和

服務的政府的各個相關部門設立了一個一站式的行政服務大廳。在經濟特區內提供的地塊都實現了道路、電力和水的三通。

哈薩克利用經濟特區作為一個吸引外資來實現本國經濟多元化的政策工具。另外，政府也利用經濟特區來開發本國豐富的自然資源儲備的附加值。哈薩克還公佈了本國經濟特區優先發展的特定產業（見表A3—3）。哈薩克的每一個經濟特區都從戰略上設立在接近關鍵資源和設施的地區。例如，阿圖姆港的重點就放在了建立倉儲、物流和運輸，主要是考慮其位置毗鄰離港口。而石油化工園坐落在離哈薩克的石油儲備比較近的地區。

哈薩克最大的經濟特區是阿斯坦納新城。該經濟特區對用於建設的貨物實行增值稅的零稅率，其目的就是要創建這個新城市發展所需要的基礎設施。另一個經濟特區霍爾果斯—東門即中哈霍爾果斯國際邊境合作中心的設立目的就是為中國和哈薩克之間的跨境貿易和投資提供便利化服務。

表A3—3　哈薩克的經濟特區

經濟特區	設立年度	位置	目標產業
阿斯坦納新城	2001	阿斯坦納	建築和製造業
阿克套港	2002	阿克套的曼吉斯套地區	物流和運輸
創新技術園區	2003	阿拉木圖的曼迪區	資訊技術產業
南哈薩克	2005	南哈薩克地區	紡織業（當地棉花的加工）
石油化工園區	2007	阿克套地區	石油和天然氣工程、石油化工
伯納比	2008	阿克姆拉地區淑琴斯克—波羅沃伊度假區	旅遊
薩爾雅爾喀	2011	卡拉干達市	冶金和金屬加工、橡膠、塑膠和建築材料
巴甫洛達爾	2011	巴甫洛達爾的北部工業區	化工和石油化工

續前表

經濟特區	設立年度	位置	目標產業
霍爾果斯—東門	2011	阿拉木圖地區	貿易和物流、各種產品的製造（特別是食品、皮革、紡織品、礦業、機器和金屬設備）
塔拉茲化工園區	2012	扎姆比爾地區	化工和石油化工、橡膠和塑膠、機器和設備

資料來源：根據聯合國貿易和發展會議等資料整理。

2.吉爾吉斯

吉爾吉斯已經在比斯凱克、納輪、卡拉科爾和馬依馬克四地設立了四個經濟特區。吉爾吉斯的經濟特區的相關法律是《自由經濟區法》和關於自由經濟區的行政規章。進入並在經濟特區內進行的交易是豁免關稅的。設在經濟特區內的公司可以享受快速註冊、各種免稅、簡化的海關程序和直接獲得公用設施供應商的服務的好處。

3.塔吉克斯坦

該國目前設立了四個經濟特區，其中兩個現在非常活躍：蘇格登和帕納吉縣。其他兩個分別位於丹加拉和另外一地的經濟特區還處於開發階段。在經濟特區經營的公司在前7年豁免所有的稅收。塔吉克斯坦有關經濟特區的法律是2008年頒佈的《自由經濟區法》。

蘇格登自由經濟區是塔吉克斯坦發展最好的經濟特區，距離塔吉克斯坦第二大城市索格特州首府苦盞市15公里，離國際機場和鐵路比較近。該園區已經吸引了1.3億美元的外國投資，主要分佈在採礦、鋁合金加工、太陽能面板製造和農產品加工等領域。

4.土庫曼

土庫曼在1993年10月8日就頒佈了《自由公司經濟區法》，允許設立和經營自由貿易區。目前，土庫曼有10個自由貿易區，但全部都是1998年設立的。在自由貿易區內從事經營的公司可以享受稅收優惠地位，包括如果將獲得的利潤再投資於出口導向的高新技術公司，就可以豁免公司所得稅、豁免關稅、產

品可以自由出口並制定產品價格。土庫曼在2007年設立了阿瓦扎旅遊區以促進裡海沿岸的旅遊開發。土庫曼的稅收基本法對旅遊區內遊客設施的建設和安裝豁免增值稅。

5.烏茲別克

烏茲別克在1996年頒佈了《自由經濟區法》，該法律允許議會在政府內閣的建議下設立各種形式的自由貿易區，包括工業園、科技園等。在自由貿易區內經營的公司可以獲得貨幣兌換和海關管理方面的優惠，享受簡化的入境程序。園區內的公司還可以獲得廣泛的稅收和關稅優惠等待遇。

納沃伊自由工業經濟區是烏茲別克現有的唯一一個經濟特區。在2013年1月，烏茲別克和中國宣佈將在吉扎克的中烏茲別克市設立一個經濟特區。

A3.3 稅收和中亞五國的經商環境

世界銀行集團和普華永道會計師事務所從2004年起每年都發佈全球營商報告。報告將影響一個經濟體的營商難易程度的因素分解為開辦公司、獲得建築許可證、獲得電力、財產註冊、獲得信貸、投資者保護、繳納稅款、跨境貿易、合同的執行和解決無力還款問題等10個方面。

從稅收因素看，世界銀行集團對各個經濟體的總排名是按照一個中等規模的公司在這些國家中繳納的總稅負和繳納稅款的總額及需要的時間衡量的。總稅負或者總稅率（total tax rate）指一個公司繳納的所有稅收占其利潤的百分比。繳納稅款的種類包括了公司需要繳納的利潤稅、勞動力稅和其他稅種。繳稅的時間是按照每天8個工作小時換算的。納稅是用於衡量營商環境的指標之一，其衡量指標是全球各地區和各經濟體的一個標準中等規模的公司每年繳納的稅種的數量、繳納稅款花費的時間以及繳納的稅款占該公司利潤的百分比。因此，納稅指標反映的是稅收在整個經營環境中的地位和各國稅收政策的變動趨勢。2014年10月29日，世界銀行集團發佈了全球營商環境指數的2015年納稅

報告（見表A3—4）。從世界銀行的營商報告統計資料看，中亞五國的總稅率差別很大，最低的哈薩克只有28.6%，最高的塔吉克斯坦達到了80.9%，後者幾乎是前者的三倍。和全球趨勢一樣，中亞地區國家近年來也在積極地對本國的稅制進行改革，降低稅率，拓寬稅基，合併稅種，實行網路申報和繳納稅款等，使得本地區的營商環境有所改善。

表A3—4　世界銀行集團2015年全球營商報告中的中國和中亞四國稅收情況

	全球排名（189個經濟體）	每年繳納的稅種數量	每年繳納稅款花費的時間（小時）	利潤稅占比（%）	勞動力和社會保險稅占比（%）	其他稅占比（%）	總稅率（%）
中國	120	7	261	7.8	49.3	7.4	64.6
哈薩克	17	6	188	15.9	11.2	1.5	28.6
吉爾吉斯	136	52	210	6.4	19.5	3.1	29
塔吉克斯坦	169	31	209	17.7	28.5	34.8	80.9
烏茲別克	118	33	192.5	12.1	28.2	1.9	42.2

資料來源：Paying Taxes 2015，世界銀行集團和普華永道會計師事務所，2014。

A3.4　中國與中亞五國的雙邊稅收協定

避免雙重徵稅和防止逃漏稅的雙邊稅收協定是為適應生產要素跨境流動導致的跨境收益分配應運而生的。締結雙邊稅收協定對促進貿易和投資夥伴之間的經貿活動、促進貿易和投資一體化起到了至關重要的作用。目前，中國已經與包括中亞五國在內的99個國家締結了99個雙邊稅收協定，另外，和香港及澳門也簽署了雙邊的稅收安排。哈薩克已經締結了40多個雙邊稅收協定，吉爾吉斯締結了20多個雙邊稅收協定，土庫曼締結了26個雙邊稅收協定，烏茲別克締結了60個雙邊稅收協定。這些雙邊稅收協定均在股息、利息和特許權使用費等方面提供了更加優惠的預提稅稅率。

發達的雙邊稅收協定網路，通過消除國際雙重徵稅、防範稅收風險、有效打擊國際逃稅和避稅、通過相互協商程序解決稅收爭端以及保障納稅人的合法地位，為雙邊貿易和投資提供了便利與確定性，同時也降低了稅務當局的管理成本及納稅人的遵從成本。

我國和中亞五國簽署的雙邊稅收協定，即關於對所得避免雙重徵稅和防止偷漏稅的協定都已經生效，並在各自兩國之間得到了執行。這五個雙邊稅收協定的內容涉及了協定適用的人和稅種的範圍（見表A3—5）、協定用語的定義、各類所得來源地的確定規則和徵稅方式及稅率、消除雙重徵稅的方法（抵免法），以及諸如稅收非歧視、相互協商程序和稅務資訊交換、稅務爭端的解決等特別規定。這些協定有助於消除國家間的雙重徵稅、保障納稅人的非歧視地位和防止國際逃漏稅，從而為中國和中亞五國之間的生產要素的跨國流動創造了便利，為締約方雙邊貿易和投資的發展與壯大提供了有力的保障。

表A3—5　中國和中亞五國之間的雙邊稅收協定

	股息（%）		利息（%）	特許權使用費（%）
	個人，公司	符合條件的公司		
國內稅率				
公司	10	10	0/10	10
個人	0/5/10/20	不適用	0/20	20
協定稅率				
哈薩克	10	10	10	10
吉爾吉斯	10	10	10	10
塔吉克斯坦	10	5	8	8
土庫曼	10	5	10	10
烏茲比克	10	10	10	10

資料來源：國際財政文獻局，www.ibfd.org。

另外，對於國際運輸收入，按照中國和土庫曼簽署的航空協定的稅收條款，互免公司所得稅；按照我國和哈薩克、烏茲別克、土庫曼、吉爾吉斯簽署

的航空協定的稅收條款，互免個人所得稅；按照我國與土庫曼、吉爾吉斯、哈薩克簽署的航空協定的稅收條款，互免間接稅。

A3.5 政策建議

「一帶一路」是我國面對國內外新環境的戰略選擇，中國同中亞國家共建絲綢之路經濟帶要樹立風險和憂患意識，敢於直面困難與破解難題。

從企業的角度來看，要深入了解當地的營商環境，熟悉當地的法制環境，特別是稅法和稅務管理體系，依法納稅，防範納稅風險。為支援企業「走出去」，我國政府要在進一步深化稅制改革和提高納稅服務水準的基礎上，積極研究制定支援「一帶一路」建設的稅收措施；加大和「一帶一路」沿線國家的稅收協定談判（包括協定的更新）與執行力度，積極探索利用雙邊磋商機制，特別是稅收協定中的相互協商程序等解決我國對外投資者的境外稅務糾紛，提高公司跨國經營的稅收確定性，適時引入綜合限額和分項限額抵免法，消除國際雙重徵稅，利用當地的經濟貿易區的特惠政策，更好地支持我國企業「走出去」。作為東道國的中亞五國政府，應該積極為來自中國的貿易和投資創造良好的營商環境，認真落實國際承諾，減少官僚主義作風，消除腐敗現象，建立持續穩定與可預期的稅收制度及稅務管理體系。要加強中國稅制和絲綢之路沿線國家的稅收協調與稅收合作，防止發生惡性的稅收競爭和不良的稅收籌畫，建立稅收論壇等對話合作機制，向投資者發佈稅制變動等涉稅資訊，特別是涉稅風險警示。

附錄4

2014年人民幣國際化大事記

時間	事件	內容	意義與影響
2014年1月7日	註冊於倫敦的安石集團獲得RQFII資格，滙豐銀行成為首家服務倫敦RQFII的託管行	滙豐銀行（中國）有限公司1月7日宣佈，已協助註冊於倫敦的安石集團獲得人民幣合格境外機構投資者（RQFII）資格，成為首家服務倫敦RQFII的託管行。滙豐是首批合格境外機構投資者（QFII）託管行和結算行之一，是首家為香港RQFII提供託管的外資行	安石集團RQFII資格的獲批，將有利於開闢人民幣資本回流的新管道，並提升倫敦作為離岸人民幣中心的地位
2014年2月20日	央行授權上海總部發佈《關於支持中國（上海）自由貿易試驗區擴大人民幣跨境使用的通知》	中國人民銀行授權上海總部發佈《關於支持中國（上海）自由貿易試驗區擴大人民幣跨境使用的通知》（銀總部發〔2014〕22號），支持在自貿區內開展各項跨境人民幣業務創新試點，鼓勵和擴大人民幣跨境使用	簡化了試驗區經常和直接投資項下人民幣跨境使用的流程，明確了人民幣境外借款規模與使用範圍、跨境電子商務結算和人民幣交易服務等創新業務。通過加大對試驗區實體經濟的金融支援力度，為企業營造了更好的發展環境，促進自貿區在更高水準上參與國際合作與競爭

續前表

時間	事件	內容	意義與影響
2014年3月7日、3月10日	中國農業銀行「新絲綢之路」跨境人民幣國際論壇在法蘭克福和倫敦兩地成功舉辦	本次論壇是中國農業銀行2014年推動人民幣「走出去」系列活動之一。與會人員圍繞中國宏觀經濟形勢及展望、人民幣國際化、歐洲人民幣市場發展、人民幣資金回流管道建設、RQFII等金融市場投資熱點問題展開了熱烈討論，並就中歐銀行間加強跨境人民幣業務合作進行了充分交流	此次活動的成功舉辦對擴大人民幣跨境使用、促進離岸人民幣市場發展起到了良好的推動作用。隨著中歐經貿往來的日益密切及歐洲離岸人民幣業務的快速發展，農業銀行將繼續發揮人民幣資金實力和網路優勢，加強與歐洲同業在跨境人民幣結算、清算及投融資等領域的全方位合作，為中歐客戶搭建起一座新的橋樑，為中歐經貿合作提供更優質的金融服務
2014年3月14日	銀行間即期外匯市場人民幣兌美元交易價浮動幅度由1%擴大至2%	中國人民銀行發佈公告，自2014年3月17日起，銀行間即期外匯市場人民幣兌美元交易價的浮動幅度由1%擴大至2%，銀行櫃檯匯率報價區間由2%擴大到3%	波幅擴大意味著讓市場發揮更大的作用和央行常態式干預的逐步減少，人民幣正逐漸邁向成熟貨幣
2014年3月14日	六部委聯合發佈《關於簡化出口貨物貿易人民幣結算企業管理有關事項的通知》	中國人民銀行、財政部、商務部、海關總署、國家稅務總局、中國銀行業監督管理委員會發佈《關於簡化出口貨物貿易人民幣結算企業管理有關事項的通知》（銀發〔2014〕80號），下放出口貿易企業重點監管企業名單審核權限	進一步簡化業務管理
2014年3月14日	境外非金融企業在境內首發人民幣債券	德國汽車生產製造商戴姆勒在中國銀行間債券市場成功發行熊貓債，發行期限為1年，發行利率為5.2%	這是首家境外非金融企業在中國銀行間債券市場發行的首支債務融資工具

時間	事件	內容	意義與影響
2014年3月19日	人民幣與紐西蘭元實現銀行間外匯市場直接交易	經中國人民銀行授權，中國外匯交易中心宣佈在銀行間外匯市場開展人民幣對紐西蘭元直接交易	開展人民幣對紐西蘭元直接交易，有利於形成人民幣對紐西蘭元直接匯率，降低經濟主體匯兌成本，促進人民幣與紐西蘭元在雙邊貿易和投資中的使用，有利於加強兩國金融合作，支持中新之間不斷發展的經濟金融關係
2014年3月26日	法國獲800億元RQFII額度	《中華人民共和國和法蘭西共和國聯合聲明》宣佈給予法國800億元人民幣合格境外機構投資者（RQFII）額度	RQFII制度為境外投資者以人民幣資金投資境內資本市場開闢了新管道。RQFII試點運作情況平穩，對推動人民幣離岸市場發展、擴大資本市場對外開放發揮了積極作用
2014年3月28日	央行與德意志聯邦銀行簽署在法蘭克福建立人民幣清算安排的合作備忘錄	中國人民銀行與德意志聯邦銀行簽署了在法蘭克福建立人民幣清算安排的合作備忘錄	雙方簽署的備忘錄是在法蘭克福打造人民幣離岸中心的重要內容。法蘭克福人民幣清算安排的建立，將有利於中德兩國企業和金融機構使用人民幣進行跨境交易，進一步促進貿易、投資自由化和便利化
2014年3月31日	央行與英格蘭銀行簽署在倫敦建立人民幣清算安排的合作備忘錄	中國人民銀行與英格蘭銀行簽署了在倫敦建立人民幣清算安排的合作備忘錄。雙方將充分協商和相互合作，做好相關業務監督管理、資訊交換、持續評估及政策完善工作	倫敦人民幣清算安排的建立，將有利於中英兩國企業和金融機構使用人民幣進行跨境交易，進一步促進貿易、投資自由化和便利化

續前表

時間	事件	內容	意義與影響
2014年3月31日	外匯交易中心發佈人民幣與84種未掛牌交易貨幣參考匯率	自3月31日起，中國外匯交易中心網站每月定時發佈人民幣與未在該中心掛牌交易的84種貨幣的參考匯率。目前，在中國外匯交易中心掛牌交易的貨幣共有包括美元、歐元、日圓、盧布等10種主要貨幣，像印度盧比、巴西雷亞爾等新興市場主要貨幣仍未與人民幣進行掛牌交易	此舉將有助於相關主體更直接地了解人民幣與各貨幣的折算匯率情況。所有客戶都能從交易中心這個管道了解參考價格，使相關主體更便利交易和便利結算
2014年4月10日	證監會發佈公告闡述滬港通原則及制度	證監會發佈公告對滬港通的原則及制度進行了明確的闡述。證監會指出，滬港通總額度為5 500億元人民幣，參與港股通個人投資者資金帳戶的餘額應不低於人民幣50萬元。上海證券交易所和香港聯合交易所將允許兩地投資者通過當地證券公司（或經紀商）買賣規定範圍內的對方交易所上市的股票	證監會表示滬港通具備三點意義：一是有利於通過一項全新的合作機制增強我國資本市場的綜合實力；二是有利於鞏固上海和香港兩個金融中心的地位，並有利於改善上海市場的投資者結構；三是有利於推動人民幣國際化，支持香港發展成為離岸人民幣業務中心。專家表示滬港通有利於建立順暢的人民幣從離岸市場到在岸市場的回流管道，有助於建立對稱、完整的「在岸—離岸—在岸」人民幣市場循環
2014年4月11日	中行在澳洲發行「大洋債」（Oceania Bond）	中國銀行雪梨分行成功發行了20億元人民幣「大洋債」，期限為2年，固定利率為3.25%	這是澳洲市場上首支人民幣債券

續前表

時間	事件	內容	意義與影響
2014年4月23日	港交所推出商品期貨產品的人民幣計價合約	港交所宣佈推出首批四隻亞洲商品期貨合約，均為現金結算，其中鋁、銅及鋅合約以人民幣計價。這是港交所於2012年年底完成以22億美元收購倫敦金屬交易所（LME）以來，首批推出的商品期貨產品	倫敦市場上的很多做市主體，既採用歐洲貨幣又採用人民幣交易，這些都會極大地促進倫敦人民幣市場的繁榮。再加上如果滬港兩市合作進一步推進，這種人民幣結算需求效應將呈現幾何倍數放大，這對於人民幣國際化來說意義重大
2014年4月25日	央行與紐西蘭中央銀行續簽雙邊本幣互換協議	中國人民銀行與紐西蘭中央銀行續簽規模為250億元人民幣/50億紐西蘭元的中新雙邊本幣互換協議，有效期為3年，經雙方同意可以展期	雙邊本幣互換協議展期將進一步推動人民幣的國際流通，同時加強中新兩國的關係
2014年4月26日	人民幣躍居全球最常用支付貨幣第七位	《中國支付清算發展報告（2014）》指出，據環球銀行金融電信協會（SWIFT）資料，2014年人民幣已超過瑞士法郎，躍居全球最常用支付貨幣的第七位	這表明人民幣國際化又取得了可喜的進展，同時也對我國支付清算系統的國際化程度提出了更高的要求。推動支付清算系統國際化是人民幣國際化必不可少的一步。要在防範風險的基礎上不斷推動支付清算系統國際化
2014年4月28日	新加坡成為全球第二大離岸人民幣交易中心	新加坡超越倫敦，成為僅次於香港的全球第二大離岸人民幣交易中心。SWIFT資料顯示，新加坡目前占所有離岸人民幣支付交易的6.8%，倫敦占5.9%，香港占72%	這一發展不僅凸顯出人民幣的迅速國際化，還凸顯出歐洲和亞洲的金融中心是如何爭先恐後地從離岸人民幣業務中分一杯羹的。人民幣在國際上的崛起，到目前為止主要得益於其在貿易金融中的使用

續前表

時間	事件	內容	意義與影響
2014年5月4日	建行成立中國—東盟跨境人民幣業務中心	中國建設銀行中國—東盟跨境人民幣業務中心在廣西南寧掛牌成立。這是建設銀行適應中國—東盟自由貿易區升級版的建設需要，積極參與沿邊金融改革，提升跨境人民幣金融服務水準的重要舉措	建設銀行副行長胡哲一在揭幕儀式上表示，建設銀行將不斷完善中國—東盟跨境人民幣業務中心的建設，依託境內外聯動和多元化經營優勢，積極搭建與東盟金融合作的橋樑，進一步深化在人民幣跨境雙向流通、東盟貨幣交易兌換、跨境人民幣投融資、跨境人民幣清算管道建設、個人跨境金融等方面的金融合作，支持沿邊金融改革
2014年5月4日	人民幣有望成為非洲外儲核心貨幣	5月4日，國務院總理李克強出訪非洲四國和非盟總部。隨著雙方合作夥伴關係的深入發展，預計非洲政府和部分大型企業將發行「點心債」籌集資金。在不久的將來，人民幣有望成為非洲央行外匯儲備的核心貨幣	目前，人民幣已經成為安哥拉、奈及利亞、坦尚尼亞、迦納、肯亞和南非等國央行外匯儲備的組成部分。隨著中國國際地位不斷上升，人民幣作為儲備貨幣的吸引力將日益增加
2014年5月4日	央行印發《關於同意上海黃金交易所設立國際業務板塊的批復》	中國人民銀行印發《關於同意上海黃金交易所設立國際業務板塊的批復》，原則上同意上海黃金交易所國際板的方案。境外客戶在上金所指定的結算銀行開立用於黃金投資結算的資金專用帳戶，按照相關規定辦理跨境資金結算	黃金國際板將採用人民幣報價，保證金也使用離岸人民幣，這將有助於人民幣國際化
2014年5月9日	中行在盧森堡成功發行「申根債」	中國銀行盧森堡分行在盧森堡成功發行15億元人民幣「申根債」，期限為3年，固定利率為3.5%	這是盧森堡市場發行的首支人民幣債券，也是中國企業在歐洲大陸發行的首支人民幣債券

續前表

時間	事件	內容	意義與影響
2014年5月16日	跨國公司總部外匯資金集中運營管理在上海自貿區的首批試點正式啟動	根據國家外匯管理局關於實施《跨國公司外匯資金集中運營管理規定（試行）》的決定，5月16日，跨國公司總部外匯資金集中運營管理在上海自貿區的首批試點正式啟動，主要包括創新跨國公司帳戶體系、簡化單證審核、便利跨國公司融通資金、資本金結匯採取負面清單管理、加強統計監測防控風險等五個方面內容	跨國公司外匯資金集中運營管理試點有利於人民幣國際化與資本專案開放，此政策旨在探索投融資匯兌便利性，可積累人民幣資本項目可兌換經驗。同時，有助於幫助跨國公司有效集中管理境內外外匯資金，與此前的跨境人民幣業務共同構成了完整的自貿區資金運營體系，意義重大
2014年5月19日	建行在法蘭克福成功發行「歌德債」	中國建設銀行法蘭克福分行在法蘭克福成功發行15億元人民幣「歌德債」，債券期限為2年，利率為3.38%	此次發行在監管、法律、清算實踐等各個層面推動了德國離岸人民幣業務的創新，為法蘭克福建設人民幣清算中心的進程增添了濃墨重彩的一筆

續前表

時間	事件	內容	意義與影響
2014年5月22日	《中國（上海）自由貿易試驗區分賬核算業務實施細則（試行）》和《中國（上海）自由貿易試驗區分賬核算業務風險審慎管理細則（試行）》正式公佈	中國人民銀行上海總部發佈《中國（上海）自由貿易試驗區分賬核算業務實施細則（試行）》和《中國（上海）自由貿易試驗區分賬核算業務風險審慎管理細則（試行）》。《業務實施細則》側重試驗區分賬核算業務的開展及相關要求，詳細規定了上海地區金融機構內部建立試驗區分賬核算管理制度的具體要求，以及自由貿易帳戶的開立、帳戶資金的使用與管理等內容。《審慎管理細則》主要根據宏觀審慎管理和風險防控的要求，對試驗區分賬核算業務管理的審慎合格標準、業務審慎合格評估及驗收、風險管理、資金異常流動監測預警以及各項臨時性管制措施等作出了明確規定	這兩項細則是截至目前自貿試驗區金融改革最具含金量的政策細則。兩項細則的落地，標誌著《中國人民銀行關於金融支持中國（上海）自由貿易試驗區建設的意見》中創新有利於風險管理帳戶體系的政策框架已基本成型，為在試驗區先行先試資本項目可兌換等金融領域改革提供了工具和載體。區內主體可依託自由貿易帳戶這一載體，積極開展投融資匯兌等創新業務。各相關部門可利用這一載體和工具，依據「成熟一項、推動一項」的總體原則，另行制定實施辦法，在試驗區積極穩步推動個人跨境投資、資本市場開放、跨境融資便利化等改革試點，進一步優化試驗區的營商環境，更好地滿足實體經濟對金融服務的需求，推動試驗區在更高平臺上參與國際競爭。人民幣自由兌換又邁進了一步。這對區內企業是個「大禮包」，意味著企業可以將在境外融到的低成本資金用於歸還境內貸款，企業融資成本將大大降低

時間	事件	內容	意義與影響
2014年5月30日	央行首次在雙邊本幣互換協定下動用外方貨幣	中國人民銀行使用中韓本幣互換協定下的4億韓元（約合240萬元人民幣）資金支持企業貿易融資，這是央行首次在雙邊本幣互換協議下動用對方貨幣	此次中國央行首次動用韓元資金，進一步提升了雙邊本幣互換協議下的合作水準，具有里程碑式意義。此舉從韓方角度來看是促進以韓幣進行貿易結算，從中國的角度來看是推動人民幣國際化，對於後續動用其他貨幣互換協議有較強的示範意義。此舉有利於推動雙邊貿易金融關係的發展，減少對主要結算貨幣的依賴，發揮雙邊本幣結算的功能
2014年6月3日	上海清算所集中清算代理人民幣利率互換	上海清算所發佈公告，5家機構成為人民幣利率互換集中清算業務綜合清算成員，35家機構成為普通會員。這5家人民幣利率互換集中清算業務綜合清算會員包括工商銀行、交通銀行、浦發銀行、興業銀行和中信證券。35家普通會員則包括國開行和進出口行、農業銀行等17家商業銀行，中金公司等7家證券公司，以及滙豐銀行（中國）等9家外資機構	開展人民幣利率互換集中清算代理業務，是上海清算所落實中國人民銀行關於2014年7月1日起金融機構之間新達成的相關人民幣利率互換交易均應提交集中清算要求的一項具體措施，為即將開展的人民幣利率互換集中清算代理業務奠定了基礎
2014年6月11日	央行發佈《關於貫徹落實〈國務院辦公廳關於支持外貿穩定增長的若干意見〉的指導意見》	中國人民銀行發佈《關於貫徹落實〈國務院辦公廳關於支持外貿穩定增長的若干意見〉的指導意見》（銀發〔2014〕168號）。銀行業金融機構可為個人開展的貨物貿易、服務貿易跨境人民幣業務提供結算服務	有助於簡化跨境人民幣結算流程，開展跨境人民幣資金集中運營業務、個人跨境貿易人民幣業務、跨境電子商務人民幣業務，促進外貿和企業「走出去」發展

續前表

時間	事件	內容	意義與影響
2014年6月17日	農行、中行與倫敦證交所簽署跨境人民幣合作備忘錄	中國農業銀行和中國銀行分別與倫敦證券交易所集團簽署了跨境人民幣戰略合作備忘錄	中英雙方旨在加強跨境人民幣產品創新與合作，增進雙方業務與人員交流，促進倫敦離岸人民幣市場發展，更好地服務人民幣和中國企業走向歐洲。此舉將進一步推動人民幣國際化發展進程，助推倫敦離岸人民幣中心的建設，並為中國企業赴英國及歐洲上市、發債和進行金融衍生品交易提供便利
2014年6月17日	央行授權建行擔任倫敦人民幣業務清算行	中國人民銀行決定授權中國建設銀行（倫敦）有限公司擔任倫敦人民幣業務清算行	這是中國央行首次在亞洲以外的國家（地區）選定人民幣清算行，對於推動中英兩國乃至中國和歐洲之間的經貿合作與往來、推動倫敦離岸人民幣中心的建設意義重大。央行表示，倫敦人民幣清算安排的建立，將有利於中英兩國企業和金融機構使用人民幣進行跨境交易，進一步促進貿易、投資自由化與便利化
2014年6月18日	上海市首批金融機構啟動自由貿易帳戶業務	中國人民銀行上海總部舉行自由貿易帳戶業務啟動儀式。7家銀行與相關企業簽訂了自由貿易帳戶開立協定。5家銀行已實現了開立自由貿易帳戶的功能，中國銀行上海市分行開立第一個自由貿易帳戶，自由貿易帳戶業務正式落地	自由貿易帳戶的開立，是中國人民銀行《關於金融支持中國（上海）自由貿易試驗區建設的意見》的核心內容，是探索投融資匯兌便利、擴大金融市場開放和防範金融風險的一項重要制度安排

續前表

時間	事件	內容	意義與影響
2014年6月18日	央行授權中國銀行法蘭克福分行擔任法蘭克福人民幣業務清算行	中國人民銀行授權中國銀行法蘭克福分行擔任法蘭克福人民幣業務清算行。中國向德國提供800億元人民幣境外合格機構投資者（RQFII）額度	法蘭克福人民幣清算安排的建立，將有利於中德兩國企業和金融機構使用人民幣進行跨境交易，進一步促進貿易、投資便利化
2014年6月19日	人民幣與英鎊實現銀行間外匯市場直接交易	經中國人民銀行授權，中國外匯交易中心宣佈在銀行間外匯市場開展人民幣對英鎊直接交易	這是中英兩國共同推動雙邊經貿關係進一步向前發展的重要舉措。有利於形成人民幣兌英鎊的直接匯率，降低經濟主體匯兌成本，促進人民幣與英鎊在雙邊貿易和投資中的使用，有利於加強兩國的金融合作，支持中英之間不斷發展的經濟金融關係
2014年6月28日	中國與法國、盧森堡建立人民幣清算安排	中國人民銀行與法蘭西銀行和盧森堡中央銀行分別簽署了在巴黎和盧森堡建立人民幣清算安排的合作備忘錄	人民幣清算安排的建立，將有利於中法、中盧企業和金融機構使用人民幣進行跨境交易，進一步促進貿易、投資便利化
2014年7月3日	中韓兩國央行簽署在首爾建立人民幣清算安排的備忘錄，央行授權交通銀行首爾分行擔任首爾人民幣業務清算行，韓國獲800億元RQFII額度	中韓兩國央行簽署了中國人民銀行與韓國銀行關於在首爾建立人民幣清算安排的備忘錄，中國人民銀行授權交通銀行首爾分行擔任首爾人民幣業務清算行，中國給予韓國800億元人民幣合格境外機構投資者（RQFII）額度	首爾人民幣清算安排的建立，標誌著人民幣離岸中心在東北亞佈局的開啟，對於推動中韓兩國的經貿互利雙贏乃至東北亞地區各國經貿發展、推進離岸人民幣中心建設均具有重大意義。韓國金融機構可以通過在交行首爾分行開立的帳戶直接辦理人民幣清算結算業務，將顯著提升人民幣在韓國乃至整個東北亞地區的使用效率，有效拓寬人民幣資金在海外的運用管道

續前表

時間	事件	內容	意義與影響
2014年7月7日	德國獲800億元RQFII額度	在德國總理默克爾來華訪問期間，李克強總理宣佈給予德國800億元人民幣合格境外機構投資者（RQFII）額度	有助於開展雙方貨幣直接交易，鞏固法蘭克福作為人民幣離岸市場的中心地位
2014年7月15日	金磚國家開發銀行成立，總部設在上海	中國、巴西、俄羅斯、印度和南非五個金磚國家在巴西福塔雷薩簽署協定，成立金磚國家開發銀行，建立金磚國家應急儲備安排。金磚國家建立應急儲備安排具有里程碑意義，為金磚國家建設性參與全球經濟治理提供了合作平臺，提高了金磚國家在國際經濟事務中的影響力和話語權。金磚國家開發銀行對國際貨幣基金組織（IMF）和世界銀行形成了有益補充，同時也有助於加快人民幣的國際化進程	在金磚銀行的運營中，中國可以用人民幣向其他金磚國家或新興市場經濟體進行貸款。而人民幣作為基礎設施建設項目的融資貨幣將大有可為。以扶持發展中經濟體的基礎設施建設為主要任務之一的金磚銀行，自然而然地成為一個有力推動人民幣國際化的途徑
2014年7月18日	央行與阿根廷中央銀行續簽雙邊本幣互換協議	中國人民銀行與阿根廷中央銀行續簽規模為700億元人民幣/900億阿根廷比索的中阿雙邊本幣互換協議	為人民幣的跨境結算提供了資金基礎，有助於推進人民幣國際化
2014年7月21日	央行與瑞士國家銀行簽署雙邊本幣互換協議	中國人民銀行與瑞士國家銀行簽署規模為1 500億元人民幣/210億瑞士法郎的中瑞雙邊本幣互換協議	有助於為雙邊經貿往來提供流動性支持，並維護金融市場穩定

續前表

時間	事件	內容	意義與影響
2014年8月7日	中韓兩國銀行簽署人民幣計價債券回購交易協議	中國工商銀行首爾分行與韓國渣打銀行7日簽署以人民幣計價的債券回購交易（RP）協定。這是韓國境內銀行首次與中資銀行簽署人民幣計價債券回購交易協議	以韓元債券作為對象債券進行交易有助於促進韓元對人民幣直接交易市場的流動性，擴大中資銀行對韓元債券的需求。從籌措人民幣的角度來看，雙方的此次合作可帶來降低籌資成本的效果；從運用人民幣的角度來看，可實現運用資金手段的多元化
2014年8月21日	中蒙兩國央行簽署雙邊本幣互換協議	中國人民銀行與蒙古中央銀行續簽規模為150億元人民幣/4.5萬億蒙古圖格里克的中蒙雙邊本幣互換協議	中蒙增加本幣互換規模，支援以本幣進行貿易結算將確保雙邊貿易往來更加便利快捷。本幣互換規模的擴大有利於人民幣實現國際化，不論是本幣互換規模的擴大，還是直接的貸款融資都將直接讓蒙古國經濟受益
2014年8月25日	斯里蘭卡央行獲准進入中國銀行間債市	中國人民銀行與斯里蘭卡央行簽署了《中國人民銀行代理斯里蘭卡央行投資中國銀行間債券市場的代理投資協定》	協議的簽署將有利於擴大兩國金融合作。有機會進入中國銀行間債券市場將使斯里蘭卡央行能夠用外匯儲備購買中國債券
2014年9月1日	韓國商業銀行同中資銀行簽署人民幣貸款承諾	韓國KB國民銀行與韓國人民幣業務清算行——交通銀行簽署了人民幣貸款承諾。KB國民銀行根據此次協定可在1年內隨時借貸6億元。另外，韓亞銀行當天也同中國工商銀行首爾分行簽署了價值達5 000萬美元的人民幣貸款承諾	此次韓國商業銀行與中資銀行簽署人民幣貸款承諾，實現了外匯來源的多元化，著眼於擴大人民幣金融產品投資和相關服務，並可應對韓國外匯當局對外匯流動性的監管

續前表

時間	事件	內容	意義與影響
2014年9月4日	農行在杜拜成功發行首支人民幣「酋長債」	農行通過全球中期票據計畫，在杜拜成功發行10億元人民幣「酋長債」，成為中東地區首家發行人民幣債券的中資機構	農行本次人民幣「酋長債」穆迪評級A1，獲中東等國際投資者超額認購，體現了國際投資者對農行國際金融品牌的高度認可，也標誌著農行再次成功開拓了離岸人民幣債券市場。在杜拜發行人民幣債券，對促進中東地區人民幣業務的發展具有重要意義
2014年9月4日	「滬港通」四方協定在上交所簽署	「滬港通」四方協定在上海證券交易所簽署。四方協議是上海證券交易所、香港聯合交易所有限公司、中國證券登記結算有限責任公司和香港中央結算有限公司就滬港通業務進行四方合作的基礎檔，用以明確四方的權利和義務，內容涵蓋滬港通主要基本業務細節	協議的簽署，表明「滬港通」項目全面駛入快車道，其意義並不限於股票市場，對人民幣跨境使用而言，也是關鍵佈局。「滬港通」的實現，是人民幣國際化推進層次的進一步深化，使人民幣在資本專案下的可兌換程度進一步加強
2014年9月5日	中行、建行分別在臺灣發行20億元「寶島債」	中國銀行、建設銀行臺北分行分別在臺灣成功發行20億元「寶島債」，中行的發行成為該行在台分行發行的首支人民幣債券	本次中行臺北分行「寶島債」發行得到了臺灣當地投資者的積極回應，反映了臺灣地區市場對人民幣業務的高度關注和對中國銀行品牌的認可
2014年9月5日	央行授權中行擔任巴黎人民幣業務清算行	中國人民銀行授權中國銀行巴黎分行擔任巴黎人民幣業務清算行	巴黎人民幣清算機制的建立，將有利於中法企業和金融機構使用人民幣進行跨境交易，進一步促進兩國貿易、投資合作自由化和便利化

續前表

時間	事件	內容	意義與影響
2014年9月5日	央行授權工行擔任盧森堡人民幣業務清算行	中國人民銀行授權中國工商銀行盧森堡分行擔任盧森堡人民幣業務清算行	盧森堡人民幣清算機制的建立，將有利於中盧企業和金融機構使用人民幣進行跨境交易，進一步促進兩國貿易、投資合作自由化和便利化
2014年9月15日	國家開發銀行在倫敦發行人民幣債券	國家開發銀行在倫敦成功發行了20億元人民幣債券	這是首支登陸倫敦市場的中國准主權人民幣債券，對促進人民幣離岸市場的發展具有積極意義，是進一步深化中英金融合作的重要成果，是離岸人民幣市場發展的又一里程碑
2014年9月15日	中行在巴黎成功發行人民幣「凱旋債」	中國銀行巴黎分行在巴黎發行的人民幣「凱旋債」在泛歐證券交易所成功上市，成為第一隻在歐洲主機板上市的中資機構人民幣債券	「凱旋債」的發行將進一步推動人民幣國際化發展進程，有助於巴黎離岸人民幣中心的建設，並為中國企業赴歐洲開拓投融資管道、進行大宗商品交易提供便利
2014年9月16日	工行在新加坡成功發行人民幣「獅城債」	中國工商銀行新加坡分行成功發行40億元離岸人民幣債券，發行金額創造了迄今為止「獅城債」的單支發行紀錄	這次債券發行體現了新加坡離岸人民幣中心地位逐步鞏固，也體現了人民幣國際化進程不斷加快。此次債券發行嘗試在新加坡和臺灣市場雙掛牌，有助於提升兩地資金的流動，增加投資者的選擇，加強不同離岸人民幣中心之間的合作
2014年9月16日	中國與斯里蘭卡兩國央行簽署雙邊本幣互換協議	中國人民銀行與斯里蘭卡中央銀行簽署了規模為100億元人民幣/2 250億斯里蘭卡盧比的中斯雙邊本幣互換協議	此協議的簽署將促進雙邊貿易和投資，並加強兩國央行的金融合作

續前表

時間	事件	內容	意義與影響
2014年9月18日	上海黃金交易所國際板在上海自貿區正式啟動	上海黃金交易所國際板在上海自貿區正式啟動，中國銀行作為國際板首批A類會員之一，率先完成了實物金入庫等準備工作，在當日開盤即成交了黃金國際板首筆交易	邁出了發展人民幣計價的大宗商品市場的第一步。黃金國際板，以人民幣計價結算，同時面向境內外投資者，聯通了國內外市場，有助於提升上海在世界黃金市場的地位，是以開放促改革、促發展的有益嘗試，為發揮國內市場推進人民幣國際化作用開闢了一條新管道
2014年9月22日	馬來西亞發行人民幣「金虎債」	馬來西亞再抵押機構Cagamas Berhad成功發行了15億元離岸人民幣債券	這成為馬來西亞發行人發行的首支離岸人民幣債券，也是迄今為止東南亞地區單支最大金額的人民幣債券
2014年9月28日	央行發佈《關於境外機構在境內發行人民幣債務融資工具跨境人民幣結算有關事宜的通知》	中國人民銀行辦公廳發佈《關於境外機構在境內發行人民幣債務融資工具跨境人民幣結算有關事宜的通知》（銀辦發〔2014〕221號）	標誌著我國債券市場正式建立起境外非金融企業境內融資的管道，在銀行間市場的發展歷程中具有重要意義。境外非金融企業在境內發行人民幣債券，將有利於金融創新，促進我國債券市場的進一步對外開放；還將擴大人民幣的跨境使用，有利於推動資本市場雙向開放和我國國際收支平衡，增強人民幣資本項目可兌換程度；有助於金融服務實體經濟，進一步推進經濟結構調整和轉型升級

續前表

時間	事件	內容	意義與影響
2014年9月29日	人民幣與歐元實現銀行間外匯市場直接交易	經中國人民銀行授權，中國外匯交易中心在銀行間外匯市場完善人民幣對歐元的交易方式，發展人民幣與歐元直接交易。這是繼美元、日圓、澳元、紐西蘭元及英鎊後，第六個與人民幣實現直接交易的世界主要貨幣	人民幣與歐元開展直接交易，有助於促進中國與歐元區成員國之間的雙邊貿易和投資，便利人民幣和歐元在貿易投資結算中的使用，也可滿足經濟主體降低匯兌成本的需要
2014年10月9日	英國政府啟動人民幣主權債券發行程序	英國財政部發佈公告稱正式啟動首支人民幣主權債券的發行程序，並委任中國銀行、滙豐銀行和渣打銀行作為此次發行的主承銷商	英國政府發行人民幣主權債券一來能有效推動倫敦離岸人民幣市場的發展，在歐洲各離岸人民幣市場的競爭中繼續保持領先地位；二來通過此次債券發行，離岸人民幣債券市場將會產生一個收益率基準，這意味著英國在債券定價方面會走在前列
2014年10月10日	工行首爾分行在韓國辦理首筆人民幣信貸資產轉讓	中國工商銀行首爾分行成功辦理了首筆人民幣信貸資產轉讓業務，將該行持有的4億元人民幣貸款轉讓給韓國新韓銀行	這是韓國市場首次實現人民幣信貸資產在兩家金融機構間進行轉讓，標誌著韓國離岸人民幣市場增添了新的業務品種，同時也有助於改善傳統人民幣信貸資產的流動性
2014年10月11日	中韓兩國央行續簽雙邊本幣互換協議	中國人民銀行與韓國中央銀行續簽了規模為3 600億元人民幣/64萬億韓元的中韓雙邊本幣互換協議，協定有效期為3年，經雙方同意可以展期	雙方續簽貨幣互換協議有助於加強雙邊金融合作，促進兩國貿易和投資，維護地區金融穩定

續前表

時間	事件	內容	意義與影響
2014年10月13日	中俄兩國央行簽署雙邊本幣互換協議	中國人民銀行與俄羅斯中央銀行簽署了規模為1 500億元人民幣/8 150億盧布的中俄雙邊本幣互換協議，有效期為3年，經雙方同意可以展期	雙方簽署本幣互換協定將便利雙邊貿易及直接投資，擴大俄羅斯盧布和人民幣在貿易結算中的使用機會，促進兩國經濟發展。該協議將成為確保國際金融穩定的額外工具，也有機會在緊急情況下吸引流動性資金
2014年10月14日	英國財政部發行首支人民幣主權債券	英國財政部成功發行規模為30億元的首支人民幣主權債券，債券發行收入納入英國外匯儲備。人民幣成為美元、歐元、日圓、加元之後的第五大英國外匯儲備，創造了人民幣國際化的「新里程碑」	英國率先在國際社會發行人民幣主權債券有助於豐富人民幣債券市場、推動人民幣離岸市場特別是收益率曲線的建設、提升人民幣的國際地位；而選擇將此次人民幣債券發行收入納入其儲備貨幣是英國對中國未來和人民幣國際化前景的一種認可
2014年10月14日	亞洲基礎設施投資銀行成立	包括中國、印度、新加坡等在內的21個首批意向創始成員國的財長和授權代表在北京人民大會堂簽約，共同決定成立亞洲基礎設施投資銀行，標誌著這一中國倡議設立的亞洲區域新多邊開發機構的籌建工作將進入新階段	亞投行的建立將推進人民幣國際化的進程。亞洲國家與基礎設施相關的產品服務的出口，都有大量的人民幣結算需求。亞投行的設立，將有效滿足這一需求，與此同時，有助於提升人民幣在周邊國家的輻射作用
2014年10月14日	工行在韓國發行人民幣「泡菜債」	中國工商銀行首爾分行在韓國發行了1.8億元2年期人民幣「泡菜債」，這是首家中資機構登陸韓國交易所發行人民幣計價債券	標誌著韓國打造離岸人民幣中心邁出重要一步，人民幣跨境交易也將更加活躍，同時也為韓國當地投資者提供新的投資管道

續前表

時間	事件	內容	意義與影響
2014年10月17日	人民幣跨境支付系統CIPS系統正式落滬	上海市人民政府與中國人民銀行在北京舉行《關於加快上海金融市場基礎設施建設的務實合作備忘錄》（以下簡稱《備忘錄》）簽約儀式。根據《備忘錄》，央行積極支援上海金融市場的基礎設施建設，決定將以人民幣全球支付清算為主要功能的人民幣跨境支付系統（China International Payment System, CIPS）系統落戶上海，並推動儘早正式啟動業務	該系統將連接境內外直接參與者，處理人民幣貿易類、投資類等跨境支付業務；且能覆蓋主要時區（亞、非、歐、美）的人民幣結算需求，業務處理時間將由過去的8小時提升至17小時
2014年10月20日	新加坡交易所推出人民幣期貨合約交易	新加坡交易所正式推出人民幣期貨合約交易，其中包括美元/離岸人民幣期貨和人民幣兌美元期貨合約，規模分別為10萬美元和50萬元人民幣	新交所推出人民幣期貨進一步豐富了全球離岸人民幣業務品種，可以讓全球人民幣持有者更好地進行風險管理，並進一步活躍人民幣在國際上的使用，增強了新加坡作為離岸人民幣中心和外匯交易中心的競爭力
2014年10月28日	人民幣與新加坡元實現銀行間外匯市場直接交易	經中國人民銀行授權，中國外匯交易中心宣佈自10月28日起銀行間外匯市場開展人民幣與新加坡元直接交易	開展人民幣與新加坡元直接交易，有利於形成人民幣與新加坡元直接匯率，降低經濟主體匯兌成本，促進人民幣與新加坡元在雙邊貿易和投資中的使用，有利於加強兩國的金融合作，支持中新之間不斷發展的經濟金融關係

續前表

時間	事件	內容	意義與影響
2014年10月28日	香港與法國就兩地共同發展離岸人民幣業務簽署了合作備忘錄	香港金融管理局與法國中央銀行在法國首都巴黎就兩地共同發展離岸人民幣業務簽署了合作備忘錄。雙方將攜手促進香港與巴黎的金融機構及其他企業之間的交流與合作，以推動及發展兩地的人民幣貿易和投資交易、人民幣資金流動性、人民幣產品與服務以及支援人民幣交易安全和有效進行的市場安排及基礎設施建設	這將提升香港與巴黎的人民幣業務往來和聯繫，有助於擴大兩地的人民幣交易活動，並讓金融機構和企業能夠更充分地把握人民幣國際化帶來的重大機遇。同時，將進一步提升兩地人民幣清算與金融服務的廣度和深度，進一步促進中國內地、香港和巴黎之間的貿易及投資交易
2014年11月1日	央行發佈《關於跨國企業集團開展跨境人民幣資金集中運營業務有關事宜的通知》	中國人民銀行發佈《關於跨國企業集團開展跨境人民幣資金集中運營業務有關事宜的通知》（銀發〔2014〕324號）	有助於跨國企業開展跨境雙向人民幣資金池業務和經常項下跨境人民幣集中收付業務
2014年11月2日	人民幣貨幣互換協議助巴基斯坦避免經濟危機	巴基斯坦國家銀行原行長安瓦爾（Yaseen Anwar）指出，在巴基斯坦面臨外儲不足和貨幣貶值的情況下，中巴雙邊本幣互換協議有效抵禦了資本市場的衝擊，使巴基斯坦避免了經濟危機	針對中巴雙邊本幣互換協議在巴基斯坦的突出作用，人民幣國際化開始在貿易結算領域向更深層次的儲備貨幣地位發展。在巴基斯坦外儲不足、匯率遭受衝擊、貨幣貶值、國家收支失衡的情況下，將人民幣視同其他可兌換的貨幣，在抵禦資本市場衝擊、避免匯率危機方面產生了重大意義，同時對國際貨幣體系的發展也有重大意義

續前表

時間	事件	內容	意義與影響
2014年11月3日	中國與卡達兩國央行簽署雙邊本幣互換協定和在加拿大建立人民幣清算安排的合作備忘錄，卡達獲300億元RQFII額度，央行授權工行擔任杜哈人民幣業務清算行	中國人民銀行與卡達中央銀行簽署在杜哈建立人民幣清算安排的合作備忘錄。雙方簽署規模為350億元人民幣/208億元里亞爾的中卡雙邊本幣互換協議。中方宣佈給予卡達300億元人民幣合格境外機構投資者（RQFII）額度。中國人民銀行決定授權中國工商銀行杜哈分行擔任杜哈人民幣業務清算行	這是首次向中東國家開放內地資本市場。此安排標誌著中卡兩國金融合作邁出了新步伐，有利於中卡兩國企業和金融機構使用人民幣進行跨境交易，促進雙邊貿易、投資便利化，維護區域金融穩定
2014年11月6日	央行發佈《關於人民幣合格境內機構投資者境外證券投資有關事項的通知》	中國人民銀行發佈《關於人民幣合格境內機構投資者境外證券投資有關事項的通知》（銀發〔2014〕331號）	這是人民幣「走出去」路程中的又一重要事件，將拓寬境內人民幣資金雙向流動管道，便利人民幣合格境內機構投資者境外證券投資活動
2014年11月8日	中加兩國央行簽署雙邊本幣互換協定和在加拿大建立人民幣清算安排的合作備忘錄，加拿大獲500億元RQFII額度，央行授權工行擔任多倫多人民幣業務清算行	中國人民銀行與加拿大中央銀行簽署在加拿大建立人民幣清算安排的合作備忘錄。雙方簽署規模為2 000億元人民幣/300億加元的中加雙邊本幣互換協議。中方宣佈給予加拿大500億元人民幣合格境外機構投資者（RQFII）額度。中國人民銀行決定授權中國工商銀行（加拿大）有限公司擔任多倫多人民幣業務清算行	加拿大是北美首個人民幣離岸中心。標誌著中加兩國的金融合作邁出了新步伐，有利於中加兩國企業和金融機構使用人民幣進行跨境交易，促進雙邊貿易、投資便利化，維護區域金融穩定

續前表

時間	事件	內容	意義與影響
2014年11月8日	絲綢之路基金設立	中國將出資400億美元設立絲綢之路基金，主要為「一帶一路」沿線國家的基礎設施、資源開發、產業和金融合作等與互聯互通有關的項目提供投融資支持	有助於提速「一帶一路」基礎設施建設，大幅輸出中國過剩產能，將人民幣投向亞非拉等發展中經濟體，從而推動人民幣國際化，應對我國經濟步入三期疊加階段的挑戰
2014年11月10日	中國與馬來西亞兩國央行簽署在吉隆坡建立人民幣清算安排合作備忘錄	中國人民銀行與馬來西亞國家銀行簽署了在吉隆坡建立人民幣清算安排的合作備忘錄	吉隆坡人民幣清算安排的建立，將有利於中馬兩國企業和金融機構使用人民幣進行跨境交易，進一步促進貿易、投資便利化
2014年11月10日	央行與證監會聯合發佈《關於滬港股票市場交易互聯互通機制試點有關問題的通知》	中國人民銀行、中國證券監督管理委員會聯合發佈《關於滬港股票市場交易互聯互通機制試點有關問題的通知》（銀發〔2014〕336號）	有助於保證滬港股票市場互聯互通機制試點的順利實施，規範相關資金流動
2014年11月17日	中國與澳洲兩國央行簽署在澳洲建立人民幣清算安排的合作備忘錄，澳洲獲500億元RQFII額度，央行授權中國銀行雪梨分行擔任雪梨人民幣業務清算行	中國人民銀行與澳洲儲備銀行簽署在澳洲建立人民幣清算安排的合作備忘錄。中方宣佈給予澳洲500億元人民幣合格境外機構投資者（RQFII）額度。中國人民銀行決定授權中國銀行雪梨分行擔任雪梨人民幣業務清算行	象徵人民幣國際化再向前邁進一大步。一旦能夠更加便利地獲得人民幣，澳洲企業或會更多使用人民幣進行結算。人民幣清算服務不僅使中澳跨境貿易更加便利，而且有利於企業降低經營成本與匯率風險

續前表

時間	事件	內容	意義與影響
2014年11月17日	滬港通正式開閘	滬港通正式開閘，滬港通包括滬股通和港股通兩部分，每日交易額度上限分別為130億元和105億元	滬港通的實施可以將內地與香港的金融資源進行有效整合，以此擴大我國金融市場的國際影響力，提升上海和香港國際金融中心的競爭力。同時，滬港通將對鞏固香港作為主要離岸人民幣業務樞紐的地位，進一步推動人民幣國際化、資本項目開放和跨境監管協調發揮重要作用
2014年11月19日	澳洲新南威爾士州發行10億元離岸人民幣債券	澳洲新南威爾士州政府財務公司成功發行10億元1年期離岸債券	這是澳洲政府機構首次發行離岸人民幣債券，成為繼英國政府、加拿大不列顛哥倫比亞省政府之後第三個發行離岸人民幣債券的發達國家政府機構
2014年11月21日	央行宣佈非對稱降息	中國人民銀行宣佈非對稱降息，同時將存款利率浮動區間上限調整為基準利率的1.2倍，這是自2012年6月存款利率上限擴大到1.1倍後，我國存款利率市場化改革的又一重要舉措	這是對未來最終取消存貸款基準利率所做的積極嘗試，進一步拓寬了金融機構的自主定價空間，提高了市場化定價能力
2014年11月22日	央行與香港金管局續簽貨幣互換協議	中國人民銀行與香港金融管理局續簽規模為4 000億元人民幣/5 050億港元的貨幣互換協議	有助於促進雙邊貿易、投資便利化，維護區域金融穩定
2014年11月30日	《存款保險條例（徵求意見稿）》公佈	國務院法制辦公室公佈由中國人民銀行起草的《存款保險條例（徵求意見稿）》，向社會公開徵求意見，明確存款保險實行限額償付，最高償付限額為人民幣50萬元	存款保險條例制定加速，將為利率市場化的進一步推進夯實基礎，掃清障礙。存款保險制度的建立有助於保護存款人的利益，穩定存款人的信心，維護金融體系的穩定

續前表

時間	事件	內容	意義與影響
2014年12月1日	人民幣與韓元實現銀行間外匯市場直接交易	首爾外匯市場啟動韓元對人民幣直接交易。韓元成為繼新加坡元之後的第十個與人民幣實現直接交易的貨幣	人民幣與韓元的直接交易是韓國離岸人民幣市場發展中又一具有標誌性意義的事件，有助於促進人民幣在中韓貿易和投資中的使用。韓元對人民幣直接交易市場的建立使得中韓企業的外匯兌換成本降低，並規避由於協力廠商貨幣變動所帶來的匯率風險
2014年12月4日	工行盧森堡分行正式啟動人民幣清算服務	中國工商銀行盧森堡分行宣佈正式啟動人民幣清算服務，借助該服務，盧森堡、歐洲及全球其他地區的商業銀行可通過在工行盧森堡分行開立的帳戶直接辦理人民幣業務	工行盧森堡分行人民幣清算服務的正式啟動將顯著提升人民幣在全球範圍內的匯劃效率和使用便利，有效拓寬人民幣資金在全球的運用管道
2014年12月14日	中哈兩國央行續簽雙邊本幣互換協議	中國人民銀行與哈薩克國家銀行續簽規模為70億元人民幣/2 000億哈薩克堅戈的中哈雙邊本幣互換協定，協定有效期為3年，經雙方同意可以展期	中哈兩國新的雙邊本幣互換協定簽訂後，中哈本幣結算從邊境貿易擴大到一般貿易。兩國經濟活動主體可自行決定用自由兌換貨幣、人民幣、哈薩克堅戈進行商品和服務的結算與支付。這些舉措有利於深化中哈兩國貨幣金融合作，便利雙邊貿易和投資，維護區域金融穩定，標誌著中哈兩國的金融合作進入新階段

時間	事件	內容	意義與影響
2014年12月15日	南沙金融創新15條政策的發佈	《中國人民銀行、發展改革委、財政部、商務部、港澳辦、台辦、銀監會、證監會、保監會、外匯局關於支持廣州南沙新區深化粵港澳臺金融合作和探索金融改革創新的意見》（銀發〔2014〕337號）正式發佈，明確了南沙新區金融改革創新發展的定位，即支持南沙新區充分發揮政策、區位和產業優勢，積極發展科技金融和航運金融等特色金融業，推動粵港澳臺金融服務合作，完善金融綜合服務體系，探索開展人民幣資本專案可兌換先行試驗	該意見貫徹落實了《廣州南沙新區發展規劃》對南沙金融發展的功能定位，特別是貫徹落實了該規劃提出的人民幣資本項下可兌換的先行先試。國家專門為南沙新區出臺了更加具體和更具操作性的金融政策，並為推進自貿區建設和打造21世紀海上絲綢之路橋頭堡打下了良好的基礎，南沙承接更多國家在金融開放領域的「先行先試」政策可以擴大和深化與海上絲綢之路沿線國家的金融合作
2014年12月15日	中國外匯交易中心推出人民幣對哈薩克堅戈銀行間區域交易	經中國人民銀行批准，中國外匯交易中心正式推出人民幣對哈薩克堅戈銀行間區域交易	有利於深化中哈兩國的貨幣金融合作，便利雙邊貿易和投資，維護區域金融穩定，標誌著中哈兩國金融合作進入新階段
2014年12月17日	人民幣正式納入紐西蘭元貿易加權指數	自12月17日起，紐西蘭儲備銀行啟用新的紐西蘭元貿易加權指數計算方法，把原有計算方法涉及的5種貨幣擴大至17種。在這一新的計算方法中，人民幣占比超過20%，占第二位，高於美元12.34%的比重	紐西蘭央行把人民幣納入貿易加權指數是人民幣國際化進一步發展的最新案例。憑藉中國在國際貿易中不斷增長的影響力，人民幣也愈發受到紐西蘭的重視

續前表

時間	事件	內容	意義與影響
2014年12月17日	中尼簽署共建「絲綢之路經濟帶」諒解備忘錄	中國商務部與尼泊爾財政部簽署了《中華人民共和國商務部和尼泊爾政府財政部關於在中尼經貿聯委會框架下共同推進「絲綢之路經濟帶」建設的諒解備忘錄》。雙方圍繞共建「絲綢之路經濟帶」、貿易和投資合作、經濟技術合作、基礎設施建設、金融和旅遊領域合作等議題達成了一系列共識	此舉有助於提速「絲綢之路經濟帶」的建設，助推人民幣國際化
2014年12月18日	雲南沿邊跨境人民幣貸款試點獲批	央行已正式批復《雲南省沿邊金融綜合改革試驗區跨境人民幣貸款管理暫行辦法》。這意味著跨境人民幣貸款試點又有了新的進展。目前，能夠進行跨境人民幣借款的區域已覆蓋至上海自貿區、前海、蘇州昆山、雲南、廣西等幾個地區	此舉意味著包括人民幣區域化在內的沿邊金融開放揭開了新的篇章。這是繼上海自由貿易試驗區之後，中國批復的第二個區域性綜合改革試驗區方案
2014年12月22日	央行與泰國銀行簽署建立人民幣清算安排合作備忘錄，雙方續簽雙邊本幣互換協議	中國人民銀行與泰國銀行簽署了在泰國建立人民幣清算安排的合作備忘錄，並續簽了雙邊本幣互換協議。雙邊本幣互換規模為700億元人民幣/3 700億泰銖，協議有效期為3年，經雙方同意可以展期	標誌著中泰兩國金融合作邁出了新步伐，有利於中泰兩國企業和金融機構使用人民幣進行跨境交易，促進雙邊貿易、投資便利化
2014年12月23日	央行與巴基斯坦國家銀行續簽雙邊本幣互換協議	中國人民銀行與巴基斯坦國家銀行續簽規模為100億元人民幣/1 650億巴基斯坦盧比的中巴雙邊本幣互換協議	協議的簽署將加強雙邊金融合作，促進兩國貿易和投資，共同維護地區金融穩定

時間	事件	內容	意義與影響
2014年12月23日	中尼兩國央行簽署《中國人民銀行和尼泊爾國家銀行雙邊結算與合作協定補充協議》	中國與尼泊爾兩國央行簽署了《中國人民銀行和尼泊爾國家銀行雙邊結算與合作協定補充協議》，雙邊結算從邊境貿易擴大到一般貿易	中尼人民幣結算將從邊境貿易擴大到一般貿易，並擴大地域範圍，這將進一步促進雙邊貿易和投資增長
2014年12月31日	廣西區域性跨境人民幣業務平臺正式啟動	廣西區域性跨境人民幣業務平臺（南寧）正式啟動。平臺建成後，廣西本地47家銀行機構2 500個營業網點均可通過該平臺辦理跨境人民幣支付業務	該平臺面向銀行機構和客戶提供全方位的跨境人民幣交易管道，集中處理跨境人民幣匯出與跨境人民幣匯入業務，推動了跨境人民幣支付業務的開展
2014年12月	人民幣成為全球第五大支付貨幣	截至2014年12月，人民幣的支付貨幣市場份額創下了2.17%的新高，排在美元、歐元、英鎊、日圓之後，成為國際結算中的第五大支付貨幣	人民幣躋身前五大支付貨幣是一個重要的里程碑，是支持人民幣國際化的有力證據，確認了人民幣從新興貨幣向常用支付貨幣的轉變

後　記

　　《人民幣國際化報告》由中國人民大學自2012年起每年定期發佈，忠實記錄人民幣國際化歷程，深度研究各個階段的重大理論問題和政策熱點。本報告特別編制人民幣國際化指數（RII），用於客觀反映人民幣在國際範圍內的實際使用程度，以方便國內外各界人士及時掌握人民幣國際地位的發展動態和變化原因。

　　2015年報告的主題為：「一帶一路」建設中的貨幣戰略。課題組深入探討了「一帶一路」建設「五通」目標所反映出的中國提供全球公共物品的良好意願和歷史擔當。本報告從理論探討、歷史經驗和實證檢驗等多個角度出發，系統梳理了「一帶一路」與人民幣國際化這兩大國家發展戰略之間相互促進的邏輯。同時強調大宗商品計價結算、基礎設施融資、產業園區建設、跨境電子商務等應當成為借助「一帶一路」建設進一步提高人民幣國際化水準的有效突破口，並針對必要性和可行性等問題分別開展了具體、翔實的研究。

　　2015年報告強調「一帶一路」建設的貨幣戰略要從四個方面尋求重點突破。一是利用沿線國家對華大宗商品貿易的重要地位，以及中國在經濟和金融方面的區域內領先優勢，積極推動沿線國家大宗商品貿易實現人民幣計價結算。二是利用中國在基礎設施建設方面的經驗和資金動員上的能力，大力促成人民幣成為沿線基礎設施融資的關鍵貨幣。三是在沿線產業園區規劃和建設中積極引導人民幣的使用，促進人民幣離岸市場合理佈局，形成全球人民幣交易網路。四是大力支持沿線跨境電子商務的人民幣計價和跨境支付，積極爭取根植於民間的對人民幣的廣泛認同與接受。

　　《人民幣國際化報告2015：「一帶一路」建設中的貨幣戰略》由中國人

民大學和交通銀行合作研究，由中國人民大學國際貨幣研究所組織撰寫，得到財政金融學院國際金融教學團隊的全力支持，以及統計學院、國際關係學院、商學院、法學院師生和交通銀行國際業務部的鼎力合作。共有十幾位本校研究生參與了資料獲取、資訊處理等基礎性工作。交通銀行展示了商業銀行跨境人民幣業務的實踐經驗與成果。特別感謝中國錢幣學會王永生副祕書長、中國人民大學國學院孟憲實副院長為課題組全體成員開設專題講座。感謝中國人民銀行、國家外匯管理局、商務部、國家發展和改革委員會、中國銀行業監督管理委員會、國家開發銀行、中國進出口銀行、中國銀行國際金融研究所、中銀香港、中國農業銀行、華夏銀行、國新國際投資有限公司等機構在資料獲取、市場調查以及政策資訊核對等多方面所給予的全面支持。此外，魏本華、郭建偉、王宇、孫魯軍、王毅、王佐罡、林大建、曲鳳杰、馮春平、蕭連魁、宗良、黃金老、吳志峰等各界專家多次出席課題組會議，提出中肯的修改意見與建議，為報告的不斷完善貢獻良多。對此我們表示由衷的感謝！

本報告各章節分工如下：

導論：陳雨露

第一章：涂永紅、劉陽、王家慶、王晟先、陳梓元、趙雪情

第二章：涂永紅、付之琳、徐達、榮晨、吳雨微、黃健洋

第三章：涂永紅、連平、戴穩勝、張文春、鄂志寰、剛健華、李諾雅

第四章：王芳、何青、姚瑜琳、張策、李霄陽

第五章：王芳、剛健華、錢宗鑫、王紅濤、李昊澤

第六章：魏旭曄、胡鐘予、連映雪、宋科、李英杰

第七章：吳志峰、趙陽、宋科、胡波、李亞娟、王曉軍、趙然

第八章：黃金老、鍾樓鶴、呂玉梅、李虹含、張順葆

第九章：涂永紅、王芳

附錄1：付之琳

附錄2：曹彤、趙然、楊豐

附錄3：張文春、馮露露、余海龍

附錄4：王佐罡、董熙君

中國人民大學國際貨幣研究所

2015年6月

人民幣國際化報告 2015：
「一帶一路」建設中的貨幣戰略

作　　者　中國人民大學國際貨幣研究所
版權策劃　李　鋒

發 行 人　陳滿銘
總 經 理　梁錦興
總 編 輯　陳滿銘
副總編輯　張晏瑞
編 輯 所　萬卷樓圖書 (股) 公司
特約編輯　吳　旻
內頁編排　林樂娟
封面設計　小　草
印　　刷　維中科技有限公司

出　　版　昌明文化有限公司
　　　　　桃園市龜山區中原街 32 號
電　　話　(02)23216565
發　　行　萬卷樓圖書 (股) 公司
　　　　　臺北市羅斯福路二段 41 號 6 樓之 3
電　　話　(02)23216565
傳　　真　(02)23218698
電　　郵　SERVICE@WANJUAN.COM.TW
大陸經銷
廈門外圖臺灣書店有限公司
電郵 JKB188@188.COM

ISBN 978-986-496-386-7
2019 年 1 月初版一刷
定價：新臺幣 620 元

如何購買本書：
1. 劃撥購書，請透過以下帳號
　帳號：15624015
　戶名：萬卷樓圖書股份有限公司
2. 轉帳購書，請透過以下帳戶
　合作金庫銀行古亭分行
　戶名：萬卷樓圖書股份有限公司
　帳號：0877717092596
3. 網路購書，請透過萬卷樓網站
　網址 WWW.WANJUAN.COM.TW
　大量購書，請直接聯繫，將有專人
　為您服務。(02)23216565 分機 10
如有缺頁、破損或裝訂錯誤，請寄回
更換

國家圖書館出版品預行編目資料

人民幣國際化報告 . 2015 / 中國人民大
學國際貨幣研究所著 . – 初版 . – 桃園市
：昌明文化出版；臺北市：萬卷樓發行，
2019.01
　面；　公分
ISBN 978-986-496-386-7(平裝)
1. 人民幣 2. 貨幣政策 3. 中國

561.52　　　　　　　　　　107023142